Gerhard Böhm
13. VIII 80

Werner Obermeit
„Das unsichtbare Ding,
das Seele heißt"

Die Abschließung der wissenschaftlichen Psychologie gegen die psychologischen Wahrnehmungen und Erkenntnisse, an denen die sog. schöne Literatur so reich ist, gilt heute als selbstverständlich. Sie war es nicht immer. Die Studie von Obermeit geht der Geschichte des Verhältnisses von literarischer und wissenschaftlicher „Seelenkunde" nach, sie fragt nach der Entstehung der Kluft zwischen beiden im ausgehenden 18. und während des 19. Jahrhunderts. Dabei erkennt sie in der Abschottung der wissenschaftlichen gegen die literarische Erkundung der Psyche nicht, wie das oft gesehen wird, einen Fortschritt der Psychologie als Wissenschaft; sie zieht vielmehr eine Bilanz der Verluste an Erfahrungs-, Darstellungs- und Verstehensmöglichkeiten, die die Psychologie im Prozeß ihrer Verwissenschaftlichung zu verzeichnen hatte.

Werner Obermeit, geboren 1947, studierte zunächst Theaterwissenschaft und anschließend Psychologie und Soziologie in Berlin. Er promovierte 1978. Seit 1976 arbeitet er als Psychotherapeut in Berlin.

Werner Obermeit

»Das unsichtbare Ding, das Seele heißt«

Die Entdeckung der Psyche im bürgerlichen Zeitalter

Syndikat

CIP-Kurztitelaufnahme der Deutschen Bibliothek

Obermeit, Werner:
„Das unsichtbare Ding, das Seele heisst": d.
Entdeckung d. Psyche im bürgerl. Zeitalter /
Werner Obermeit. – Frankfurt am Main: Syndikat,
1980.
ISBN 3-8108-0138-0

Umschlag nach Entwürfen von Rambow, Lienemeyer, van de Sand
Motiv: Caspar David Friedrich, Gescheiterte Hoffnung
Produktion: Klaus Langhoff, Friedrichsdorf
Satz: Composersatzstudio Hildegard Breynk, 5584 Bullay/Mosel
Druck/Bindung: Fuldaer Verlagsanstalt GmbH
Printed in Germany
ISBN 3-8108-0138-0

Inhalt

Erster Teil
Einführung

Vor mehreren Jahren will man in einer entfernten Gegend eine junge Frau gesehen haben, wie sie mit einem freundlichen Mann Hand in Hand vor der Türe eines schönen Landhauses saß und vor ihr zwei muntre Knaben spielten. Die junge Frau, von der beinahe gerüchtweise und noch ohne Gewähr die Rede ist, stand in dem Ruf, mit feinem Gespür die Geheimnisse dunkler psychischer Mächte aufzudecken.

Ihre seltsame Ausstrahlung, die ungleiche Partner bannte und noch immer fasziniert, macht sie für den Psychologen so interessant wie für den Historiker ergiebig.

Leben und Wirken der jungen Frau sind in einem Text überliefert, der dem Historiker als ungewöhnliche Quelle gilt. Daß sie zuverlässig ist, dem Psychologen nützlich und seinen Absichten dienlich, soll in der vorliegenden Arbeit gezeigt werden. Sie wird als Beitrag zu einer wissenschaftlichen Untersuchung verstanden, die die Geschichte der Psychologie zu beschreiben hätte.

Der Beitrag begrenzt seinen Untersuchungszeitraum auf die Wende vom 18. zum 19. Jahrhundert. Um 1800 sind psychologische Konzeptionen in der entstehenden psychologischen und den medizinischen Wissenschaften, in der Philosophie und der Literatur ausgearbeitet worden. Mit der Darstellung der verschiedenen Segmente soll der Versuch unternommen werden, die Psychologie in ihrem um 1800 erreichten Zustand zu ermitteln.

Ich möchte mit dieser Arbeit die Beziehungen zwischen wissenschaftlicher, vorwissenschaftlicher und literarischer Psychologie darstellen und die Notwendigkeit einer integrativen Behandlung wissenschaftlicher und außerwissenschaftlicher Psychologien einsehbar machen. Die Untersuchung wird dabei zwei Grundrichtungen einschlagen, eine vertikale und eine horizontale.

In einem Längsschnitt wird die Aufeinanderfolge unterschiedlich organisierter psychopathologischer Konzepte in den Jahren um 1800 untersucht. Die Wanderung des psychopathologischen Diskurses[1] durch wissenschaftliche und außerwissenschaftliche Gebiete soll verfolgt, seine sich wandelnden Träger sollen identifiziert werden. Das resistente Verhalten der nach 1800 sich entwickelnden wissenschaftlichen Psychologie gegenüber dem psychopathologischen Diskurs wird ebenso beschrieben wie seine spätere Integration in die wissenschaftliche Psychologie durch die Psychoanalyse.

Die andere Untersuchungsrichtung verläuft horizontal. Auf der synchronen Untersuchungsebene wird ein Querschnitt gewonnen, dessen Analyse das

zeitgleiche Nebeneinander einer wissenschaftlich konzipierten und einer literarisch formulierten Psychologie erkennbar machen soll.
Zwei verschiedene Interpretationen von Wirklichkeit werden als unterschiedliche Formierungen psychologischen Wissens dargestellt. Die Untersuchung schlägt also zwei Richtungen ein. Sie wird aber auch in zwei verschiedenen Weisen durchgeführt und dargestellt werden. Die Darlegung des Phänomens, das den Gegenstand der Arbeit bildet, die Ermittlung des zu deutenden Objekts, ist ein mehr geschichtliches Verfahren, während die Interpretation des Objekts, der Versuch eines deutenden Begreifens, sich als ein mehr theoretisch-kritisches Vorgehen darstellt.
Strikt können die beiden Untersuchungsweisen nicht voneinander getrennt werden. Das in seiner geschichtlichen Dimension zu ermittelnde Phänomen wie auch seine Darstellung werden immer Spuren der Geschichtlichkeit der Instrumente seines Begreifens aufweisen. Indem das Begreifen Spuren am Gegenstand selbst hinterläßt, zeigt sich die sie trennende und verbindende Distanz. Und diese Entfernung muß in die Untersuchung als historische Beziehung zwischen heutigem psychologischen Verständnis und vergangenem psychologischen Geschehen einbezogen werden. Denn es ist erforderlich, die Herkunft der Urteile, die eine heutige Untersuchung über ihren geschichtlichen Gegenstand fällt, zu berücksichtigen.
Ein uns geläufiges psychologisches Selbstverständnis darf nicht zur ausschließlichen Grundlage der Näherung an das um 1800 vorfindliche psychologische Feld werden. Andererseits müssen Bemühungen, die psychologische Wirklichkeit um 1800 allein aus sich heraus zu erklären, scheitern, weil sie der Illusion erliegen, von der objektiven Geschichte des Untersuchungssubjekts absehen zu können.
Diese Überlegungen deuten an, daß es sich bei der vorliegenden Untersuchung nicht um eine Disziplinengeschichte im engen Sinn handelt. Ein geschichtliches Phänomen wird in ihr nicht nur ermittelt, sondern auch gedeutet; es wird nicht nur die psychologische Wissenschaft in ihren Grenzen, sondern die Grenzen selbst und das Ausgegrenzte werden betrachtet. Indem diese Untersuchung die Grenzen einer Wissenschaftsgeschichte im herkömmlichen Sinn überschreitet, weist sie auf die Problematik einer Geschichtsschreibung in der Psychologie hin.

Probleme einer Geschichtsschreibung in der Psychologie

Ein erstes Problem, mit dem Überlegungen zur Geschichte und zur Geschichtsschreibung der Psychologie konfrontiert sind, ergibt sich aus der vielfältigen Verwendung des Begriffs ‚Psychologie'. Mit den unterschiedlichen Sachverhalten, die er begrifflich fassen will, hat er eine Unschärfe angenommen, die es nicht mehr gestattet, die sachlichen Verschiedenheiten auf der Ebene ihrer begrifflichen Repräsentanz wiederzufinden.

Insbesondere soll hier die Divergenz zwischen Theorieform und Gegenstandsbereich angesprochen werden. Eine systematische Unterscheidung zwischen diesen beiden Bereichen einer Wissenschaft, die wissenschaftstheoretischen Vorstellungen durchaus vertraut ist, suchen wir in Geschichtsschreibungen in der Psychologie vergeblich. Die Geschichte eines Gegenstands und die Geschichte seiner wissenschaftlichen Aneignung werden auf der Beschreibungsebene oftmals nicht auseinandergehalten. Nicht ungewöhnlich ist es, wenn die Darstellung der Geschichte eines bestimmten Phänomens, etwa der Wahrnehmung, in die Darstellung der Geschichte der Theorien zu diesem Phänomen, der Wahrnehmungspsychologie, eingeht. Häufig finden wir in die Geschichte einer Theorie die ihres Gegenstands einbezogen. Mit wachsender Ausschließlichkeit werden Geschichten der Psycho*logie* geschrieben.[1] Ein Grund für diese Entwicklung mag das gewaltige Anwachsen der wissenschaftlichen Arbeit im Bereich der Psychologie sein, und die sich ausdehnende Wissenschaft mag zunehmend sich selber zum Objekt geschichtlicher Reflexion erhoben und das Interesse für die Gegenstände in ihrem vorwissenschaftlichen Zustand verloren haben.

Aber nicht nur für die Geschichtsschreibung in der Psychologie ist der Bereich des Psychischen im Psychologischen aufgegangen; Alltagssprache und übrige Wissenschaftssprache weisen den unscharfen Sprachgebrauch ebenfalls auf. Wenn etwa eine neuere psychologische Teildisziplin sich Perinatale Psychologie nennt, so müßte im wörtlichen Sinn das Attribut ‚perinatal' als eine Beschreibung des Forschungsbereichs verstanden werden; tatsächlich soll damit aber eine bestimmte Eingrenzung im Gegenstandsbereich angezeigt werden. Eine Eigenschaft des Gegenstandsbereichs wird in diesem Fall zur Kennzeichnung des Forschungsbereichs herangezogen. In der alltagssprachlichen Verwendung des Begriffs Psychologie finden wir ähnliche Vertauschungen wieder: So wird Psychologie mit Psychischem oder Psyche gleichgesetzt, etwa wenn von der Psychologie des Kleinkindes oder der Entwicklungspsychologie des Heranwachsenden die Rede ist, aber etwas anderes zur Sprache kommen soll: die Psyche des Kleinkindes oder die sich entwikkelnden psychischen Funktionen des Heranwachsenden.

Die vielfältige Inanspruchnahme des Psychologiebegriffs, die zu seiner allmählichen Entdifferenzierung geführt hat, ist also ein Merkmal nicht nur der Geschichtsschreibung in der Psychologie, sondern der Disziplin selbst und des psychologischen Alltagsdenkens.

Für die Geschichtsschreibung ergibt sich daraus folgendes Problem: Die Entdiffenrenzierung kann nicht rückgängig gemacht werden. Denn die begriffliche Konvention, die sich in der Verwendung eines umfassenden und unscharfen Psychologiebegriffs niederschlägt, hat sich im Verlauf der Geschichte der Psychologie allmählich herausgebildet und etabliert und läßt sich daher nicht einfach aufbrechen. Untersuchungen zur Psychologiegeschichte sind zunächst einmal gezwungen, diese Konvention als ein historisches Faktum anzunehmen. Andererseits sollte eine Untersuchung zur Psychologiegeschichte sich dieser Konvention nicht beugen, indem sie den Begriff Psychologie trotz der ihm eigenen Ungenauigkeit übernimmt und benutzt und so einer Entwicklung begrifflich die Reverenz erweist, die sie doch kritisch aufdecken möchte.

Es ergibt sich ein weiteres Problem, das mit dem ersten eng verbunden ist. Soll eine Präzisierung des Psychologiebegriffs vorgenommen, soll also angegeben werden, wann von der Psychologie als einem sich den Gegenstand aneignenden Wissenschaftsbereich die Rede ist, bedarf es einer Überwindung des undifferenzierten Psychologiebegriffs. – Der Begriff ‚Psychologie' bezeichnet einen Gegenstandsbereich und eine Theorieform. Seine Diskriminationsunfähigkeit ist als das Ergebnis einer Entwicklung der Psychologie zu betrachten. Das Ineinanderfließen beider Bedeutungen von Psychologie scheint für diese Wissenschaft funktional zu sein.

Die mangelnde begriffliche Schärfe zeigt an, daß in der Psychologie als Wissenschaft zwischen der wissenschaftlichen Psychologie und der im Vorfeld der wissenschaftlichen Aneignung bestehenden Psychologie kein wesentlicher Unterschied angenommen wird. Der gesamte psychologische Bereich wird mit der wissenschaftlichen Psychologie identifiziert. Diese Identifikation ist Ausdruck des lange Zeit und noch immer gültigen Selbstverständnisses der wissenschaftlichen Psychologie. Es setzt die psychologische Wirklichkeit weigehend gleich mit der psychologischen Wissenschaft. Die Identifikation bildet die Grundlage für das Selbstverständnis der Psychologie als einer Wissenschaft, in der die gesamte reale Psychologie – wie ich die Psychologie im Vorstadium ihrer Verwissenschaftlichung im folgenden nennen möchte – als wissenschaftliche angeeignet worden, in der die psychologische Wirklichkeit also ohne nennenswerte Verluste – jedenfalls werden Verluste nie genannt – in die psychologische Wissenschaft eingegangen sei.

Psychologische Wissenschaft und psychologische Wirklichkeit sind innerhalb einer solchen Auffassung, die das Selbstverständnis heutiger Psychologie prägt, synonym geworden. Die psychologische Wirklichkeit wird weitgehend gleichgesetzt mit der Wirklichkeit des wissenschaftlichen Psychologen. Das gesamte psychologische Feld erscheint als ein vom Wissenschaftler gestalteter Bereich, in dem der Teil des Feldes, der vom Psychologen nur vorgefunden worden ist, in seiner empirischen Eigenart, in seiner außerwissenschaftlichen Charakteristik nicht mehr erscheint.[2]

„Ein Begriff von Wissenschaft als systematischer Darstellung der Wirklichkeit, wie sie uns in der Erfahrung gegeben ist, impliziert Angaben darüber, in welcher besonderen Weise sich Wissenschaft (i.U. etwa zu philosophischer Reflexion und künstlerischer Gestaltung) auf Wirklichkeit bezieht, sowie darüber, auf was im besonderen in dieser Wirklichkeit, auf welchen Gegenstand, eine einzelne wissenschaftliche Disziplin eingeht.“[3]

Über einen solchen Begriff verfügt die Psychologie nicht. Die Entwicklung, die den Mangel hervorgebracht hat, ist kritisiert worden, etwa durch Holzkamp[4], der in ihr einen für die ‚bürgerliche Psychologie‘ typischen Verlauf sieht. Im Kontext einer Beschreibung des historischen Ansatzes der von ihm vertretenen ‚kritischen Psychologie‘ heißt es bei Holzkamp: „Die vor- und außerwissenschaftliche gnostische Repräsentanz dieser Gegenstände ... soll in erneutem Einsatz wissenschaftlich aufgegriffen werden und einer fortgeschritteneren psychologischen Bearbeitung zugänglich gemacht werden.“[5] Holzkamp unterscheidet die „historische Entwicklung der Psychologie und die historische Entwicklung der von der Psychologie aufgegriffenen Gegenstandsbereiche“[6] und bestimmt als Aufgabe der ‚kritischen Psychologie‘ die „*wissenschaftsbezogene* und die *gegenstandsbezogene* historische Analyse“.[7] Mit dieser Trennung kann die der herkömmlichen Psychologie eigentümliche Unschärfe ihres Psychologiebegriffs überwunden und der Geschichtsschreibung in der Psychologie eine entsprechend differenzierte Aufgabe gestellt werden.

Mit der umfangreichen Untersuchung zur Motivationsforschung von Holzkamp-Osterkamp[8] liegt ein Beispiel vor, in dem Holzkamps Trennung von Gegenstandsanalyse und Theorieanalyse praktisch durchgeführt wird. Die Autorin geht davon aus, daß die „Forschungsgegenstände der Psychologie im gesellschaftlichen Leben vor und unabhängig von ihrer wissenschaftlichen Bearbeitung“ bestehen.[9] „Demgemäß muß auch ‚Motivation‘ in der außerwissenschaftlichen gesellschaftlichen Wirklichkeit als Problem in Erscheinung getreten sein, bevor ihre wissenschaftliche Erforschung einsetzen konnte.“[10] Daher verlangt Holzkamp-Osterkamp die Berücksichtigung nicht nur der wissenschaftlich-psychologischen Ebene in der Untersuchung, sondern auch der außerwissenschaftlichen, gesellschaftlichen Repräsentanz psychologischer Gegenstände. Für die von ihr betriebene Motivationsforschung bedeutet das, die Motivation nicht nur als Objekt und Kategorie der wissenschaftlichen Psychologie zum Gegenstand zu erheben, sondern die Motivation als ein gesellschaftliches Phänomen, dessen Entstehung seiner Psychologisierung vorausgegangen ist, in die psychologische Untersuchung einzubeziehen. Damit ist eine Ausweitung des psychologischen Forschungsbereiches verbunden, die eine Psychologie im herkömmlich eingeschränkten Sinn nicht kennt.[11] Im Rahmen einer solchen Erweiterung ist es möglich, die historische Entwicklung eines psychologischen Gegenstands nicht nur als binnenwissenschaftliches Ge-

schehen aufzugreifen, sondern seine wissenschaftsexternen Entstehungsbedingungen zu berücksichtigen.[12]
Auf diese Weise werden Untersuchungen wie die von Holzkamp-Osterkamp der Entstehungsgeschichte eines psychologischen Problemfeldes in weit höherem Maß gerecht, als es eine wissenschaftsimmanente Untersuchung vermöchte. In der Überwindung des bloß wissenschaftsbezogenen Vorgehens, wie es die herkömmliche Psychologie favorisiert, besteht eine wichtige Innovation der ‚kritischen Psychologie'. Ihr verpflichtete Untersuchungen beziehen in ihre Geschichtsschreibung wissenschaftliche und reale Psychologie ein, während in der konventionellen Psychologie das Objekt der Geschichtsschreibung die wissenschaftliche Psychologie unter Ausklammerung ihrer außerwissenschaftlichen Repräsentanzen ist. Aufgabe einer solchen Geschichtsschreibung kann es immer nur sein, der als Wissenschaft vollzogenen Entwicklung nachzugehen, sie zu beschreiben und zu sanktionieren. Gegenstand einer solchen Geschichtsschreibung wird es immer nur sein, die Geschehnisse auf der Ebene der wissenschaftlichen Entwicklung auf die Beschreibungsebene zu heben und sie zu reproduzieren.
Die Wissenschaftsgeschichtsschreibung verhält sich gegenüber der Psychologie affirmativ. Sie akzeptiert alles Geschehen der Psychologie, sie bestätigt es und fundamentiert es zusätzlich. Sie beschreibt immer nur Erfolge, erfolgreiche Integrationen von Objekten in den wissenschaftlichen Kontext. So gewinnt die Psychologiegeschichtsschreibung ihren Objektbereich und damit ihre geschichtliche Basis, indem sie sich an der Entwicklung der Psychologie orientiert und sich auf das kapriziert, was in die Psychologie Eingang gefunden hat.
Sie kann zum Beispiel zeigen, daß von einem bestimmten Zeitpunkt an die Psychologie sich an die Naturwissenschaften, insbesondere an die Physiologie, angelehnt hat. Sie kann aber nicht zeigen, daß der Etablierung einer physiologisch geprägten Psychologie eine Entscheidung vorausgegangen ist, in der die alternative Formulierung einer anderen Psychologie verworfen wurde.[13] Indem sie Ergebnisse sanktioniert und als Gewinne verbucht, entgehen ihr die Verluste. Indem sie bestätigt, was eh schon stattgefunden hat, begibt sie sich der Chance, den Ablauf der Psychologiegeschichte zu problematisieren. Indem sie sich ausschließlich auf das in die Wissenschaft integrierte Material besinnt, verfehlt sie all jene Bereiche, die nicht verwissenschaftlicht oder aber nach einer Verwissenschaftlichung wieder ausgegliedert worden sind.

Wir haben bemerkt, daß demgegenüber die ‚kritische Psychologie' die außerwissenschaftliche Repräsentanz ihrer psychologischen Objekte in die Untersuchung einbezieht, um dem Gegenstandsbereich in seiner gesellschaftlichen Prägung gerecht zu werden. Wird die ‚kritische Psychologie' aber auch der realen Psychologie gerecht? Die Gewinnung eines unabhängig von der wissenschaftlichen Bearbeitung existenten Forschungsgegenstandes vollzieht sich auf eine bestimmte Weise. Kehren wir zum angeführten Beispiel ‚Motivation' zurück. Zunächst wird Motivation als ein Problembereich der Wissenschaft, nämlich der herkömmlichen, der ‚bürgerlichen' Psychologie ausgemacht. Die Gestaltung des Problembereichs wird als mangelhaft erkannt, und ausgehend von dem wissenschaftlich präsentierten und vorgefundenen Problembereich wandert der Blick auf die gesellschaftlichen, wissenschaftsexternen Grundlagen des Problembereichs.

Von diesen Grundlagen gerät ins Blickfeld freilich immer nur das, was die Perspektive des wissenschaftlich bekannten Bereichs, was also die wissenschaftliche Perspektive zuläßt. Es zeigt sich, daß die unabhängig von der wissenschaftlichen Bearbeitung gegebenen Probleme in Abhängigkeit von der wissenschaftlichen Bearbeitung erkannt werden. Eine Untersuchung, die sich dieser retrospektiven Methode bedient, arbeitet sich vom wissenschaftlich erfaßten Bereich zu seiner außerwissenschaftlichen Basis vor und gelangt daher nicht zum gesellschaftlichen Problembereich in seinem Rohzustand, sondern zu gesellschaftlichen Problemen, wie sie sich durchs wissenschaftliche Perspektiv darbieten. Im Rahmen einer solchen Untersuchung entspricht die Eigenart und entsprechen die Grenzen des gesellschaftlichen Problemfeldes der Eigenart und den Grenzen des wissenschaftlichen Problemfeldes. Die Geschichtsschreibung, auch die ‚kritisch-psychologische', nimmt „die konstituierte Wissenschaft zur Norm".[14]

Mit Hilfe eines Bildes möchte ich dies verdeutlichen: Die Motivationspsychologie ließe sich als Feld mit vielen Punkten, Linien und Flächen vorstellen, dem ein anderes Feld zugeordnet wird, die reale Motivation von Schulkindern, Industriearbeitern etc. Nun werden die Punkte, Linien und Flächen des wissenschaftlichen Feldes mit denen des vorwissenschaftlichen Feldes verbunden, bis keine Figur des wissenschaftlichen Feldes mehr unverbunden ist. Unberücksichtigt bleibt dabei für Verfahren, die sich der retrospektiven Methode bedienen, der Umstand, daß dann immer noch viele Figuren im gesellschaftlichen Feld unverbunden geblieben sind.

Außerhalb des Bildes: der gesellschaftliche Bereich wird in seinem ganzen Umfang überhaupt nicht berührt, wenn der Ausgang aus dem wissenschaftlichen Feld genommen wird. Der gesellschaftliche Bereich, der einem wissenschaftlichen Bereich zugeordnet wird, ist größer als der wissenschaftliche Bereich; er verfügt über Dimensionen, die im wissenschaftlichen Bereich nicht erschienen sind und die auch gar nicht erkannt werden können, wenn die Untersuchung nur in einer Richtung voranschreitet, von der Wissenschaft zur gesellschaftlichen Basis.[15]

Während der historische Ansatz der ‚kritischen Psychologie' sich also dadurch von dem der konventionellen Psychologie abhebt, daß er eine eindeutige Unterscheidung zwischen der realen Psychologie als einem wissenschaftsunabhängigen Geschehen und der wissenschaftlichen Psychologie als der Interpretation dieses Geschehens vornimmt, stimmt er mit ihr in der Auffassung überein, die reale Psychologie gehe in der wissenschaftlichen auf. Kritische und konventionelle Psychologie sind sich einig in der Absicht, die einzig relevante Deutung und Bearbeitung der realen Psychologie sei in der Psychologie als Wissenschaft zu geben. Beide Psycho-

logien enthalten die Vorstellung, die reale Psychologie werde in der wissenschaftlichen restlos repräsentiert, sei zumindest tendenziell restlos in ihr repräsentierbar. Beiden Konzepten ist die Prämisse eigen, die gesamte reale Psychologie verfüge über eine wissenschaftliche Affinität, die ihrer faktischen Verwissenschaftlichung den Weg ebne und Hindernisse auf ihm nicht entstehen lasse. Kritische und konventionelle Psychologie stimmen in ihrem Wissenschaftsdogmatismus[16] überein. Beider Selbstverständnis und Selbstdarstellung gründen auf einer Auffassung von der wissenschaftlichen Psychologie als der einzigen, als *der* Psychologie. Beide sprechen „dem ‚wissenschaftlichen Diskurs' die ihm innewohnende und außergewöhnliche Fähigkeit zu, die Prinzipien seiner eigenen Theorie angeben zu können, ohne aus sich herauszugehen. Mit anderen Worten, der ‚wissenschaftliche Diskurs' wäre also souverän und autonom ..."[17] Beide Psychologien vermögen aufgrund ihres Selbstverständnisses ihre wissenschaftswissenschaftlichen Beschränkungen nicht zu überwinden.
Der Begriff Psychologie, von dem unsere Überlegungen ausgegangen sind, bedeutet sowohl im Kontext der konventionellen als auch im Kontext der ‚kritischen' Psychologie wissenschaftliche Psychologie. Die konventionelle und die ‚kritische' Psychologie sind, jede auf ihre Weise, wissenschaftliche Psychologien. Aus unterschiedlichen Traditionen und Denkzusammenhängen sich entwickelnd, berühren sich konventionelle und ‚kritische' Psychologie in der unkritischen Hinnahme des Systems wissenschaftlicher Interpretation im Bereich der Psychologie als des einzig möglichen, notwendigen, fortschrittlichen.

Dieses System bietet und enthält Fortschritte, zumindest die eigenen. Wird aber die wissenschaftliche Psychologie ihnen gerecht, wird sie jenem vergangenen Fortschritt, der ihre Entstehung brachte, gerecht? Vermag sie ihre eigene Vorgeschichte, ihre Ausdifferenzierung aus dem vorwissenschaftlichen Bereich zu erfassen?
Innerhalb retrospektiver Verfahrensweisen, wie sie in der konventionellen und ‚kritischen' Psychologie zur Anwendung gelangen, erhalten der Bereich und der Begriff des Vorwissenschaftlichen spezifische Valenz und Bedeutung. Seine Funktionen bestehen darin, ein bestimmtes Problemfeld als nicht-wissenschaftlich zu bestimmen und den potentiellen Wissenschaftscharakter des Problemfeldes herauszustellen. Dabei geht die Kennzeichnung eines bestimmten Bereichs als vorwissenschaftlich gewöhnlich mit der Vorstellung seiner zwingend nachfolgenden Verwissenschaftlichung einher. Auf der begrifflichen Ebene ergibt sich auf diese Weise eine Kontinuität zwischen wissenschaftlicher und vorwissenschaftlicher Bearbeitung eines Problemfeldes: Der wissenschaftlichen Geschichte eines Problemfeldes geht unmittelbar seine vorwissenschaftliche voraus; und mit der Geschichte selbst wird die Notwendigkeit für den Verlust des einen und die Übernahme des andern Status begründet. Die Berechtigung, ein Problemfeld als vorwissenschaftlich zu bezeichnen, liefert das Wissen um die vollzogene Verwissenschaftlichung. Und nur aus der Perspektive einer ausdifferenzierten

Wissenschaft wird die Anerkennung bestimmter Problembereiche als historischer Vorläufer einer wissenschaftlichen Disziplin möglich.
Vorwissenschaft ist eine der Kategorien, mit denen Wissenschaften einen Teil ihrer Geschichte zu erfassen suchen. Ihre Anwendung ist Bestandteil von Methoden der Wissenschaftsgeschichtsschreibung, die die Entwicklung einer Wissenschaft in Abschnitte, Phasen und Epochen unterteilen, die eine Wissenschaftsentwicklung in ihre Geschichte, Vorgeschichte und Nachgeschichte gliedern.[18] Der Maßstab zur Beurteilung dessen, was als Vorwissenschaft gelten soll, wird auf dem Boden der Wissenschaft gewonnen, und die entscheidende Frage, die sie stellt, ist, in welcher Form es die Probleme, Theoreme, Begriffe, Methoden und Instrumente der ausdifferenzierten Wissenschaft bereits vor ihrem Anfang als systematische Disziplin gegeben hat. Das Verfahren stellt auch die ‚Vorgeschichte' in die wissenschaftliche Tradition. Es betrachtet auch das Vorwissenschaftliche als zur Geschichte der Wissenschaft gehörig und verlängert die Geschichte einer Wissenschaft rückwärts über ihren disziplinären Anfang hinaus.
Die einengenden Identifikationen der Psychologie mit ihrer wissenschaftlichen Fassung und des vorwissenschaftlichen Feldes mit seinen in der Folge verwissenschaftlichten Teilbereichen bringen immer auch einen Verlust mit sich. Es sind nicht nur die vorwissenschaftlich gegebenen Phänomene, die der Betrachtung verlorengehen, da sie im wissenschaftlichen Kontext nicht mehr auftauchen. Der gesamte psychologische Bereich, der die Schwelle zur Wissenschaftlichkeit nicht überschreitet, bleibt außerhalb der theoretischen Reflexion und außerhalb der geschichtlichen Betrachtung. Daher werden auch die Eingangskriterien, die bei der Verwissenschaftlichung von Problemfeldern zur Anwendung gelangen, innerhalb der wissenschaftlichen Psychologie nicht problematisiert. Die herkömmliche Geschichtsschreibung in der Psychologie legt die Annahme einer hohen Rezeptivität der wissenschaftlichen Psychologie gegenüber ihrem vorwissenschaftlichen Bereich nahe. Um der faktischen Resistenz der wissenschaftlichen Psychologie gegenüber bestimmten Problembereichen und ihrer Affirmation in der geschichtlichen Psychologie nicht zu neuer Wirksamkeit zu verhelfen, müßte eine Untersuchung der Beziehungen zwischen der wissenschaftlichen Psychologie und ihrem vorwissenschaftlichen Bereich anders verfahren als die konventionelle Geschichtsschreibung, sie müßte ihre Richtung ändern.

Eine Geschichtsschreibung in der Psychologie, die die Geschichte der Psychologie nicht bloß reproduzieren will, muß ein historisches Vorgehen, wie es von der ‚kritischen' Psychologie vorgeschlagen wird, das reale und wissenschaftliche Psychologie voneinander trennt, ergänzen durch einen wissenschaftskritischen Ansatz, der Ausgliederungsvorgänge in der Wissenschaft nicht einfach hinnimmt und sich um das Verlorene nicht mehr kümmert, sondern sein Interesse den Bereichen zuwendet, die dem wissenschaftlichen Blick entschwunden sind.
Eine Geschichtsschreibung dieses Typs wäre in der Lage, den von der

wissenschaftlichen Psychologie kraft ihrer Geschichte vorgegebenen Verlauf nicht einfach zu wiederholen, sondern ihn zu durchbrechen und kritisch zu reflektieren. Sie sieht in der Verwissenschaftlichung von Problembereichen nicht prinzipiell einen Fortschritt, der ja zunächst in nichts weiter als im Anwachsen der Wissenschaft besteht. Sie kann sich um den Preis des Fortschritts kümmern, kann zeigen, was ihm zum Opfer gebracht worden ist, und die verlorenen Bereiche beschreiben. Sie will nicht mehr nachweisen, daß der wissenschaftlichen die reale Psychologie entspreche, sondern in umgekehrter Richtung gehen und zeigen, daß der realen Psychologie unterschiedliche Interpretationen, unterschiedliche Wissensanordnungen verbunden sind. Diese Geschichtsschreibung hat die Chance, die auf der Basis der ‚kritischen' Psychologie gewonnene Überwindung der *einzel*wissenschaftlichen Psychologie zu ergänzen durch den kritischen Widerstand gegen die einzel*wissenschaftliche* Beschränkung der Psychologie. Auf diese Weise kann die historische Dimension in der Geschichtsschreibung in der Psychologie durch eine wissenschaftskritische erweitert werden.
Entsprechende Untersuchungen tragen einem Umstand Rechnung, für den die Psychologiegeschichtsschreibung sich gewöhnlich nicht interessiert. Stets an den positiven Erfolgen von Wissenschaft sich orientierend, vermag sie deren Grenzen nicht zu erkennen. Eine Wissenschaftsgeschichtsschreibung, die sich ihren Gegenstand in Analogie zur vollzogenen Wissenschaftsgeschichte wählt, kommt kaum über Vollzugsmeldungen hinaus und übersieht die jenseits der Grenzen von Wissenschaft in anderen Reflexionsmedien[19] stattfindenden Entwicklungen. Gestützt wird diese Selbstbeschränkung durch die unangefochten gültigen Einteilungsprinzipien, die die Wissenschaft von der Literatur, der Philosophie und von anderen Interpretationen trennen, die wissenschaftliche Disziplinen, literarische Gattungen oder ästhetische Medien je untereinander differenzieren und in Opposition zueinander stellen.

Die Psychologie um 1800 ist einer der Fälle, die das Vertrauen in die gängigen Unterteilungen erschüttern und zerstören. Denn die Bestandteile der realen Psychologie werden in unterschiedlichen Interpretationszusammenhängen aufgegriffen und bearbeitet. Die psychologische Wirklichkeit bildet den Gegenstand verschiedener Reflexionsmedien. Die in ihnen formulierten Psychologien sind untereinander vergleichbar, weil die ihnen vorgegebene Wirklichkeit ihren Problemfeldern die Identität gibt. Vergleichbar sind verschiedene Zugänge, die sich die Psychologien als wissenschaftliche Analyse oder als künstlerische Gestaltung zu den Problemfeldern verschafft haben.
Die Psychologie um 1800 ist auch einer der Fälle, die eine Behandlung im Rahmen einer Wissenschaftsgeschichtsschreibung im herkömmlichen Sinne nicht mehr zulassen. Sie verweist damit auf ein Problem, dem sich wissenschaftsgeschichtliche und wissenschaftsoziologische Untersuchungen gestellt haben. Der Verlust wissenschaftsgeschichtlicher Selbstgewißheit und

der Umbruch wissenschafthistorischer Vorstellungen, wie sie insbesondere von Thomas Kuhn in seiner *Struktur wissenschaftlicher Revolutionen*[20] thematisiert werden, spiegeln das Schwinden der Fortschrittsgläubigkeit, die das Wissenschaftssystem bis ins 20. Jahrhundert hinein prägte, wider. Wissenschaftsgeschichte als ein schlichtes Nachzeichnen gehabter Entwicklungen erscheint seit Kuhn nicht mehr möglich.[21] Mit dem Schwinden der Fortschrittsgläubigkeit ist aber auch die wissenschaftliche Erfüllung eines Wahrheitsanspruchs zunehmend in Frage gestellt worden.

Überlegungen zum Verhältnis von Wissenschaft und Literatur

Gerade dieser Anspruch hatte den Wissenschaften in der Vergangenheit die Sicherheit gegeben, sich von anderen Diskursen abheben zu können, und das Recht, eine Sonderstellung aufgrund ihrer kontinuierlichen und kumulativen Wahrheitsfindung einzunehmen. Aus dieser Stellung ließ sich die rationale Erkenntnistätigkeit als exklusive Leistung der Wissenschaften hervorheben.
Mit dem Verfall der Sicherheit und dem allmählichen Aufgeben der Sonderstellung sind aber auch wesentliche Bestandteile der Barrieren, die zwischen wissenschaftlichen und anderen Diskursen angenommen wurden, entfallen. Wissenschaften und Literatur können in einer Nachbarschaftsbeziehung betrachtet werden, und Wissenschaftsgeschichte und Literaturgeschichte scheinen teilweise sehr ähnliche Probleme vorzufinden. Daß die Wissenschaften am Abtragen der bis 1900 aufgebauten und noch heute gut erhaltenen Mauer zwischen ihnen und der Literatur beteiligt sind, macht Lepenies vorrangig für die neuerdings wieder möglich werdende „Wiederannäherung der Literatur an die Wissenschaften"[1] verantwortlich.

Über die im 19. Jahrhundert anscheinend irreversibel vollzogene Trennung der beiden Systeme sind sich verschiedene Autoren einig, in ihrer Datierung gehen sie auseinander. Während Lepenies davon spricht, „die Einheit von Wissenschaft und Literatur (habe) noch weit bis in das 18. Jahrhundert hinein als selbstverständlich" gegolten[2], markiert Mayer[3] den entscheidenden Einschnitt in der Zeit nach Descartes:

> „Die Cartesianer sonderten die Künstler ab von den Wissenschaften. Sie unterschieden zwischen theoretischer Wahrheit der Wissenschaften und sinnlich-praktischer Wahrscheinlichkeit im Bereich der Wirklichkeitsnachahmung durch Künste und Künstler ... Die Ära verlangte Trennung von Wissenschaft und Kunst."[4]

Die Unsicherheit des Beginns einer getrennten Entwicklung von Wissenschaft und Literatur spiegelt die Komplexität ihres Verhältnisses wider und den Wandel in seiner Geschichte, die sich auf eine bündige Formel nicht bringen lassen. Bemerkenswert ist, daß mit dem Umbruch nach der Französischen Revolution, daß mit dem Beginn des 19. Jahrhunderts dieses Verhältnis Gegenstand üppiger Reflexionen geworden ist, die anfangs gleichermaßen aus der wissenschaftlichen, der philosophischen und der ästhetischen Perspektive geführt wurden, mit zunehmender ‚wissenschaftlicher Selbstfindung des 19. Jahrhunderts' aber sich auf die künstlerischen Diskussionsteilnehmer beschränkten.

„Theoretisch wird vom Beginn bis zum Ende des 19. Jahrhunderts an verschiedenen Stellen die Vereinigung von Wissenschaft und Literatur zum Programm erhoben, in der Romantik (etwa bei Novalis) von seiten der Literatur, im Positivismus von seiten der Wissenschaft und verwissenschaftlichen Philosophie."[5]

Als Zeugen dieser Diskussion fürs 19. Jahrhundert werden gern Nietzsche und Schriftsteller wie Zola oder Flaubert angeführt. Zola verstand sein künstlerisches Schaffen als Wissenschaft, seine eigene Rolle als die eines Wissenschaftlers.[6] In seiner Selbsteinschätzung finden wir eine Identifizierung des Wissenschaftlichen mit dem Realistischen vor. Das Problem des Realismus war denn auch einer jener strittigen Punkte, um die es in der Auseinandersetzung um Wissenschaft und Literatur geht. Die Romanciers des 19. Jahrhunderts beriefen sich auf den Realismus, wenn sie ihren Anspruch begründen und seine Erfüllung nachweisen wollten, ‚wie wissenschaftlich' zu schreiben. Damit aber ergaben sie sich jenem wissenschaftlichen Aberglauben, der das 19. Jahrhundert als eine Epoche kennzeichnet, die mit dem Wort ‚Realismus' sich „schmeichelte, den Schlüssel zur ‚Wirklichkeit' zu besitzen".[7]
Literaten wie Zola sind einer Ideologie der Wissenschaftlichkeit, die außerhalb ihrer selbst keine Möglichkeit der Realitätsverarbeitung kennen und anerkennen wollte, gern zum Opfer gefallen. Denn in „einer Zeit, in der die exakte Naturforschung so eminente Fortschritte macht(e), muß(te) jede Tätigkeit als nicht eigentlich ernsthaft erscheinen, die nicht zur Erkenntnis (beitrug)".[8] Zola und die Realisten unter den Literaten beabsichtigten, ernsthaft zu sein und ernstgenommen zu werden. Sie wollten Erkenntnisse hervorbringen, und diesem selbstgesetzten Ziel entsprach die Auffassung vom wissenschaftlichen Charakter ihrer Arbeit. Wenigstens das Resultat sollte wissenschaftlichen Anforderungen genügen können, wenn schon die Durchführung der Aufgabe außerhalb eines wissenschaftlichen Kontextes stattfinden mußte. Zolas Mühen freilich war vergeblich, sein „Versuch einer Verwissenschaftlichung des Romans mußte an einer voreiligen Harmonisierung literarischer und wissenschaftlicher Vorgehensweisen scheitern".[9]
Auch wenn sein Versuch gescheitert ist, so macht er doch deutlich, aus welcher Problematik die Auseinandersetzung zwischen Wissenschaft und Literatur seit dem 19. Jahrhundert ihr Material gewinnt. Im Mittelpunkt stehen stets die Fragen nach dem Wahrheitsgehalt, dem Erkenntnispotential und den reflexiven Möglichkeiten literarischer Arbeiten. Interessant ist dabei zu beobachten, daß die Literatur sich diese Fragen weniger selbst stellt, sondern sie sich von den Wissenschaften stellen läßt und sich damit wissenschaftlichen Anmaßungen ebenso fügt, wie Zola sich dem wissenschaftlichen Anspruch seiner Epoche beugte. Bemerkenswert ist ferner, daß die Literatur sich an Ansprüchen mißt und messen läßt, die die Wissenschaften an sich selbst immer weniger stellen wollen und können. Aus der literarischen Argumentation wird eine Strategie der Anpassung an die Wissenschaften erkennbar, die sich darum bemüht, die Literatur als eine den Wissenschaften vergleichbare Tätigkeit nachzuweisen.[10]

Distanzierter und selbstbewußter und wohl auch angemessener sind jene Anschauungen, die, ohne die Gegensätzlichkeit zwischen Wissenschaft und Literatur verkennen oder einebnen zu wollen, aus einer Kritik an der Wissenschaft selbst, aus einem Verweis auf die Limitierungen wissenschaftlichen Denkens und Handelns, gewonnen werden.
Am Ende des 19. Jahrhunderts formuliert Konrad Fiedler, dessen anhebende Wiederentdeckung sicher kein Zufall und im Zusammenhang der Debatte um wissenschaftliches und künstlerisches Erkennen zu sehen ist[11], eine Wissenschaftskritik, die insbesondere den Grenzen wissenschaftlichen Denkens gilt:

„Es muß aber erst zum Bewußtsein gebracht werden, daß die wissenschaftliche Erkenntnis ihre natürlichen Grenzen hat; dann erst wird die künstlerische Tätigkeit als das erscheinen, was sie ist, als eines von den Mitteln, die den Menschen gegeben sind, um sich die Welt anzueignen.“[12]

Im Werk Fiedlers ist eine Position formuliert, die weder die Grenzen wissenschaftlichen Erkennens noch die Möglichkeiten künstlerischen Erkennens überschätzt. Fiedler geht von einer Ergänzungsbedürftigkeit beider Systeme in der Erklärung von Wirklichkeit aus:

„Der Künstler ist in einer anderen Welt, er ist der gemeinen Wirklichkeit entrückt – gewiß, wenn man die Welt der Begriffe für die Welt schlechthin hält; darin eben besteht der Irrtum ... Nüchtern ist die Welt nur, wenn man die Wirklichkeit der Wissenschaft für die volle Wirklichkeit der Welt hält.“[13]

Hierin wird ein Aspekt, den die Diskussion um Wissenschaft und Literatur immer wieder enthält, deutlich: die Verneinung der Möglichkeit, die Wirklichkeit in vollem Umfang wissenschaftlich zu beschreiben. Demgegenüber soll die „Lehre von der Möglichkeit einer Erkenntnis, die nicht an die Bedingungen der theoretischen Erkenntnis gebunden sei“[14], behauptet werden. In dieser Hinsicht ist es für die Einschätzung Fiedlers wichtig zu sehen, daß er sich nicht als Verfechter einer gegen die Vernunft gerichteten sinnlichen Erkenntnis betrachtet wissen will:

„Wenn man sagt, daß die Kunst Erkenntnis geben könne, so muß man sich zugleich dagegen verwahren, als ob man damit eine Erkenntnis durch Empfindungen meine. Eine solche ist allenthalben als durchaus unmöglich anzusehen. Vielmehr kann die Kunst zwar auch Empfindungen erwecken, aber die Erkenntnis ist, wie jede andere, eine vernünftige, nur der Vernunft auf andere Weise mitgeteilt.“[15]

Damit ist eine Argumentationsweise eingeführt, die Kunst und Literatur nicht nur als neben den Wissenschaften existente Erkenntnisweisen bestimmt, sondern sie als den Wissenschaften vergleichbare, ebenbürtige Formulierungen einer Aneigung von Wirklichkeit darstellen möchte.
In seinen „13 Hypothesen über Literatur und Wissenschaft als vergleichbare Tätigkeiten“[16] nennt Helmut Heißenbüttel ein geschichtliches Motiv für das parallele Aufkommen und Wirken beider Systeme. Nach dem Verfall der theologischen Weltinterpretation konnte als wirklicher Beweis nur noch „die Erfahrung, die als prinzipiell jedermann zugänglich gedacht

wird"[17] gelten. Seitdem seien Wissenschaft und Literatur vergleichbar, denn

„sie sind dadurch gekennzeichnet, daß sie ihre Ergebnisse und Ziele immer wieder vor sich vorauszuwerfen gezwungen sind; der Fortschritt in den prinzipiell unendlichen Entwurf macht Literatur und Wissenschaft zu parallel verlaufenden Tätigkeiten der menschlichen Aufklärung".[18]

Das Modell, das Heißenbüttel von der Beziehung zwischen Literatur und Wissenschaften skizziert, entwirft beide als dem Fortschritt und der Aufklärung dienliche, in ihrer teleologischen Setzung einander sehr ähnliche Reflexionsmedien.
Im Wahrheitsanspruch von wissenschaftlicher und literarischer Erkenntnis begründet Arnold Hauser demgegenüber gerade die Unvergleichlichkeit beider Erkenntnissysteme:

„Eine Darstellung der Wirklichkeit, die in objektiv wissenschaftlicher Hinsicht als falsch angesehen werden müßte, kann künstlerisch durchaus wahr, überzeugend und von größerer Relevanz sein als die wissenschaftlich einwandfreiste. Wo wissenschaftliche Wahrheit nicht bezweckt wird, kann von ihrer Zuständigkeit nicht gesprochen und über ihre Umgehung keine Sanktion verhängt werden ... Die Wahrheit der Kunst kann nicht bewiesen, die schädlichen Folgen ihres Abweichens von der Wahrheit können nicht nachgewiesen werden."[19]

Aus den unterschiedlichen Wahrheiten von Wissenschaft und Kunst ergibt sich für Hauser ein notwendiger Verzicht auf die Ausarbeitung von Beurteilungsmaßstäben, die gleichermaßen für das eine wie für das andere System anwendbar und gültig wären. Aufgrund der unüberbrückbaren Kluft zwischen ihnen ließen sie sich nicht miteinander in Beziehung setzen, und ein Vergleich ihrer Erkenntnisleistungen sei daher müßig.
Walter Benjamin hat den wissenschaftsorientierten Begriff des „Reflexionsmediums"[20] auf die Kunst angewendet, ohne durch seine Verwendung die Unterschiede zwischen künstlerischer und wissenschaftlicher Reflexion beseitigen zu wollen. Bei Theodor W. Adorno entspricht ihm der Verstehensbegriff; er stellt dem wissenschaftlichen einen ästhetischen Verstehensbegriff an die Seite. Soll der

„ästhetische Verstehensbegriff ... etwas Adäquates, Sachgerechtes anzeigen, so wäre das heute eher als eine Art von Nachfahren vorzustellen; als der Mitvollzug der im Kunstwerk sedimentierten Spannungen, der in ihm zur Objektivität geronnenen Prozesse. Man versteht ein Kunstwerk nicht, wenn man es in Begriffe übersetzt ..., sondern sobald man in seiner immanenten Bewegung darin ist."[21]

In dieser Auffassung werden dem ästhetischen Erkennen nicht einfach Wege und Ziele wissenschaftlichen Erkennens zugefügt, um so seine Quasiwissenschaftlichkeit herauszustellen und mit ihr eine Art intellektueller Salonfähigkeit vorzuweisen. Adorno betont die Eigenart ästhetischen Erkennens; sie liege in seiner Subjektivität begründet. Gerade in der Subjektivität trete es der Objektsphäre produktiv gegenüber. Aus der Spannung resultiere der Wahrheitsanspruch des Kunstwerks:

„Der Gegensatz des Kunstwerks zur Objektsphäre wird produktiv, das Werk authentisch allein dort, wo es diesen Gegensatz immanent austrägt, sich objektiviert an dem, was es in sich verzehrt. Kein Kunstwerk, auch das subjektivste nicht, geht auf in dem Subjekt, das es und seinen Gehalt konstituiert. Ein jedes hat Materialien, die dem Subjekt heterogen gegenüberstehen, Verfahrensweisen, die ebenso von jenen Materialien sich herleiten wie von Subjektivität; sein Wahrheitsgehalt erschöpft sich nicht in dieser, sondern verdankt sich einer Objektivierung, die zwar des Subjekts als ihres Exekutors bedarf, aber, kraft der immanenten Beziehung auf jenes Andere, über das Subjekt hinausweist."[22]

Die Objektivität des Wahrheitsgehalts und die Legitimität des Wahrheitsanspruchs des Kunstwerks sind der Grund, auf dem künstlerisches und wissenschaftliches Erkennen rechtmäßig miteinander verglichen werden können.

Wissenschaft und Literatur werden meist auf der medialen Ebene miteinander verglichen und nach ihrer jeweiligen Erkenntnisleistung beurteilt. Normalerweise werden solche Vergleiche immer zwei Ergebnisse haben: Literatur und Wissenschaft seien in vielerlei Hinsicht vergleichbar oder in ihren Divergenzen unüberbrückbar voneinander getrennt. Eine Kombination beider Resultate würde der Sache vermutlich gerechter werden, ohne freilich einen entscheidenden Mangel in der Betrachtung von Wissenschaft und Literatur zu beheben.
Überlegungen zum Verhältnis von Wissenschaft und Literatur sind dadurch gekennzeichnet, daß sie stets beide Systeme untereinander vergleichen. Nie aber werden sie in Beziehung zur Objektsphäre gesetzt, zur Wirklichkeit, über die sie eine Deutung versuchen; und ebensowenig werden sie auf die Subjektsphäre bezogen, aus der sie sich entwickeln und auf die sie zurückwirken. Es fehlen Überlegungen, die sich der Unbeständigkeit der Wissenschaft und der Unbeständigkeit der Literatur widmen. Nur zu bestimmten, nicht zu allen Zeiten können wissenschaftliche Arbeiten einem Problemfeld gerecht werden. Dasselbe gilt für die Literatur. Sie mag einen bestimmten Problembereich einmal angemessen aufgenommen und ihn zu einem andern Zeitpunkt doch wieder ausgestoßen haben. Die Rezeptivität und die Resistenz beider Systeme sind einem geschichtlichen Wandel unterworfen.[23] Wissenschaftliche Versuche vermögen ebenso wie literarische gegebene Probleme einmal angemessen aufzugreifen und sie ein anderes Mal zu verfehlen. Sie sind unbeständig. „Die Frage, ob nicht Literatur selbst nur in bestimmten historischen Epochen als Spiegelung des Seins hohe Bedeutung gewann"[24], läßt sich erweitern zur Frage, ob nicht die Fähigkeit künstlerischer und wissenschaftlicher Diskurse zur adäquaten Annäherung an die Wirklichkeit sich in verschiedenen Epochen verlagert.
Es kann die Hypothese überprüft werden, daß in bestimmten geschichtlichen Phasen Wissenschaft und Literatur für die Interpretation eines vorfindlichen Problemfeldes in unterschiedlicher Weise geeignet oder ungeeignet sind. Aufgabe einer entsprechenden Untersuchung ist es, das rezeptive Reflexionsmedium, in dem ein Wirklichkeitsbereich angeeignet und gedeutet wird, zu bestimmen und ergänzend das resistente Medium zu ermitteln. Darüber

hinaus kann nach den Ursachen für die Rezeptivität einerseits und die Resistenz andererseits geforscht und die Durchlässigkeit des einen auf die Verweigerung des anderen Interpretationsmediums bezogen werden.
Es läßt sich zeigen, daß ein empirischer Wissensbereich zu verschiedenen Zeiten unterschiedlich angeordnet wird: literarisch oder wissenschaftlich. Es läßt sich nachweisen, daß sowohl ein literarischer als auch ein wissenschaftlicher Text einem Wissensbereich paradigmatisch gerecht werden könnten.[25] Nicht nur divergente Theorien können zu wechselnden Paradigmen innerhalb einer wissenschaftlichen Disziplin werden, sondern verschiedene Aussageformen und Interpretationsweisen können zu Paradigmen innerhalb eines Wissensbereichs werden. Ein so genutzter Paradigmenbegriff ist über die Grenzen wissenschaftlichen Interpretierens hinaus erweitert: als Paradigma können wissenschaftliche und literarische Konzepte bestimmt werden.
Der Gegenstand einer Wissenschaft und Literatur integrativ behandelnden Untersuchung ist dann nicht mehr ein Vergleich zwischen Literatur und Wissenschaft, sondern das Aufspüren des Paradigmas, das sich in einem begrenzten Wirklichkeits- und Wissensbereich entwickelt hat. Es geht dann nicht mehr um den Nachweis eines etwaigen Leistungsvorsprungs der Wissenschaften vor der Literatur, der ihnen Relevanz und Dignität garantierte. Andererseits geht es nicht mehr darum zu demonstrieren, daß Literatur sinnliche Erkenntnisse ermögliche, von denen Wissenschaften weit entfernt seien. Die Untersuchung würde einer spezifischen Wissensformation gelten, die von allen anderen zeitgleich entstandenen durch ihre paradigmatischen Eigenschaften unterschieden ist. Ein Binnenvergleich von Wissenschaft und Literatur würde auf diese Weise hinfällig und durch eine Untersuchung ersetzt werden, deren Problematik freilich groß wäre. Sie wirft folgende Fragen auf: Wie kann entschieden werden, welche Deutung der Wirklichkeit angemessen ist? Wie soll bestimmt werden, welche Anordnung das in einem Bereich mögliche Wissen optimal repräsentiert und präsentiert? Wie kann ein Wirklichkeitsbereich abgesteckt werden, ohne daß seine Grenzen durch ein wissenschaftliches oder literarisches Perspektiv gesehen werden?
Der zu untersuchende Wirklichkeitsbereich kann nicht jenseits eines wissenschaftlichen oder literarischen Interesses eingegrenzt werden. In jedem Fall gehen in seine Begrenzung persönliche Interessen und Erfahrungen des Untersuchenden ein. Wenn aber eine Begrenzung nur aus einer persönlichen Erfahrung heraus möglich ist, dann sollte sie bewußt und kontrolliert vorgenommen werden. So kann auch die persönliche Erfahrung selbst, die mehr ist als eine rein subjektive Erfahrung, kontrollierbar gemacht und in die Bestimmung des Untersuchungsgegenstandes und die Durchführung der Untersuchung einbezogen werden.
Die Grenzen dieses Wirklichkeitsbereichs und mit ihnen er selbst sind überschaubar. Die diesem Wirklichkeitsbereich geltende Untersuchungsfrage lautet nicht, wie Wissenschaft oder Literatur ihm gerecht werden könnten; die Untersuchung fragt nach den Erfahrungen, die ich als das sie tragende Subjekt über mich, über meinen Bezug zur Umwelt und über meine Wirk-

lichkeit in der Auseinandersetzung mit wissenschaftlichen und literarischen Texten erwerbe. Damit werden wissenschaftliche und literarische Texte keineswegs überbeansprucht; sie haben es sich ja vorgenommen, mich und meine Umwelt mir erfahrbar zu machen.
Im Hinblick auf die Fragestellung wissenschaftliches versus literarisches Erkennen wird der Subjektivität damit eine große Bedeutung zuerkannt. Paul Valéry betont ihre Relevanz für das ästhetische Erkennen. Er untersucht die Beziehungen zwischen Wissenschaft und Literatur in der Gestalt eines Vergleichs zwischen Dichtkunst und abstraktem Denken.[26] Über die Bedeutung der Subjektivität schreibt er:

„... ich halte es für nützlicher zu erzählen, was man selbst erfahren hat, als eine von jeder Person unabhängige Erkenntnis, eine Beobachtung ohne Beobachter vorzutäuschen. In Wirklichkeit gibt es keine Theorie, die nicht ein sorgfältig präpariertes Fragment irgendeiner Selbstbiographie wäre."[27]

Indem Valéry die Subjektivität auf den Theoriebereich ausdehnt, sie dem theoretischen Reflektieren gewissermaßen induziert, verwirft er Ansichten, die dazu neigen, in einer wissenschaftlichen Theorie etwas eher Objektives und in einem literarischen Text etwas eher Subjektives zu vermuten. Diese Unterscheidung gilt ihm nichts, und darin liegt für Valéry auch die Vergleichbarkeit von Wissenschaft und Literatur begründet, und ein weiteres: die Entbehrlichkeit des Vergleichs. Die Differenzierung zwischen Wissenschaft und Literatur, zwischen Theorie und Poesie, zwischen abstraktem Denken und der Dichtkunst tauge, da sie nur vermeintliche Unterschiede erfassen könne, nicht, und den wirklich vorhandenen Unterschied zweier Erkenntnisweisen treffe sie nicht. Daraus ergibt sich für Valéry eine Konsequenz:

„... ich werde mich an mich selbst wenden. Hier werde ich meine echten Schwierigkeiten und meine wirklichen Beobachtungen meiner eigenen echten Zustände suchen; ich werde sehen, ob der angeführte Gegenstand existiert und in welcher Weise er lebendig wird. Ich gestehe, daß ich die Gewohnheit habe, in den Problemen des Geistes diejenigen zu unterscheiden, die ich selbst erfunden haben könnte und die ein wirklich empfundenes Bedürfnis meines Denkens ausdrücken, und die anderen, welche die Probleme von anderen sind."[28]

Die Unterscheidung von wissenschaftlichem und literarischem Erkennen weicht einer Trennung zwischen der wirklich empfundenen erkenntnisrelevanten Neugier und einer dem untersuchenden Subjekt aufgesetzten, ihm fremden Interessiertheit. Und die Neugier steht gleichgültig der Frage gegenüber, womit sie sich nähren könne. Gleichermaßen und vorurteilslos werden wissenschaftliche und literarische Texte herangezogen.
Worum es in der Auseinandersetzung um die gleichgültig, aber nicht neutral gewählten Texte nun geht, deutet Karl Heinz Bohrer an, wenn er von einer Lektüreerfahrung berichtet, die er beim Lesen von Günter Grass' *Aus dem Tagebuch einer Schnecke* und Wolf Lepenies' *Melancholie und Gesellschaft* gewann:

„... ab und an (ist) plötzlich zu entdecken, daß diese Passagen und jene Fußnoten in wissenschaftlichen Büchern aufregender, abenteuerlicher wirken als jene Belletristik, die eine institutionalisierte Kritik pompös betreut, so daß dort untersagt bleibt, was offenes Geheimnis ist: Welcher Prosa-Stil auch gerade dran ist, Authentizität gestern und Realismus heute, er wird immer schon im Feld der Erkenntnis von den anderen Mitteilungsformen überholt sein, wenn er sich ihnen nicht durch das Einzige, was zählen würde, entzieht: Imagination."[29]

Momente der Aufregung und der Langeweile werden entscheidend, und unbedeutend die Frage, ob diese Zustände durch einen literarischen oder durch einen wissenschaftlichen Text hervorgerufen worden sind.
Jenseits ihrer Wissenschaftlichkeit und ihrer Literarizität verfügen Texte über eine Eigenschaft, die als ein Kriterium verwendet werden kann, um über ihren Sinn und Unsinn zu entscheiden. Bohrer hat als dieses Kriterium die Inspiration auf Seiten des Autors und die Spannung auf Seiten des Lesers herausgefunden; wir haben den paradigmatischen Charakter, den ein Text annehmen kann, genannt. Beide Bestimmungen meinen ein und dasselbe. An einen – in welchem Kontext auch immer entstandenen – Text soll und kann die Anforderung gestellt werden, in einer erkenntnisrelevanten Sprache Formulierungen zu präsentieren, die der Wirklichkeit des Lesers gerecht werden, indem sie ihr etwas Befremdliches gegenüberstellen, das sie um eine neue Erfahrung bereichert. Ein Text, der dies vermöchte, hätte die Kluft zwischen der Alltagserfahrung und ihren Deutungen überbrückt.

Georges Politzer diskutiert das Verhältnis von Literatur und Wissenschaft am Beispiel einer Disziplin, der Psychologie. Er erfaßt die Beziehung zwischen Literatur und Wissenschaft in einem Vergleich von „Mythologischer und wissenschaftlicher Psychologie".[30] Für die psychologische Wirklichkeit, unter der Politzer das menschliche Leben versteht, das sich neben dem biologischen vollzieht, findet er den Begriff des Dramas.[31] Wir sehen uns dramatisch, denken an uns dramatisch, verkehren mit unseren Mitmenschen dramatisch. Daraus schließt Politzer: „Folglich impliziert die dramatische Erfahrung selbst keine Wahrnehmung *sui generis*, die anders als die gewöhnliche Wahrnehmung wäre."[32] In dieser dramatischen Erfahrung des alltäglichen Lebens sieht Politzer „Stoff für eine eigene Wissenschaft"[33] gegeben. Aber die „Erfahrung, von der uns die *Psychologie* berichtet, ist in der Tatsache etwas ganz anderes als die dramatische Erfahrung".[34] Hier setzt die Kritik ein, die, auch wenn sie vor nahezu fünfzig Jahren ausgearbeitet worden ist, nichts von ihrer Gültigkeit eingebüßt hat.

„Wir können uns in den Berichten, die von der Psychologie gegeben worden sind, nicht wiederfinden, denn es sind keine Berichte über menschliche Ereignisse. *Ich bin heute früh aufgestanden, um einen Spaziergang im Wald zu machen. Ich haben den Feldhüter getroffen, der mir gesagt hat: Der Wald von Vincennes hat seit drei Jahren ein erheblich anderes Aussehen angenommen. Bald wird es wie mitten in Paris sein.* Jeder kann sich mit diesem Bericht identifizieren. Aber die Berichte der *Psychologie* sind keine *Geschichten von Personen*, sondern *Geschichten von Dingen. Eine Vor-*

stellung hat sich gestern in Kontiguität mit einer anderen Vorstellung befunden. Sie ist heute ins Bewußtsein zurückgenommen und hat die andere mit sich gebracht. Niemand kann sich mit der Szene, die hier gespielt worden ist, identifizieren: Die Begriffe des Berichts haben keinerlei *menschliche* Bedeutung mehr."[35]

Politzers Kritik mündet in die Behauptung, die Psychologie unterwerfe das Drama einer Deformation. Und, so läßt sich die Kritik verlängern, die Psychologie deformiert die Erfahrung des Alltags. Die Tatsache, daß Politzer zur Beschreibung der psychologischen Wirklichkeit eine literarische Kategorie benutzt, deutet darauf hin, daß ihm eine wissenschaftliche Kategorie nicht angemessen erschien. Diesem Pessimismus entspricht seine Auffassung vom Vermögen der Literatur, psychologische Wirklichkeit aufzunehmen und zu deuten. Politzer nimmt freilich Einschränkungen vor und sagt, Literatur und Theater hätten „immer eher Visionen als Analysen geliefert".[36] Ob diese Einschränkung und seine Gleichsetzungen von Vision mit Kunst und Analyse mit Wissenschaft zu übernehmen seien, ist fraglich. Vermutlich ist weder diese noch jene Gleichung haltbar, wie überhaupt ein rigides Entweder/Oder von wissenschaftlicher und künstlerischer Vorgehensweise der Wirklichkeit nicht angemessen ist.

Wir wollen die Alternative Wissenschaft und Literatur aufgeben und uns damit nicht zuletzt einem von Adorno angesprochenen Verdikt – „...allenthalben neigt konservatives, vollends reaktionäres Denken zu Alternativen von Schafen und Böcken ..."[37] – entziehen. Gleichzeitig wollen wir ein auf wissenschaftliche und literarische Texte gleichermaßen anwendbares Beurteilungskriterium einführen und die jeweiligen Texte im Hinblick auf die Wirklichkeitserfahrung, die sie verarbeiten und ermöglichen, untersuchen. Gegenstand der Untersuchung werden daher Texte und Erfahrungen mit Texten sein.

Zweiter Teil
Kontroverse um den Wahnsinn

Im Jahre 1758 werden in England zwei Schriften über den Wahnsinn publiziert. Ihre Verfasser sind die Ärzte William Battie und John Monro. Battie arbeitet bis 1751 am Bedlam Hospital[1] und in der Folgezeit am St. Luke's Hospital und steht damit den berühmtesten psychiatrischen Einrichtungen der Jahrhundertmitte als Leiter vor. John Monro praktiziert zum Zeitpunkt der Veröffentlichung der beiden Schriften an Batties ehemaliger Wirkungsstätte, dem Bedlam Hospital. Zwischen den beiden Ärzten findet eine Auseinandersetzung statt, die einem Problem gilt, das die Mediziner Europas mehr als ein halbes Jahrhundert beschäftigen sollte.
Um diese Auseinandersetzung geht es in dem Schriftenstreit. Dabei hatte Battie mit seinem *Treatise on Madness*[2] lediglich beabsichtigt, Möglichkeiten einer theoretischen und gesundheitspolitischen Annäherung an den Wahnsinn anzudeuten; doch Monros Reaktion auf seine Abhandlung gibt ihr nachträglich den Charakter einer Streitschrift.

Battie erklärt den Wahnsinn zu dem in seinem Jahrhundert am wenigsten gelösten Menschheitsproblem.[3] Daran würden auch die vielen Überlegungen und Diskussionsbeiträge zum Problem nichts ändern, denn außer einer Fülle beliebiger Bezeichnungen für Geisteskrankheiten, vielfältiger Spekulationen über ihre Entstehung und willkürlicher Versuche, einzelnen Symptomen bestimmte Krankheitstypen zuzuordnen, hätten sie nichts erbracht. Die Arbeitsergebnisse seiner Kollegen haben, so Battie, die Unsicherheit im theoretischen und praktischen Umgang mit den sich aus dem Wahnsinn ergebenden Problemen keineswegs aufgebrochen, sondern eher noch verstärkt. Gerade durch die zeitgenössischen Untersuchungen fühlt Battie sich in seinem Vorhaben gerechtfertigt, den Zugang zum Wahnsinn künftig von voreilig getroffenen, ungedeckten Aussagen freizuhalten, unmotivierte Namensgebungen bei der Bestimmung der Krankheiten nicht mehr gelten zu lassen, willkürlichen Entstehungsgeschichten nicht länger zu vertrauen und so in allem von vorn anzufangen.
Battie unternimmt denn auch gar nicht den Versuch, an eine wissenschaftliche Tradition im psychopathologischen Bereich[4] anzuknüpfen. Noch nicht einmal dadurch, daß er möglichen Vorläufern seine eigenen Auffassungen in ihrer Neuartigkeit gegenüberstellte, bestätigt er ihm vorausgegangene Arbeiten als eine zu ihm führende wissenschaftliche Tradition. Er kümmert sich nicht um sie. Daher faßt seine Abhandlung weder verschiedene Aspekte eines Problembereichs zusammen, noch fügt sie divergente wissenschaftliche Meinungen zu einem Lehrbuch zusammen. Sie ist ein

Essay, der einen Reflexionsbereich aufdecken und die psychiatrische Aufmerksamkeit auf einen Arbeitsbereich lenken möchte, in dem Fälle von Wahnsinn systematisch beobachtet werden sollen. Das Verfügen über vielfältige und zahlreiche Beobachtungen betrachtet Battie als entscheidende Voraussetzung, um über den Wahnsinn sprechen und ihn definieren zu können.

Battie betont, daß die praktische Arbeit sich nicht durch die Orientierung an den vorfindlichen medizinischen Definitionen und Theorien behindern lassen dürfe. Das Unerklärliche könne nicht durch einen klangvollen Begriff scheinbar geklärt, sondern müsse als offenes Problem bis zu seiner endlichen Lösung tradiert werden. Dieser notwendige Gang der wissenschaftlichen Dinge werde blockiert, wenn physiologische Fragestellungen vermeintlich bearbeitet, tatsächlich aber durch vorschnelle psychologische Metaphern umgangen würden. So wendet sich Battie gegen den von Willis eingeführten[5] und durch Stahl berühmt gewordenen Begriff der Anima, in der eine die physische Ökonomie aufrechterhaltende Kraft gesehen wurde. Er argumentiert aus der Sicht des medizinischen Praktikers, der beobachtet und schweigt. Sprachliche Zurückhaltung verlangt und erwartet er insbesondere von den jungen Medizinern:

„Die jungen Kollegen, die oft dazu angehalten werden, die Natur nachzuahmen oder sie zu unterstützen, müssen darauf achten, von der eigentlichen Bedeutung der Wörter nicht fehlgeleitet zu werden oder gar ein individuelles Bewußtsein und eine intellektuelle Tätigkeit in der physischen Ökonomie anzunehmen."[6]

In seinem Plädoyer für eine empirisch-naturwissenschaftliche Physiologie wendet sich Battie stets auch gegen die Funktionalisierung psychologischer Konzepte für physiologische Problemstellungen. Aus den Ansätzen zu einer Neuorientierung der Physiologie, die die medizinischen Probleme des Wahnsinns hervorbringen, ergeben sich immer auch Konsequenzen für die Psychologie. Mit Batties Abhandlung zeichnet sich erstmals der Versuch ab, sie von ihrer Aufgabe einer physiologischen Hilfsdisziplin zu entbinden. Die Interdependenz der Ausdifferenzierung der Psychologie zu einer autonomen Disziplin und der Wandlung der Physiologie zu einer empirischen Wissenschaft wird nunmehr erkennbar.

Batties Ausgangspunkt ist ein Problembereich, der Wahnsinn. Ihm gegenüber verzichtet er auf alle spekulativ-psychologischen Voranahmen, und hierin scheint die Unbefangenheit begründet zu sein, aus der heraus die Entstehung des Wahnsinns als erforschbar betrachtet wird. Battie bestimmt den Wahnsinn als ein Problem der psychologischen Forschung. Sein fundiertes physiologisches Wissen erlaubt es ihm, wissenschaftlich-psychologischen Erklärungsansätzen gegenüber offen zu sein. Daß die Frage nach der Ätiologie des Wahnsinns gestellt, daß diesem Problembereich neue Zugänge geöffnet werden können, zeigt Batties Versuch. In diesem Hinweis besteht seine problemgeschichtliche Bedeutung.

Die neuen Möglichkeiten nutzt Battie vorsichtig. Seine Abhandlung beginnt mit einer sehr allgemein gehaltenen Bestimmung des Wahnsinns: von allen physischen Krankheiten unterscheide ihn die zugrundeliegende fehlgeleitete Wahrnehmung (delusive sensation). Im Kern bestehe der Wahnsinn in Wahrnehmungsstörungen. Die Wissenschaft vom Wahnsinn sei daher als eine negative Wissenschaft zu verstehen.

Battie unterscheidet zwischen originärem Wahnsinn und bedingtem Wahnsinn (consequential madness). Diese Unterscheidung entspricht weitgehend der heute geläufigen Differenzierung von endogener und exogener Psychose. Während der originäre Wahnsinn durch unbekannte, empirisch noch nicht nachgewiesene innere Störungen hervorgerufen werde, trete der bedingte Wahnsinn als Begleiterscheinung einer organischen Erkrankung oder einer äußeren Verletzung des Gehirns auf.

Wenn nun aber, argumentiert Battie, der bedingte Wahnsinn immer in Verbindung mit körperlichen Symptomen auftritt, kann ebensowenig seine Bestimmung als entweder physische oder psychische Krankheit vorgenommen werden wie eine präzise Trennung psychogener und somatischer Entstehungsfaktoren. Eine theoretische Differenzierung der den bedingten Wahnsinn hervorbringenden Faktoren ist daher unmöglich. Und doch würden in der medizinischen Praxis einige physische Ursachen, vor allem hirnorganische Läsionen und Intoxikationen, erkannt und ihre Kenntnis in die Behandlung exogen Wahnsinniger umgesetzt. So kennzeichne eine somatische Orientierung die Behandlungsweisen und ätiologischen Überlegungen und ordne den exogenen Wahnsinn der Gruppe somatischer Krankheiten zu. In der medizinischen Praxis heilbar, sei der bedingte Wahnsinn als theoretisches Problem belanglos und als Forschungsgebiet unergiebig.

Am Ende der Argumentation, mit der Battie die Entfernung des exogenen Wahnsinns aus dem Bereich seiner Forschungsinteressen vollzieht und begründet, bleibt als interessanter Forschungsgegenstand eine „von irgendwelchen anderen Symptomen freie Wahrnehmungsstörung“[7] übrig. Diesem anderen Wahnsinn gilt sein Interesse.

Der endogene Wahnsinn ist medizinisch nicht heilbar. Dem Denkmodell Batties liegt die Annahme zugrunde, daß „Qualitäten“ nur durch ihre „Gegenqualitäten“ korrigiert und aufgehoben werden können; und da die Entstehung des endogenen Wahnsinns unbekannt ist, kann zu seiner Beseitigung systematisch nichts unternommen werden. So geht Battie von der Irreversibilität des Wahnsinns aus, die er allerdings nicht als eine endgültige, sondern als eine historisch-vorläufige Tatsache begreift. Denn er ist zugleich davon überzeugt, daß in der Zukunft auch für dieses Problem eine Lösung gefunden werde.

> „Wir haben Grund zu hoffen, daß ein spezifisches Mittel gegen den Wahnsinn im Vorrat der Natur vorhanden ist und zu der ihm anberaumten Zeit erscheinen wird; unser gegenwärtiges Unglück besteht darin, daß entweder dieses bedeutende Geheimnis von seinen Erfindern dem Rest der Menschheit vorenthalten oder, was wahrscheinlicher ist, noch gar nicht endeckt worden ist.“[8]

Trotz seiner Unheilbarkeit ist der endogene Wahnsinn gefahrlos, da er

Leben oder physische Gesundheit der Betroffenen nicht bedroht. Daraus ergeben sich die Möglichkeit und die Notwendigkeit, spezifisch psychologische Methoden für die Erforschung des Wahnsinns und die Behandlung Wahnsinniger zu entwickeln.

„Die Fürsorge (regimen) ist bei dieser Krankheit vielleicht wichtiger als bei jeder anderen Krankheit. Ein bedeutender Praktiker hat darauf hingewiesen, daß die moralische Behandlung (management) mehr erreichen kann als die Medizin."[9]

Battie gliedert den endogenen Wahnsinn aus dem Gegenstandsbereich einer theoretischen Medizin aus. Denn es erscheint ihm fruchtlos, nach den Entstehungsursachen des Wahnsinns zu forschen. Und wenn er dennoch eine knappe Aufzählung möglicher Ursachen vorlegt – er nennt neben Hirntraumen und Sinnestäuschungen Angst und Stumpfsinn, Freude, Ärger, Liebe, Trauer und Verzweiflung, Völlerei und Müßiggang –, so vor allem, um soziale Bedingungen als – vermeidbare – Entstehungsursache des Wahnsinns anzuführen.

Die sozialen Zustände seiner Epoche erkennt Battie in der desolaten Verfassung der zeitgenössischen Psychiatrie wieder. Mit dem Unvermögen seiner Gesellschaft, den Alkoholmißbrauch zu verhindern[10], kritisiert Battie ihre Unfähigkeit, die Ursachen bestimmter Formen des Wahnsinns zu beseitigen. Die durch nichts zu rechtfertigende inhumane, medizinisch verhüllte Behandlung von Alkoholikern verdanke sich ebenso wie die lange Zeit praktizierte Stigmatisierung weiblicher Geisteskranker als Hexen, ihre Verfolgung und Vernichtung der Unfähigkeit und Unwilligkeit der Gesellschaft, ihrer eigenen Wirksamkeit und Effektivität bei der Entstehung von Randgruppen gewahr zu werden. Gleichermaßen irrtümlich und willkürlich verfahre die Psychiatrie, wenn sie auf in ihrer Eigenart unerkannte Krankheiten beliebige Behandlungsweisen anwende. Mit der Einordnung eines speziellen psychiatrischen Problems in seine gesellschaftlichen Zusammenhänge macht Battie jenen Übergang erkennbar, der die Epoche um 1800 kennzeichnet.[11] An seinem Ende können bestimmte Entwicklungen nicht mehr als rein naturgeschichtliche begriffen werden, sondern werden als gesellschaftliche Prozesse gesehen.

Die Beschreibung der Zustände in der Psychiatrie seiner Zeit wird bei Battie von einem gesellschaftskritischen Impetus mitgetragen. Und auch was die medizinische Seite der Therapie Wahnsinniger betrifft, sieht Battie seine Aufgabe weniger in der Präsentation neuer Behandlungsmethoden als in der Kritik der herkömmlichen. Er verwirft sie. Dem Aderlassen und den Blasenpflastern, Laugen und Beizen, der Behandlung mit Opiaten, Mineralwassern, Brechmitteln und kalten Bädern schreibt er in vielen Fällen negative und in allen unkontrollierbare Auswirkungen zu. Ein therapeutischer Effekt dieser Mittel sei weder nachzuweisen noch auch nur zu vermuten. Sie finden seinen Spott wie die Teile der zeitgenössischen Medizin, die sich ihrer bedienen.

Die therapeutische Resistenz des Wahnsinns, die zwar als überwindbar gedacht, zunächst aber als unvermeidliche Größe hingenommen wird, und

die fatale medizinische Tradition des Problembereichs führen Battie dazu, den endogenen Wahnsinn in den Gegenstandsbereich einer versorgenden Psychologie einzugliedern. Seiner vordringlichen Absicht, die geltenden medizinischen Verhaltensformen gegenüber dem Wahnsinn aufzuheben, ist es zuzuschreiben, daß er zur psychologischen Versorgung Wahnsinniger nur allgemeine Hinweise gibt, die oft, wie der folgende, den Charakter moralischer Maximen annehmen: „Wir müssen große Sorgfalt darauf verwenden, nichts Böses zu tun, wenn es nicht in unserer Macht steht, Gutes zu bewirken...“[12] Wichtig ist für ihn vor allem zu zeigen, daß der Wahnsinn handhabbar ist wie andere ursächlich unerkannte Krankheiten auch.
Batties Vorstoß stellt einen ersten Schritt auf dem Weg zur sogenannten Irrenbefreiung dar, der als um so gewichtiger zu betrachten ist, als Battie nicht nur mit seinem Essay hervortrat, sondern als Leiter zweier bedeutender Anstalten für Geisteskranke wirkte und in seiner Person die Einheit von Sprechen und Behandeln hergestellt hat.

„Batties Abhandlung war die erste über den Wahnsinn und die erste mit diesem Titel. Darüber hinaus war sie die erste, die aufgrund breiter klinischer Erfahrungen von einem praktizierenden Spezialisten geschrieben wurde, der über einen ausgezeichneten wissenschaftlichen und professionellen Hintergrund verfügte.“[13]

Bereits an ihrem bei Battie erkennbaren Anfang vollzieht sich die Geschichte der Irrenbefreiung, die mit der psychiatrisch-innovativen Tätigkeit Philippe Pinels und dem Erscheinen seines *Traité* als abgeschlossen gilt, in enger Verbindung mit der Geschichte der Psychologie. Daß Battie als einer der ersten die Potenz der Psychologie im allgemeinen und insbesondere für eine Humanisierung des Irrenwesens erkannt und beschrieben hat, macht seine psychologiegeschichtliche Bedeutung aus.

Während Battie eher ärmlicher Herkunft und in seiner materiellen Versorgung auf sich gestellt war[14], gehörte John Monro einer reputierten Familie an. (Sein Vater James Monro, war, wie später er selbst, Arzt am Bedlam Hospital.)
Auffällig und dezidiert bezieht John Monro in seiner prompten Antwort auf Batties *Treatise* die Gegenposition. Mit der Behauptung, die Ursachen des Wahnsinns seien für immer unerforschlich, verwirft er verschiedene praktische Konsequenzen, die sich aus der von Battie formulierten neuartigen Annäherung an den Wahnsinn ergeben.
Er denunziert die Umfunktionierung des Hospitals zu einer Stätte empirischer Beobachtungen und postuliert die Notwendigkeit, es als Verwahranstalt für Wahnsinnige aufrechtzuerhalten. Das Hospital bedürfe einer über die Verwahrung hinausgehenden Aufgabenstellung auch gar nicht, da Heilungsmöglichkeiten bei Wahnsinnigen auszuschließen seien.[15] Wegen seiner Heilungsunfähigkeit könne der Wahnsinn nicht zum Gegenstand wissenschaftlicher Forschung werden. Daher erübrige sich jede Kommunikation über die mit dem Wahnsinn zusammenhängenden Probleme.
Monros Anmerkungen sind vollkommen defensiv gehalten, stets reaktiv

und in ihrer Gliederung auf Batties Abhandlung bezogen. Aussage für Aussage geht Monro den Text Batties durch, ohne die Reihenfolge der Teilabschnitte auch nur ein einziges Mal zu verlassen. Seine Schrift ist weder ein originärer Beitrag zu Problemen der Psychiatrie noch zu speziellen psychopathologischen Fragestellungen. Insofern ist die Antwort auf Battie eine nachdrückliche Bestätigung der Relevanz des von Battie vorgestellten Ansatzes.
Die undifferenzierten Behauptungen, die Monro seiner Vorlage entgegenstellt, reichen aber immerhin aus, in der Öffentlichkeit den Eindruck eines wesentlichen und differenzierten Disputs über den Wahnsinn zu erwecken. Die Kombination beider Texte ist günstig und geeignet, das öffentliche Interesse am Wahnsinn, an den Tollhäusern, den Wahnsinnigen und ihren Aufsehern zu vergrößern.[16] Mit ihm wird das Interesse der Mediziner an der Psychiatrie geweckt. Ihnen macht die Kontroverse deutlich, daß es einen ihnen bisher weitgehend verschlossenen Erfahrungsbereich gibt, dessen Ausmaße beträchtlich sein müssen, wenn zwei der berufensten Experten sich über ihn zerstritten haben.
(Die Reputation beider Texte nahm offenbar mit ihrer Unkenntnis zu. So ist der Wunsch des Leibarztes von George III. überliefert, während eines Wahnsinnsanfalls des Königs 1810 beide Texte einzusehen, obwohl aus ihnen keinerlei praktische Handlungsanweisungen zu entnehmen waren.[17])

Obwohl Battie die Abschaffung der sight-seeing-tours durch die Irrenanstalten, an denen jedermann für 1d oder 2d teilnehmen konnte, bewirkte, ist ihm am öffentlichen Interesse durchaus gelegen. Er braucht es für die Durchsetzung seiner Absichten. Nicht aber Monro. Seine Anmerkungen drücken einleitend die Verärgerung darüber aus, durch die Publikation der Abhandlung Batties zu einer Stellungnahme gezwungen worden zu sein: „Meine eigene Neigung würde mich nie zum Veröffentlichen verleitet haben. Die Notwendigkeit ergab sich aus den unverdienten Zensuren, die Dr. Battie meinen Vorgängern erteilt hat."[18]
Unbeabsichtigt spricht Monro mit dieser Bemerkung, die den ersten Beitrag aus dem Bedlam Hospital zur Psychiatrie einleitet, einen Unterschied zwischen sich und Battie an, der wichtiger ist als inhaltliche Differenzen. Auf die Unheilbarkeit des Wahnsinns verweisend und sich auf die gegenüber seinen Patienten zu wahrende Diskretion berufend, rechtfertigt Monro sein Schweigen ebenso wie seine Absage an die Inanspruchnahme des Staates für die Wahnsinnigen und sein Eintreten für ihre Unterbringung in privaten Kliniken.[19] Dabei kann sich Monro zusätzlich auf eine Tradition berufen, die über einen guten Leumund verfügt: Seit dem älteren Francis Willis, der von 1718 bis 1807 lebte und dessen „Ruf eines magischen Heilkräftigen durch den Umstand nur verstärkt wurde, daß er sich nie schriftlich äußerte"[20], galt das Schweigen als legitime Verhaltensweise gegenüber dem Wahnsinn. In dem Maße, in dem sich mit dem Schweigen die Hoffnung auf magische Wirkungen verband, wurde vom Sprechen über den Wahnsinn seine Entmystifizierung, aber auch eine Bloßstellung der wissenschaftlichen

Unzulänglichkeit derer, die sich mit ihm abgeben, befürchtet. Und mit der Durchsetzung Batties gegen Monro vollzieht sich eben der Übergang vom Schweigen zum Sprechen über den Wahnsinn, der für den Bereich der Psychopathologie als ein Wandel von der Magie zur Wissenschaft gedeutet werden kann.[21]

Wie eng das Schweigen über den Wahnsinn und die Privatisierung der Versorgung der Wahnsinnigen miteinander verflochten sind, wird an einer Gerichtsverhandlung deutlich, in der Monro neuerlich und wiederum gegen seinen Willen seine Auffassungen darstellen muß. Die Anklage eines ehemaligen Patienten zwingt ihn, die Behandlungsmethoden seiner Kliniken bekanntzugeben und zu verteidigen und seine Klinik der öffentlichen Kontrolle durch das Gericht zu unterstellen.

Dieser Vorgang zeigt, daß sich die Position der Privatisierung des Wahns und des damit verbundenen Schweigens über den Wahn immer weniger mit bestimmten Ansprüchen der Gesellschaft im ausgehenden 18. Jahrhundert vereinbaren läßt. Das wachsende allgemeine Interesse am Wahnsinn mündet in die Forderung, die im öffentlichen Bewußtsein zunehmend präsenten Probleme des Wahnsinns auf gesellschaftliche Weise, mit sozialen und politischen Eingriffen theoretisch und praktisch zu bewältigen. Insbesondere werden die medizinischen Wissenschaften mit der Aufgabe konfrontiert, Lösungsmöglichkeiten herauszufinden und vorzuschlagen.

Batties Projekt einer sich auf empirische Beobachtungen stützenden Forschung geht über die Erfassung des einzelnen Falls durch den einzelnen Arzt hinaus und strebt generalisierbare Ergebnisse an. Dazu bedarf es einer Form der institutionellen Verankerung der Forschung, die die intersubjektive Verfügbarkeit von Untersuchungsresultaten gewährleistet. Verschiedene Institutionen müssen Vergleichbares hervorbringen können, ihre Arbeitsbedingungen daher aufeinander abstimmbar sein. Diese Aufgabe kann nur über die Mechanismen von öffentlicher Kontrolle und staatlicher Aufsicht erfüllt werden. Die durch die öffentliche Kontrolle garantierte intersubjektive Verfügbarkeit wird zur Bedingung für die Kommunizierbarkeit der aus den empirischen Beobachtungen gewonnenen wissenschaftlichen Ergebnisse (und umgekehrt).

Seine eigenen Beobachtungen und Entdeckungen will Battie mit denen anderer Wissenschaftler vergleichen. Er will über seine Resultate sprechen, sich von seinen Kollegen informieren lassen und mit ihnen diskutieren. Ihm kommt die Möglichkeit, vor einem öffentlichen Gericht zu argumentieren, gelegen: In der genannten Gerichtsverhandlung gegen Monro verteidigt er seinen Widersacher und Kollegen, indem er den Ankläger als Wahnsinnigen diagnostiziert. Es gelingt ihm ein zweites: Er stellt mit seinem Auftritt die Notwendigkeit der psychiatrischen Expertise unter Beweis und demonstriert der Öffentlichkeit damit ihr Angewiesensein auf eine funktionierende Psychiatrie.

Vor dem Hintergrund des Zusammenspiels zwischen Battie und Monro, das nicht nur als ein gegen die Interessen der Irren gerichtetes Komplizentum gewürdigt werden sollte, verschwinden die inhaltlichen Divergenzen. Es geht in der Kontroverse nicht mehr darum, was der Wahnsinn sei, sondern ob und wie über ihn zu reden sei. Und selbst die Kontroverse verschwindet; sie löscht sich selbst aus, da mit ihrem Aufkommen entschieden ist, *daß* und daß *öffentlich* über den Wahnsinn gesprochen und geschrieben wird.

Am Anfang der Kontroverse zwischen Battie und Monro stand die Frage, ob der Wahnsinn begreifbar sei oder nicht. Mit den Veröffentlichungen der beiden Ärzte verlagerte sich die Auseinandersetzung auf eine andere Ebene, auf der es darum ging herauszufinden, ob und wie über den Wahnsinn zu reden sei. Die Entscheidung dieser Auseinandersetzung zeigte den übrigen Medizinern, daß der Wahnsinn begriffen und behandelt und vielleicht geheilt werden könne.

Eine erlesene Erfahrung

1. Englische Texte

Mit dem Abschluß der Kontroverse zwischen Battie und Monro endet auch die Vorherrschaft Londons in dieser Phase der Psychiatriegeschichte.[1] Die im Anschluß an diese Kontroverse sich bis etwa 1815 vollziehende Entwicklung der Psychiatrie und Psychopathologie in England ist durch verschiedene, teilweise gegenläufige Tendenzen gekennzeichnet. Ich möchte sie mit folgenden Stichworten andeuten: Aufklärung, Klinifizierung, Historisierung, Psychologisierung, Literarisierung und Europäisierung. Dabei lassen sich die unterschiedlichen Richtungen nicht jeweils mit einem Wissenschaftler verbinden; häufig vereinigen sich verschiedene der genannten Tendenzen in den Anschauungen eines einzelnen Mediziners.

Batties gesellschaftskritisch-aufklärerischer Ansatz findet sich bei John Aikin in einer spezifischen Ausprägung wieder. Er bestreitet nicht die Notwendigkeit von Eingriffen in die Entwicklung der Gesellschaft, die zum Teil bereits mit Erfolg vorgenommen worden seien. Hierbei habe sich keine Institution so viele soziale Verdienste erworben wie die Medizin. Die Medizin gilt Aikin gewissermaßen als paradigmatische Institution der Aufklärung. Im weitesten Sinn diene sie der Armenfürsorge und dem Menschheitsfortschritt überhaupt. Insofern enthalte sie soziale, kulturelle und politische Dimensionen.

Damit wird für Aikin die Klinik als wichtigste Institution der Medizin zum zentralen Reflexionsgegenstand. 1771 erscheinen seine *Thoughts on hospitals*, in denen die Klinik nicht nur als Fortschritt gefeiert, sondern auch wegen ihrer üblen Begleiterscheinungen kritisiert wird. Aus den schwerwiegenden physischen und psychischen Schäden, die die Anstalten hervorbrächten, ergebe sich die Notwendigkeit, über die Hospitäler nachzudenken. So dürften sie nicht einfach als Verwahranstalten für Arme benutzt werden; die Armen brauchten die klinische Behandlung nicht, verhinderten aber durch ihre Anwesenheit eine angemessene Pflege der wirklich Kranken. Seine Kritik an den Folgen einer undifferenzierten Beschickung der Krankenhäuser mit allen Randgruppen bringt Aikin auf die Formel: „Es kann sicherlich keinen größeren Widerspruch zur Natur der Dinge geben als eine durch ein Hospital hervorgerufene Krankheit.“[2] Die Bedeutung der Krankenhäuser liege in den Beobachtungen, die angehende Ärzte in ihnen machen könnten. Um diese Anschauung zu belegen, zitiert Aikin aus dem Programm des Hospital von Manchester, und in diesem Zitat findet sich der Begriff ‚Asylum‘, der durch Aikin als Bezeichnung für die Irrenanstalt benutzt wird und damit zum ersten Mal überliefert ist.[3]

In den Jahren bis etwa 1815 werden in den verschiedensten Provinzen Englands Irrenanstalten gegründet, in Leicester, West Malling, Reading, Bristol, York, Manchester. Die in den Kliniken arbeitenden Ärzte betätigen sich als Schriftsteller und schreiben über ihre Erfahrungen Bücher.
1782 erscheinen Thomas Arnolds in Leicester zusammengetragene *Observations on the nature, kinds, causes and prevention of insanity, lunacy or madness.* William Perfects *Select Cases in the different species of insanity, lunacy and madness* kommen 1787 bereits in zweiter Auflage heraus; Perfect ist Arzt in West Malling. William Pargeter praktiziert in Reading und veröffentlicht 1792 seine *Observations on maniacal disorders.* 1804 werden die *Practical observations on insanity* des Bristoler Arztes Joseph M. Cox publiziert. John Ferriar, Arzt in Manchester, legt 1813 einen *Essay towards a theory of apparitions* vor. Im selben Jahr erscheint eine von William Tuke verfaßte *Description of the Retreat, an institution near York, for insane persons of the Society of friends.*
Die stets sich ähnelnden Titel der bis 1815 erscheinenden Monographien zeigen, daß die neu gegründeten Anstalten vor allem als Stätten empirischer Beobachtungen genutzt werden. Systematisch werden aus den klinischen Fällen Erfahrungen gewonnen; sie werden gesammelt, festgehalten und publiziert.

William Perfect veröffentlicht 1791 die Krankengeschichte eines elfjährigen Knaben, die in einer deutschen Übersetzung 1794 unter dem Titel *William Perfect's merkwürdiger Fall des Wahnsinns nebst pragmatischen Erörterungen der ganzen befolgten Heilart* erscheint. Sie wird tagebuchartig präsentiert, beginnt am 29.1.1789 und endet zunächst am 27.3.1789. Die Krankengeschichte beruht in ihrem ersten Teil auf der gründlichen Beobachtung und Schilderung des Krankheitsverlaufs durch die Mutter des Kranken. Am 27. März wird er Perfect überantwortet. Er selbst übernimmt nun die Rolle des Beobachters. Die Abschnitte seiner Darstellung beginnen mit Wendungen wie den folgenden: „Ich fand ihn ...", „da ich vernahm ...", „bei genauerer Untersuchung bemerkte ich ...", „ich nahm wahr ..." etc. Die zweite Phase der medizinischen Behandlung durch Perfect prägen ärztliche Interventionen. Ihre Darstellung bringt immer wieder ähnliche sprachliche Wendungen hervor: „Deshalb schien es mir hier am schicklichsten ...", „ich ließ ...", „da mir sehr wahrscheinlich vorkam, daß ..., empfahl ich ...", „so widersetzte ich mich demselben ...", „so verschrieb ich ihm folgendermaßen ..." etc.
An die Darstellung der Beobachtungen und der Interventionen schließt sich die Fortsetzung des Tagebuchs an, beginnend am 28.3., wobei die Eintragungen nun auch Anzeichen von Besserungen wiedergeben. Am 19.5. schließlich ist die Genesung vollzogen, die verschiedenen medizinischen Heilmittel werden abgesetzt, und die früher dem Charakter des Patienten zugeschriebenen Eigenschaften wie Kleinmut und Niedergeschlagenheit werden nun, da sie nicht mehr wirksam werden, als Symptome der Krankheit gewertet und mit ihr als überwunden betrachtet.

Cox geht in seinen *Praktischen Bemerkungen über Geisteszerrüttungen* von einem reichhaltigen Fallmaterial aus, auf das er in seiner Darstellung immer wieder zurückgreift, um behandlungs- und erklärungsbedürftige Sachverhalte zu beschreiben. Etwa drei Viertel seines Buchs nehmen die Fallgeschichten ein. Die Absicht, die er mit ihm verfolgt, besteht darin, Anleitungen zur Behandlung Geisteskranker zu geben und der Auffassung von ihrer Heilbarkeit empirisches Gewicht zu verleihen.
Mit der klinischen Tendenz, die Geisteskranken zu heilen, verbindet sich die Tendenz, ihre Therapiefähigkeit nachzuweisen, die wiederum auf die psychische Bedingtheit der Krankheit zurückgeführt wird. Die Ursachen der Geisteskrankheit sollen in psychischen, nicht in somatischen Vorgängen gesehen werden. Daß die Geisteskrankheit „von einer spezifischen Änderung in den wesentlichen Operationen und Bewegungen des Geistes abhängen muß und unabhängig ist von körperlicher Erregung“[4], ist der Kerngedanke von Harpers *Treatise on the real cause of insanity*. Die Therapie der Wahnsinnigen baut sich daher vorwiegend auf einer mentalen Indikation auf; der Patient wird von allen die Krankheit möglicherweise auslösenden oder verstärkenden Gegenständen, Personen, Gewohnheiten und Situationen ferngehalten. Haslam betont in seinen *Considerations on the moral management of insane persons* ebenfalls die psychologische Dimension des Wahnsinns. Darüber hinaus will er die Psychologisierung auf die Mediziner selbst ausdehnen: „Die medizinische Wissenschaft in Verbindung mit einem schicklichen Benehmen bringt das Vertrauen hervor und macht den Arzt zum Freund der Trübseligen und zum Bewahrer ihrer Geheimnisse.“[5] Ähnlich betont Pargeter die Wichtigkeit des Managements: „Die vornehmste Stütze, worauf wir uns in der Kur des Wahnsinns verlassen können, muß mehr in der Behandlung als im Gebrauch von Arzneimitteln gesucht werden.“[6]
Dies ist freilich weniger eine wissenschaftliche Forderung als ein etwas seicht formulierter Wunsch. Und Pargeters Abhandlung macht deutlich, wie leicht die Forderung nach einer Psychologisierung des Wahnsinns und seiner Therapie in die moralisierende Umschreibung einer Hoffnung einmünden kann. Er nennt den Wahnsinn „die fürchterliche Krankheit; ... die Beschaffenheit eines unserer Nebenmenschen, welcher der Aufsicht des regierenden Prinzips, der Vernunft, beraubt ist ...“[7] Pargeter verläßt sich mehr auf Beschwörungen als auf seine empirischen Arbeiten. Und hierüber ärgert sich sein deutscher Übersetzer, der in einer Vorbemerkung zur deutschen Ausgabe den Zorn über Pargeters Empirieferne und Literaturnähe ausdrückt:

> „Große, oft dreißig und mehr Zeilen lange Stellen aus englischen Dichtern, als Spencer, Beaumont und Fletcher, Cooper, Milton u.s.f. habe ich (bis auf eine) weggelassen ... Denn ich vermisse bei solchen Einschaltungen die Zweckmäßigkeit in doppelter Rücksicht. Erstlich, weil die Heilkunst doch unmöglich, um die Symptome der Krankheiten zu erlernen, die idealisierende Dichtkunst zur Lehrerin annehmen kann.“[8]

Pargeter markiert eine allmähliche Annäherung der psychopathologischen

Texte an literarische Quellen und Belege, die offenbar mit dem Unvermögen korrespondiert, eine Theorie des Wahnsinns auszuarbeiten, in die die empirischen Daten hätten einbezogen werden können. Die empirischen Erhebungen entbehren allmählich der Innovation, es kommt immer wieder zur Feststellung der nämlichen Phänomene, längst Vertrautes wird in den nicht abbrechenden Veröffentlichungen noch einmal beschrieben. Die praktisch-klinische Arbeit und auch die theoretische Reflexion bewegen sich nicht voran.

Nicht immer sind Passagen aus der belletristischen Literatur Ziel des Rückzugs der Psychopathologen. Von Alexander Crichton, dessen *Untersuchung über Natur und Ursprung der Geisteszerrüttung* 1810 immerhin in zweiter Auflage erscheint, heißt es: „Crichton besitzt keine eigenen praktischen Erfahrungen über die Geisteskrankheiten. Er gibt selbst an, daß das 8-bändige Magazin zur Erfahrungsseelenkunde von Moritz und Maimon seine wesentlichste Quelle darstellt.“[9] In Crichtons Arbeitsweise zeichnet sich deutlich die Tendenz zur Literarisierung des Diskurses über den Wahnsinn ab.[10] Es werden weniger die eigenen Erfahrungen zur Grundlage des Reflektierens genommen als die Berichte der Kollegen. Die Psychopathologen lesen sich gegenseitig und verarbeiten anstelle der empririschen Erfahrungen ihre Lektüreerfahrungen zu neuen Büchern, die wiederum gelesen und weiterverarbeitet werden. War die Lektüre von Texten der praktisch arbeitenden Kollegen zunächst der Überprüfung anderer wissenschaftlicher Ansichten gewidmet, so soll sie nun einen Mangel, das Fehlen eigener empirischer Erfahrungen überdecken helfen. So entsteht ein Ring von aufeinander bezogenen Lektüren. Der Diskurs über den Wahnsinn beruht auf einer erlesenen Erfahrung.

Die Neigung, weniger über erworbene als vielmehr über angelesene Erfahrungen zu schreiben, kündigte sich in Monros Antwort auf Battie an. Sie verstärkte sich in den auf sie folgenden Veröffentlichungen. In ihnen finden wir ein System von wechselseitigen Zitationen, Verweisen und Rekursen, die in ihrer Fülle sich wohl kaum irgendeinem wissenschaftlich wirksamen Reglement verdanken, sondern das Defizit an selbstgemachten Erfahrungen ausgleichen wollen.

Am Ende der mit Battie und Monro beginnenden Folge von Veröffentlichungen zu Problemen der Psychiatrie und Psychopathologie steht eine Arbeit des jüngeren Francis Willis (1792 bis 1859), in der die Literarisierung der Erfahrung des Wahnsinns in einer Weise vollzogen ist, die die Trennung zwischen wissenschaftlicher und literarischer Beschreibung aufhebt. Willis' *Treatise on mental Derangement* von 1823 gehört nicht zu dem Typus von Literaturarbeiten, die sich darauf beschränken, verschiedene Auffassungen zusammenzutragen, einander gegenüberzustellen und miteinander zu vergleichen. Willis wirft in seiner Abhandlung durchaus eigenständig Fragestellungen auf, zum Wahnsinn, zur Funktion des Nervensystems, des Blutkreislaufs und zu anderen physiologischen Problemen. Er expliziert sie freilich nicht selbst, sondern läßt gewissermaßen andere Autoren für sich sprechen. Er zitiert ausgiebig und gewinnt im Rekurs

auf sie seine wesentlichen Argumente. Alle relevanten Psychopathologen der Jahrhundertwende sind ihm bekannt und werden verwertet. Er übernimmt Auffassungen von Ferriar und stellt sich hinter Forderungen Cullens. Er bezieht sich nerventheoretisch auf Crichton und Hill, und seine Kenntnisse des Blutkreislaufs stützen sich auf Erfahrungen und Äußerungen von Cox, Mayo und Arnold. Mit Sydenham und vielen anderen warnt er vor einer Überstrapazierung des Aderlassens als therapeutischer Maßnahme, dessen Hochkonjunktur auf die Entdeckung des Blutkreislaufs und mit ihm verbundener Funktionen und Dysfunktionen zurückzuführen sei, wie er bei Harper und Cullen liest.[11] Monro, Cox und Hill finden das Erbrechen effektiv, und mit ihnen Willis. Hallaran, Cox und Haslam sind von der Nützlichkeit der Blasenpflaster überzeugt, und mit ihnen Willis. Er schließt sich einmal dieser und ein anderes Mal jener Fraktion an, ohne daß ein Entscheidungssystem erkennbar wäre.
Willis trägt nicht Argument und Gegenargument vor, sondern wägt Autoren gegen Autoren ab. Wenn er eine Position bezieht, sichert er sich in Ermangelung einer empirischen Fundierung seiner Auffassungen literarisch ab. Dabei ist seine Vorgehensweise nicht die eines Einzelgängers; andere Autoren vor ihm haben es ihm gleich getan und anstelle der Diskussion empirischer Beobachtungen Leseerfahrungen ausgetauscht. Es überrascht daher nicht, in Willis' Text ausführliche Zitate aus den Werken Shakespeares zu finden, insbesondere im Zusammenhang der Erörterung der manisch-depressiven Bipolarität von Geisteskrankheiten. Seine Unentschiedenheit in Anbetracht verschiedener psychopathologischer Autoren und Meinungen weicht gegenüber Shakespeare einer rückhaltlosen, sachlich sich motivierenden Bewunderung: „Niemand hat sich je zuvor so sorgfältig mit dem menschlichen Geist – gesund oder krank – beschäftigt wie Shakespeare."[12] Willis selbst liefert mit seinem *Treatise* den Nachweis, daß diese Behauptung so unrichtig nicht ist. Vor allem sind es die geringe Anzahl interpretierbarer Fallstudien in den psychopathologischen Schriften und der Mangel an eigenen Fallerfahrungen, die ihn auf Shakespeare zurückgreifen lassen. Als Fälle schildert und studiert Willis immer wieder Figuren aus Shakespeare-Dramen. Macbeth, Lady Macbeth, Lear und viele andere werden ihrer Fiktionalität entkleidet und wie authentische Kranke behandelt.[13] Die nichtwissenschaftliche Literatur erhält so die Funktion, eine von einer empirischen Wissenschaft hervorgebrachte Lücke zu füllen. Auf Fragen, die die Wissenschaft zwar noch stellen kann, werden Antworten in der belletristischen Literatur gefunden und in den Kontext eines Textes eingebracht, ohne daß ihm von seinem wissenschaftlichen Selbstverständnis etwas genommen würde.

Willis greift nicht nur auf englische Autoren zurück. In der Erörterung von Melancholie, Depressivität, Lethargie und Apathie stützt er sich ausgiebig auf Daubenton[14], als weiteren Nichtengländer nimmt er Pinel in sein Literaturverzeichnis auf.[15]
Thomas Mayo definiert in seinen *Remarks on Insanity* den Wahnsinn

unter Berufung auf Pinel, Esquirol und Dubuisson und notiert nicht frei von Neid: „Die französische Revolution hat den Medizinern des Landes einen Vorteil gegeben, dem wir nichts dergleichen entgegenstellen können.“[16]

Und umgekehrt werden auf dem europäischen Kontinent Nachrichten aus der englischen Psychiatrie empfangen und weitergegeben. So veröffentlicht Michael Wagner den Bericht eines Kranken aus der Anstalt des älteren Willis[17], und Marcus Herz verwirft desselben Willis' Vermutungen über den Schwindel.[18]

Pinel in Frankreich ist mehr an der Klinikerfahrung der Engländer interessiert: „Ich werde in (meinen) Prinzipien von Tag zu Tag mehr bestätigt, da ich finde, daß man sie auch in dem bekanntesten Irrenhause von Europa, nämlich in dem von Bethlem befolgt.“[19] Was den empirischen Wert der englischen Arbeiten betrifft, so gelangt Pinel allerdings zu einem vernichtenden Urteil, dem er mehr als drei Seiten seiner berühmten Abhandlung einräumt. Er versichert, daß ungeachtet seiner

> „fünfzehnjährigen unausgesetzten Nachforschungen, um einige Spuren dieser Methode in den Berichten der Reisenden, in den Nachrichten, die man über ihre Hospitäler für Wahnsinnige liefert, in den Notizen, die man in ihren privaten oder öffentlichen Anstalten, in den Journalen und in den Werken ihrer Ärzte über den Wahnsinn gibt, zu entdecken, ich gar keine bestimmte Beobachtung finde, die dazu geeignet wäre, über dieses Englische Geheimnis einiges Licht zu geben ...“[20]

Pinel beklagt sich darüber, daß die so gerühmten Grundsätze Willis' nirgendwo nachzulesen seien, daß Arnolds Werk nichts anderes als eine „überladene Kompilation“ sei[21], daß Harper lediglich die „Lehre der Alten“ kommentiere.[22] Er bewundert „die Kühnheit des Doktor Crichton, der zwei Bände über den Wahnsinn und melancholische Krankheiten herausgegeben hat, ohne anderes Material dazu zu haben als einige aus einem deutschen Journal geschöpfte Beobachtungen (Moritz's Magazin zur Erfahrungsseelenkunde)...“[23]

Pinels Unmut gilt dem Ergebnis einer Entwicklung, an deren Beginn das Sprechen über den Wahnsinn sich gegen das Schweigen durchsetzte, in deren Verlauf das Sprechen sich von seiner empirischen Basis entfernte und sich schließlich einer literarischen Wirklichkeit annäherte.

2. Reils Rhapsodien

Die Neigung der englischen Autoren, auch auf die Texte anderer europäischer Nationen zurückzugreifen, und die Lektüre englischer Autoren durch französische und deutsche Mediziner zeigt die um 1800 vollzogene Ausweitung des Diskurses über den Wahnsinn auf die übrigen europäischen Länder an. Frankreich wird dabei durch Pinel und seinen Schüler Esquirol, Italien durch Chiarugi vertreten.[1] Für Deutschland einen eindeutigen Repräsentanten zu nennen fällt schwer, da hier weder ein einem einzelnen

Wissenschaftler zuzuschreibender theoretischer Durchbruch gelungen noch die Bedeutung empirischer Arbeiten für die Erforschung des Wahnsinns erkannt und herausgestellt worden ist.

Die empirischen Ambitionen dürften noch am stärksten bei J. G. Langermann fortgeführt worden sein. Er fordert den praktischen Anforderungen gemäße Beobachtungen der natürlichen Erscheinungen und gründet 1805 eine ‚Psychische Heilanstalt für Geisteskranke' in Bayreuth, deren weitgehende Orientierung an den Reformvorstellungen Hardenbergs insofern bedeutsam ist, als in dieser Einbettung zum ersten Mal die politische Dimension der Psychiatrie bestätigt und die Therapiefähigkeit der Irren offiziell behauptet wird.[2] Langermann gilt als der „erste moderne deutsche Irrenarzt".[3]

Deutschlands bekanntester Arzt in den Jahren nach 1800 ist Johann Christian Reil. Seine Berühmtheit erreicht ihren Höhepunkt, als er im Jahre seines Todes, 1813, die oberste Leitung sämtlicher preußischer Lazarette übernimmt und allein bei Leipzig die medizinische Versorgung von 30.000 Versehrten beaufsichtigt. Zuvor spielt er bei der Gründung der Berliner Universität, insbesondere bei der Zusammensetzung der Medizinischen Fakultät, eine entscheidende Rolle. Er wird geschätzt von Schleiermacher und von Fichte, von Börne, Arndt und Goethe. Für sich selber erhebt Reil den Anspruch, der erste Psychiater der Medizingeschichte zu sein; der Begriff ‚Psychiatrie' wird auf Reil zurückgeführt, und sein Gründeranspruch gilt als legitim.[4]

Seine 1803 in erster Auflage erscheinenden *Rhapsodien über die Anwendung der psychischen Kurmethode auf die Geisteszerrüttungen,* die ursprünglich einen von Wagnitz erbetenen Zeitschriftenartikel abgeben sollten, gelten als erstes deutsches Lehrbuch der Psychiatrie. Reils *Rhapsodien* sind neben Willis' Abhandlung um 1800 das treffendste Beispiel für eine konsequente Literarisierung des Diskurses über den Wahnsinn. Der Autor steht an exponierter Stelle der geschilderten Lesetradition, die im England des ausgehenden 18. Jahrhunderts ihren Anfang genommen hatte.

Auch nach der Abfassung der *Rhapsodien* kümmert sich Reil mehr um die Vermittlung fremder Anschauungen über den Wahnsinn als um die eigene Erforschung des Problems. Ihm ist die Begründung des psychiatrischen Zeitschriftenwesens zu verdanken. Gemeinsam mit dem Naturphilosophen Kayßler leitet er ein *Magazin für psychische Heilkunde*, dessen drei Hefte 1805 erscheinen. Von 1808 bis 1812 gibt er mit J. Chr. Hoffbauer die *Beiträge zur Beförderung einer Kurmethode auf psychischem Wege* heraus.

Die *Rhapsodien* sind das Ergebnis der individuellen Leseerfahrungen Reils; sie spiegeln die Situation wider, in der sich die Psychiatrie in Deutschland um 1800 befindet. Trotz, vielleicht auch wegen[5] ihres theoretischen Stagnierens erfreut sie sich eines wachsenden öffentlichen Interesses. Dem Bedürfnis nach Informationen kommen die *Rhapsodien* entgegen, und dies um so mehr, als in ihnen die wichtigsten Konzepte zum Problem des Wahnsinns von einem prominenten Mediziner zusammengetragen sind und einem interessierten Publikum präsentiert werden. Reil legt einen Überblick über die wichtigsten zeitgenössischen Schriften zum Thema ‚Wahnsinn' vor. In Deutschland, so heißt es später zu Recht, werden allgemein nur wenig Erfahrungen gemacht[6], sie werden vor allem bei englischen Autoren entlehnt. Esquirol faßt seine Kritik an Reil in der lapidaren Feststellung zusammen: „Reil und die, die nach ihm wollten, daß eine Irrenanstalt durch einen Arzt, einen Psychologen und einen Moralisten zugleich geleitet werde, hatten keine praktische Erfahrung."[7] Dieser Mangel prägt sowohl die als *Rhapsodien* vorgelegten Überlegungen zur Therapie als auch die Ansichten zu einer Organisation der Wahnsinnigen.

Und so bezieht sich Reil in der Beschreibung der psychischen Kurmethode vor allem auf Berichte aus England und andere fremde Darstellungen. Dabei werden die theoretischen Hoffnungen seiner Leser immer wieder enttäuscht. Er schreibt etwa: „Diese Kurmethode ist zwar als eigene Disziplin, in einem systematischen Zusammenhang und in Verbindung mit den ihr angehörigen Wissenschaften nie bearbeitet."[8] Anstelle der zu erwartenden systematischen Bearbeitung aber erzählt er Beispiele psychischer Kuren, die allesamt der Literatur entnommen sind. Der fehlenden Systematik ist Reil sich wohl bewußt und kritisiert sie als das Ergebnis der Arbeiten seiner Kollegen. Dabei kann er – allein um der angestrebten wissenschaftlichen Seriosität willen – nicht umhin, den berühmtesten seiner Kollegen, Philippe Pinel, zu erwähnen. Nicht ohne Neid fängt Reil

„... wie billig, mit der Nation an, die sich die *große* nennt, es aber nicht durch ihre Ärzte ist ... Herr *Pinel* genoß der schönen *Ernte* für dies Fach zur Zeit der Revolution, wo nach seinem eignen Geständnisse die Narren in Frankreich häufiger waren, als je zu einer anderen Zeit. Sein Werk über den Wahnsinn ist ein Coq à l'ane, üppig in einzelnen Teilen, aber krank im Zusammenhang, ohne Prinzipien und Originalität, ob er gleich Nationaldünkel genug hat, sich alles dies anzumaßen. Daß wir über kurz oder lang eine systematische Theorie der psychischen Kurmethode bekommen werden, glaube ich: aus der Republik? das glaube ich nicht."[9]

Die Erwartung, Reil werde sich nun in der Beschreibung des Wahn-Geschehens auf seine eigenen medizinischen Erlebnisse stützen, erfüllt sich nicht. Er orientiert sich an den Fallgeschichten des als anmaßend gescholtenen Pinel und nutzt das als krank bezeichnete Werk als Füllmaterial für seine Überlegungen. Die englischen Beiträge zur Erforschung des Wahnsinns werden nicht viel besser beurteilt. Reils Kritik trifft meist jene Autoren, die sich mit empirischen Arbeiten hervorgetan, sie publiziert und sich so der Überprüfung durch andere Wissenschaftler überantwortet haben. Daß sein Lob einem Forscher gilt, von dem nicht mehr überliefert ist als die Aura eines Geheimnisses, verwundert nicht. Der „Veteran in der Kunst, ihn [den Wahnsinn] zu heilen, Herr Willis, soll vorzüglich durch die psychische Kurmethode wirken, ist aber so bescheiden, daß er seine Geheimnisse für sich behält".[10]

Reils Absicht ist es, Vorarbeiten zu einer Theorie des Wahnsinns zu leisten. Den Anspruch, eine ausgearbeitete Theorie vorzulegen, erhebt er nicht, und daher erscheint seine Forderung, eine Theorie den Umständen der Praxis anzupassen, folgerichtig. Aber alle Belege, die Reil anführt, um die Notwendigkeit der Praxisorientierung einer Theorie über den Wahn zu begründen, entstammen den Fallstudien seiner Kollegen. Sie sind es, die die praktische Arbeit geleistet haben, die für Reils Überlegungen konstitutiv wird. Er selbst eignet sich Fälle durch die Lektüre an. Reil ist nicht Empiriker, er ist Leser.

Bei der Darstellung der psychischen Funktionen und ihrer Störungen greift er immer wieder und ausschließlich auf literarische Quellen zurück. Er zitiert aus den Werken von Muratori und Pinel, Wagner und La Bruyère, Haslam und Cullen, Chiarugi und Pargeter. Allein unter der Berufung auf einen Autor empfiehlt er als eine wesentliche therapeutische Maßnahme die totale Isolierung des Patienten, ohne sich von der Effizienz dieses Mittels überzeugt zu haben. Was andere sagen, sagt Reil.

> „Bei Narren, sagt Lichtenberg, helfen die Stockschläge oft mehr als andere Mittel. Durch sie wird die Seele genötigt, sich wieder an diejenige Welt anzuschließen, aus der die Prügel kommen."[11]

Auch die Darstellung von Träumen zeichnet sich durch Leihgaben anderer Autoren aus. Die Traumerzählungen entstammen vor allem Moritz' Magazin und den Schriften Lichtenbergs. Er zitiert auch aus einer eigenen Fallstudie, der *Krankheitsgeschichte des seligen Oberbergraths Goldhagen*, der einzigen Fallstudie, die der Autor Reil dem Leser Reil hinterlassen hat.

Wenn er sich in einem Abschnitt mit den vorfindlichen Klassifikationen psychischer Krankheiten auseinandersetzt, führt er Willis und Pinel an, aber nicht als Theoretiker, sondern als Erzähler von Fallgeschichten. Die psychopathologischen Schriften seiner wissenschaftlichen Umgebung nimmt Reil nicht als theoretische Alternativen oder Bestätigungen seines Denkens auf, sondern er liest sie wie Erzählungen. An einer Stelle heißt es in den *Rhapsodien:* „Ein schönes Beispiel eines Verrückten dieser Art erzählt Pinel ..."[12] Reil liest und schreibt: „... über die Natur des fixen Wahns ... habe ich wenig Befriedigendes in den Schriften über die Seelenlehre gefunden."[13] Er beobachtet nicht selbst, er sieht mit den Augen anderer: „Reuss sah, daß Tobsüchtige durch die Einimpfung der Pocken, Chiarugi, daß Melancholie durch Friesel, und Wahnsinnige durch Flechten an den Füßen und durch die Krätze geheilt wurden."[14] Reils Blick in die Bücher ersetzt ihm den Zugang zur Praxis. Und so vermag er die Bedeutung des Pinelschen Ansatzes für die empirische Forschung in der Psychiatrie bequem zu verkennen.

Bruchstückhaft geben die *Rhapsodien* die Beobachtungen anderer Forscher wieder und präsentieren eine Fülle von Zustandsbildern und Momentaufnahmen, die sich weitgehend beziehungslos aneinanderreihen. Einzelne Teile eines Problembereichs werden beschrieben, ohne daß er in seinem Kern erfaßt würde. Verschiedentlich unternommene Versuche, den Theoriemangel zu beheben, scheitern stets an der ihnen fehlenden Systematik.

Und die Mischung derartiger Ansätze mit den Fragmenten anderer Autoren läßt die *Rhapsodien* weder zu einem systematischen problemorientierten Text werden noch zu einem disziplinenbezogenen programmatischen Buch.

Reils Verzicht auf empirische Erfahrungen wird durch die Intensität seiner Leseerfahrungen keineswegs aufgewogen. Originalität und schöpferische Kraft zeichnen die *Rhapsodien* nicht aus. Vom Standort ihres Autors im medizinischen System aus betrachtet, müßten sie als ein wissenschaftliches Werk gelten, und sie haben diese Geltung auch nicht verfehlt. Tatsächlich sind sie aber eine literarische Arbeit, eine Kompilation gängiger und vertrauter Auffassungen. Ihre Leistung besteht darin, ihren Autor in den bestehenden Diskurs über den Wahnsinn eingeführt zu haben und mit ihm die deutsche Psychopathologie.

Reil ist der wortgewaltige deutsche Zeuge des Zustands, in dem um 1800 der Diskurs über den Wahnsinn sich befindet. Er ereignet sich im Grenzbereich von Literatur und Wissenschaft, und in dieser räumlichen Ordnung erhält er seine hohe literarische Affinität. Die *Rhapsodien* machen sie bewußt, auch wenn sie selbst im engeren Sinn kein literarisches Dokument sind.

Ein später Interpret Reils feierte die Vollständigkeit der *Rhapsodien*: „Es ist verständlich, daß dieses Buch in der scheinbaren Erschöpfung der wesentlichen Probleme einer eben geborenen Wissenschaft eine ungeheure Gefahr bedeuten mußte."[15] Sie konnte gebannt werden.

Zwei Möglichkeiten der Klinik

1. Die Klinik als Verwahranstalt

Nicht nur die *Rhapsodien,* sondern auch seine Vorschläge zu einer klinischen Neuordnung im Bereich der Psychiatrie begründen Reils Ruhm. „Wir rücken Schritt für Schritt dem Tollhause näher, so wie wir auf dem Wege unserer sinnlichen und intellektuellen Kultur fortschreiten", schreibt Reil[1] und macht das Fortschreiten des zivilisatorischen Prozesses verantwortlich für den zunehmenden Befall der Menschheit durch den Wahnsinn. Die in wachsender Zahl beobachtbaren Geistes- und Gemütskrankheiten werden auf die sich ausweitende Entfernung vom Naturzustand der Wilden bezogen. Reil entwickelt für die Beschreibung der Entstehung und Ausbreitung psychischer Krankheiten das Bild eines räumlichen Wechsels: die Räume der Vernunft und des Wahns sind so geblieben, wie sie immer gewesen sind; nur haben sich die Öffnungen an der Grenze zwischen ihnen vergrößert, um den wachsenden Ansturm der Menschheit auf den ihr ursprünglich fremden und gleichgültigen Bereich des Wahns bewältigen zu können.

Die zeitgenössischen Psychiater nehmen die Entfernung einer gesellschaftlichen Gruppe aus dem Vernunft-Raum und ihr Eindringen in den Wahn-Raum wohl wahr. Nicht nur das: sie setzen sich gewissermaßen an die Spitze der beobachteten Bewegung, indem sie den Raum des Wahns in seiner Spezifität erst verfügbar machen. Denn ihre historische Aufgabe sehen sie darin, die analog den Hexenverfolgungen gebildete und lange Jahre praktizierte Behandlung der Wahnsinnigen zu beseitigen und das Erbe der Psychiatrie, die vernichtenden Verfahren, durch ausgliedernde zu ersetzen.

Wenn der Herausgeber der Coxschen Bemerkungen über Geisteszerrüttungen daher bemängelt, „daß leider selbst noch in der neuesten Zeit zwei verschiedene Besserungsanstalten, Schafott und Krankenhaus, untereinander verwechselt werden konnten"[2], so ist dies eine gängige und die damalige Psychopathologie kennzeichnende Klage. Wichtig und für die Psychopathologie um 1800 typisch ist an dieser Bemerkung die Hervorhebung der Institution. Denn das Auffällige an der Psychopathologie um 1800 ist, daß trotz der Einbeziehung genetischer und geschichtlicher Faktoren in die Diskussion des Krankheitsbegriffs, trotz der Bedeutung, die der individuellen Krankengeschichte zuerkannt wird, trotz der ausgiebigen Sammlungen von Fällen und trotz des Schreibens und des Lesens über den Wahnsinn eine Theorie des Wahns nicht ausgearbeitet wird.

Selbst im vortheoretischen Bereich fehlen Versuche, einzelne vorliegende Erklärungsansätze zusammenzubringen und zu systematisieren. Das theoretische Defizit und der aus ihm sich herleitende Mangel an Ordnungsgesichtspunkten und Benennungskriterien vermögen denn auch den nomenklatorischen Dissens zwischen verschiedenen Autoren zu erklären. Begriffe, in deren Differnzierung die spätere Psychiatrie eine Haupterrungenschaft sieht, werden hinsichtlich ihrer diagnostischen Schwierigkeiten und therapeutischen Konsequenzen synonym behandelt: Paroxysmus, Geisteszerrüttung, Melancholie, Manie, Gemütskrankheit, Verrücktheit.[3] Der mangelhaften begrifflichen Abstimmung verfallen weitere Problemaspekte. Für ein und dieselbe Krankheit werden die verschiedensten therapeutischen Maßnahmen vorgeschlagen; die Zahl der heilbar Wahnsinnigen wird von einem Autor hoch, von einem anderen niedrig angesetzt.

Das Fehlen einer Theorie über den Wahnsinn wird als ein bewußter Verzicht hingestellt, indem der in der Theorie zu behandelnde Gegenstand als zumindest vorläufig wissenschaftsunfähig dargestellt, der Verzicht auf eine systematische Theorie also mit dem systemlosen Gegenstand begründet wird. Die psychopathologische Literatur verweist auf den Mangel einer gesetzmäßigen Struktur des Wahnsinns. „Jeder Irrende ist gleichsam ein vernunftloses Wesen eigener Art, jeder hat seine eigene Richtung, also auch eine ganz eigene Beziehung auf alles, was als Welt außer ihm ist.“ Bemühungen um eine Klassifizierung der vielfältigen Erscheinungsformen des Wahnsinns stehe die Eigentümlichkeit eines jeden Falles entgegen.[4]

Es sind dies Versuche einer ideellen Entschärfung des Problems, die seine praktische Wirksamkeit jedoch nicht aufheben. Daher wird der Versuch unternommen, die unausweichliche Enttheoretisierung der Annäherung an den Wahn durch seine klinische Zurechtrückung aufzufangen. Eine Tendenz der psychopathologischen Bewegung um 1800 besteht darin, die stagnierende theoretische Entwicklung durch eine institutionelle Innovation zu substituieren. Reil verkörpert sie. Mit seiner Schrift über die Versorgungsanstalten[5] liefert er ein prägnantes Beispiel für den Versuch der Verlagerung eines innertheoretisch unlöslichen Problems auf die Organisationsebene.

Reil beginnt mit einem Verweis auf das Scheitern aller bisherigen Therapieversuche. Ihr Mißlingen sei als ein unvermeidliches Ergebnis medizinischer Fehlentscheidungen zu betrachten. Zu diesem Resultat hätten sowohl der Versuch, Heilbare und Unheilbare innerhalb einer Anstalt zu versorgen, als auch die falschen Mutmaßungen über den Prozentsatz der Therapiefähigen unter den Kranken geführt. Tatsächlich sei die Zahl der heilbar Kranken so gering, daß für sie kein Bedarf an Krankenanstalten bestehe.

Reils Aufmerksamkeit gilt der Versorgung der unheilbar Kranken. Intensiv beschäftigt er sich mit pflegetechnischen Problemen, die sich aus den verschiedenen Krankheitsabläufen und den unterschiedlichen klinischen Erfordernissen ergeben. Er strebt eine räumliche Ordnung der Wahnsinnigen an, die eine Differenzierung nach schweren und leichten Pflegefällen ermöglichen soll. Die Einteilung der Kranken in der Versorgungsanstalt erfolgt daher nicht nach nosologischen, sondern nach pragmatisch-pflegetechnischen Gesichtspunkten. Diese Notwendigkeit begründet Reil in einer Schilderung des Anstaltsalltags:

„Einige Irrende zupfen alles entzwei, die Rasenden, Blödsinnigen verunreinigen sich, andere wälzen sich in ihrem eigenen Kot und beschmieren sich damit. Ob man nicht in diesem Fall eine bloße Pritsche mit Heu, Hopfen oder Moos gibt und das Zimmer so stark erwärmt, daß der Kranke sich nackend darin aufhalten kann? Dann nimmt man alle Tage die Streu weg, badet den Kranken, und scheuert das Zimmer aus. Dazu würden kleine Zimmer im Erdgeschoß erfordert werden, die eine solche Einrichtung haben, daß man das Wasser durchlassen kann, um sie schneller zu reinigen. Es müssen dergleichen Zimmer mehrere sein, damit das eine genutzt werden kann, während das andere gereinigt und getrocknet wird."[6]

Reil begreift sich denn auch nicht als Psychopathologe, sondern als Psychiater.[7] Und seine wissenschaftliche Kommunikation ist eine vortheoretisch-psychiatrische: Verweise, Hoffnungen und Wünsche an andere Wissenschaftler gelten vor allem organisatorisch-technischen Belangen und thematisieren kaum theoretische Fragestellungen.

Der geschichtliche Hintergrund des Versuchs einer räumlichen Bewältigung des Wahn-Problems ist deutlich. Auch in den Irrenhäusern soll die Idee der Vernunft verwirklicht werden. „Die Achtung für die Menschenwürde, selbst in ihren Abweichungen aufrecht(zu)erhalten" begehrt Reil.[8] Weniger geht es ihm um die Irren, die Träger der Abweichungen von der Vernunft, als um die Vernünftigen selbst, die zur Achtung und Bewahrung der Menschenwürde Fähigen und Aufgerufenen. So erscheint nicht der Wahnsinnige primär in seiner Lebensverwirklichung behindert, sondern die gesellschaftliche Situation, in der er ertragen werden muß, erscheint in ihren Realisationsmöglichkeiten eingeschränkt. Es soll in erster Linie nicht der Wahnsinnige therapiert, sondern die Situation, die er hervorruft, bereinigt werden.

Die Beschränkung der Problematik auf ihre institutionelle Dimension zu begründen fällt Reil leicht. Denn das Vernunftsystem wird durch das Aufkommen des Wahnsinns in seiner Gültigkeit nicht angegriffen oder relativiert. Ein wesentlicher Mangel läßt den Wahnsinn gar nicht zu einer (Denk-) Alternative der Vernunft werden: das Fehlen einer gesetzmäßigen Struktur. An der allgemeinen und totalen Geltung des Vernunftgesetzes lassen auch die Irren keinerlei Zweifel aufkommen. Dieser Argumentation dient auch die häufige und übliche Identifizierung des Kranken mit dem Primitiven.[9] Bei Reil erscheint sie als Gleichsetzung des ‚kranken Prinzips' mit dem animalischen. „Der unheilbar Irrende ist ein eigenartiges Wesen, das gleichsam aus dem Begriff der Menschengattung herausgefallen ist, und der Lebensprozeß in ihm ist nicht im Stande, dasselbe zur Gattung zurückzuführen."[10] Der Verlust der Gattungszugehörigkeit läßt nur noch eine quasitierische Existenz fortbestehen, die gar nicht mehr als Angriff auf die menschliche angesehen werden kann.

Wenn also die Vernunft als unberührbar gilt, als unberührt selbst durch den Wahnsinn – welchem Gegenstand, welchem Realproblem gelten Reils Erörterungen? Der Blick der Vernünftigen und die wahrgenommenen Dinge

sind der Gegenstand; und die Gestaltung einer Wirklichkeit, in der der Blick der Vernünftigen ungetrübt durch Unvernünftiges stets Vernünftiges erfassen soll, ist das Problem.
So wird zu Recht betont, daß ein Anstoß zur Psychiatrie weniger aus der Theorie gekommen ist als aus dem gesellschaftlichen Sichtbarwerden der Irren, und daß psychiatriegeschichtlich betrachtet William Battie nicht so sehr in seinen gedanklichen Innovationen Nachfolger gefunden hat, vielmehr in seiner Eigenschaft als Begründer einer Institution zur Versorgung Wahnsinniger.[11] Bei Reil wird der Wahnsinn, der im Hinblick auf seine Rückbildungsmöglichkeiten kaum und in Hinsicht seiner Aussagekraft über die gesellschaftliche Wirklichkeit gar nicht reflektiert wird, durchaus nicht negiert. Er soll in ordentliche Formen gebracht werden, die den Ansprüchen der Vernunft genügen und sich aus ihnen herleiten lassen.

Das Arzt-Patient-Verhältnis wird in den *Rhapsodien* auf eine dem Vernunftanspruch entsprechende bündige Formel gebracht: „Wir ... nötigen die Sinnlichkeit, das zu wollen, was der Verstand billigt."[12] Der medizinische Anteil an der Verwirklichung dieser gesellschaftlichen Aufgabe besteht in der Einrichtung von Versorgungsanstalten, die „der Würde der Vernunft in der Menschheit entspricht".[13] Da mit der Hospitalisierung der Wahnsinnigen die Gültigkeit des Vernunftgesetzes für die Gesellschaft insgesamt bestätigt werden soll, können private Initiativen den Erfordernissen einer angemessenen Krankenversorgung nicht gerecht werden. Sie muß durch den Staat gewährleistet werden. Auf diese Weise kann die Kontrolle durch die Öffentlichkeit und vor allem die Selbstkontrolle der Öffentlichkeit gesichert werden.[14]
Der Bezug zur Öffentlichkeit markiert die Wende, die um 1800 im Verhältnis zwischen Irren und Normalen erreicht ist und in den Schriften Reils sich ausgedrückt findet. Nicht mehr die Belustigung, die Befriedigung der öffentlichen Neugierde am Skurrilen und Abstrusen soll die Gesellschaft verleiten, sich mit den Irren zu beschäftigen, sondern die Selbststabilisierung durch den Vergleich des eigenen mit dem abweichenden Verhalten. Das Irrenhaus will kein vergnügliches Tollhaus sein, sondern eine durchaus unvergnügliche gesellschaftliche Funktion übernehmen, die nicht mehr luxuriös, sondern gesellschaftlich notwendig geworden ist. Die Verwahrung der Wahnsinnigen muß sich vor den Augen der Öffentlichkeit vollziehen, damit diese sich jederzeit von der Wirksamkeit des Vernunftgesetzes überzeugen kann.[15]
Von den Psychopathologen scheint diese ideologische und sozialpsychologische Funktion zumindest intuitiv erahnt worden zu sein; denn sie verschließen sich ökonomistischen Argumenten, die darauf abzielten, aus den Hospitälern gewinnbringende Arbeitshäuser zu machen. Mit der ideologischen Funktion sei den Irrenhäusern eine Aufgabe übertragen, die sie bereits an die Grenzen ihrer Leistungsfähigkeit heranführe. Den Luxus einer profitfreien, aber immerhin ideologisch nützlichen Institution müsse eine Gesellschaft sich leisten. „Irrenhäuser", schreibt Reil, „sind, wie die Schau-

spielhäuser, nicht zum Erwerb geeignet."[16] So geht es Reil auch bei der Nutzung der Arbeitskraft der Irren durchaus nicht um die Ausbeutung der Arbeitenden. Er sucht sich und seine Kranken den ökonomischen Gesetzen seiner Gesellschaft zu entziehen: „Daß uns der ehrgeizige Finanzier nicht ins Tollhaus folgen darf ... versteht sich von selbst. Narrenhäuser sind wie die Krankenhäuser nicht zum Erbwerb geeignet: für beide muß die Masse aufopfern."[17]
Dies ist Reils Ziel: die Notwendigkeit der systematischen Organisierung psychisch Kranker darzulegen und den Entwurf einer entsprechenden Institution zu liefern, deren Wirklichkeit sich mit dem Anspruch vernünftiger Normalität in Übereinstimmung bringen ließe. Dieses große Aufgabenfeld läßt den erzwungenen Verzicht auf eine theoretische Bewältigung des Wahnsinns immer undeutlicher werden. Wenn der Wahnsinn in seinem Wesen auch undurchschaut bleibt, so ist doch der Raum, in den er eingebracht wird, überschaubar geworden.

2. *Die Klinik als Annäherung*

Der Raum, in den der Wahnsinn eingebracht wird, ist die Klinik, die, wie Foucault schreibt, am Ende des 18. Jahrhunderts eine wesentliche Restrukturierung erfährt: sie findet ein Anwendungsfeld, „in dem *Wissen* nicht nur *gesagt* wird, sondern in dem es entsteht, sich bewährt und sich vollendet: Die Klinik sollte mit dem *Ganzen* der medizinischen Erfahrung eins werden."[1] Die Einheit des Raumes, die mit der Entstehung der Klinik für die Behandlung des Kranken durch den Arzt und das Nachdenken und Sprechen des Forschers über die Krankheit gefunden worden ist, wird durch den Wahnsinn in Frage gestellt. Der Wahnsinn bildet den einzigen Bereich, in dem sich die Einheit nicht herstellen läßt. Anders als der Hospitalisierung der übrigen Kranken gelingt es der Hospitalisierung der Wahnsinnigen nicht, die Behandlung und die Erforschung der Patienten zu vereinigen. Denn gerade die Fragen, wie die Wahnsinnigen zu behandeln und wie der Wahn zu erforschen seien, sind noch sehr offen. So besteht eine wichtige Funktion der Hospitalisierung der Wahnsinnigen in der Substituierung des gescheiterten reflexiven Problemzugangs durch den institutionellen. Wichtigster Repräsentant dieser Richtung war Reil.
Die Hospitalisierung der Wahnsinnigen hatte eine zweite Bedeutung, die von den englischen Psychiatern zunächst erkannt und beschrieben worden war, bis diese Kenntnis im Verlauf der zunehmenden Literarisierung des Diskurses über den Wahnsinn allmählich ihre Träger verlor. Diese Bedeutung der Klinik als Stätte empirischer Forschung wird von Reil kaum noch erkannt und nur noch folgenlos erwähnt: Es „läßt sich von der Narrheit der Menschen in den Tollhäusern weit mehr Nutzen ziehen, als bisher geschehen ist. Man findet sie hier ohne Maske, und sieht, was sie sind und werden können, wenn das Räderwerk der Organisation in Unordnung geraten ist".[2]

Anders als Reil, der am Ende der Literarisierungstradition steht und sich aus ihr nicht zu lösen vermag, kritisiert Philippe Pinel den literarischen Charakter der Beschäftigung mit dem Wahnsinn. In der Einleitung zu seiner Abhandlung über Geistesverirrungen schreibt er: „Man übersetzte und kommentierte das Beste und Vernünftigste, was griechische und lateinische Schriftsteller über Manie geschrieben haben, aber man schränkte sich bloß auf eine abergläubische Verehrung ein, ohne in den Fußstapfen dieser Muster weiter zu gehen."[3] Pinel kritisiert den nur hermeneutischen Umgang mit den Klassiker-Texten und bemängelt den Verzicht auf die Benutzung dieser Texte als Modelle für eine zeitgenössische Auseinandersetzung mit den Problemen des Wahnsinns. Er schildert den Zustand der Psychopathologie am Ende des 18. Jahrhunderts:

„Man schränkte sich darauf ein, einige besondere Geschichten des Wahnsinns entweder in den akadmischen Sammlungen oder in Journalen aufzuzeichnen, und man fügte von Zeit zu Zeit einige Resultate der Untersuchungen in Rücksicht der organischen Verletzungen des Gehirns hinzu; aber dies diente mehr dazu, um das Publikum durch einige auffallende Sonderbarkeiten zu interessieren, als dadurch etwas zum Fortgang dieses Teils der Medizin beizutragen. Die Monographien über den Wahnsinn, welche in der zweiten Hälfte dieses Jahrhunderts sowohl in England als auch in Deutschland geschrieben worden sind, haben schwerlich einen andern Nutzen, als daß sie zerstreute Gegenstände gesammelt enthalten, oder daß diese darin in einer scholastischen Form auseinandergesetzt sind, oder auch zur Aufstellung einer glänzenden Hypothese dienen."[4]

Pinel will die Lektüre klassischer Texte durch die Beobachtung aktueller Fälle ablösen. „Was geht die neuere Naturlehre das alte System des Aristoteles und die Wirbel des Decart an?" fragt er[5] und führt einige weitere Autoren an, deren „szientistische Erklärungen" keine bedeutsamen Tatsachen über den Wahnsinn enthielten.

„Man findet deren viel genauere in den akademischen Sammlungen, in periodischen Schriften und besonderen Sammlungen von Beobachtungen. Ferriar in England und Locher in Deutschland haben mit einigen einfachen Mitteln Versuche gemacht, und sie zeigen hinlänglich, daß man schon auf dem wahren Weg der Untersuchung sei."[6]

In den regelmäßig erscheinenden Schilderungen von Beobachtungen, Versuchsbeschreibungen und Handlungsanweisungen findet Pinel die Auskünfte, die für die Entwicklung seiner praktischen Arbeit relevant sind und die er in den überlieferten Textbüchern vergebens suchte. Wie er überhaupt von den mehr vermutenden als überprüfenden Büchern meint, daß sie „mehr zur Theologie als zur Medizin gehören".[7]
Die historische Trennung, die Pinel zwischen seiner empirischen Arbeit und den Schriften seiner ‚Vorgänger' vornimmt, ist zugleich eine Trennung zwischen Dichtung und Wissenschaft.[8] So schreibt er über einen Autor des 17. Jahrhunderts, der den Wahnsinn als Besessenheit deutete:

„Es waren Irrtümer eines Zeitalters, die man einem Schriftsteller verzeihen muß, der so sorgfältig die Formeln des Exorzismus, die dem Teufel zugeschriebene Gabe das

Zukünftige vorauszusagen, die treulosen und boshaften Streiche beschrieb, die er in menschlicher Gestalt oder unter den Gesichtszügen berühmter Personen an verschiedenen Orten gespielt hatte."[9]

Hingegen müsse der Wissenschaftler „nur in die Irrenhäuser gehen, um diese vorgeblichen Besitzungen vom Teufel, oder vielmehr die visionären Ideen der Melancholischen und Wahnsinnigen gehörig zu würdigen".[10] Pinels Bestreben, die Wissenschaft aus der Verbindung mit Zauberei und Aberglauben zu lösen, wird erst möglich durch die Kenntnis dieses Zusammenhangs. Pinel verfügt über sie: „Steht nicht die Geschichte des Wahnsinns in gewisser Verbindung mit allen Irrtümern und Täuschungen der unwissenden Leichtgläubigkeit, mit Wundern, vorgegebenen Besitzungen vom Teufel, mit der Wahrsagerkunst, den Orakeln und den Zaubereien?"[11]
Der unwissenden Leichtgläubigkeit setzt Pinel systematische Beobachtungen, der Wahrsagekunst seine Wissenschaft entgegen. Alle bisher partiell erworbenen Kenntnisse nennt er „unfruchtbare Wahrheiten, wenn man nicht durch genaue Beobachtungen die Umstände des Orts, der Zeit, den Charakter des Wahnsinnigen, die besondere Natur seiner Verirrungen, die verschiedenen Verletzungen seiner moralischen Fähigkeiten bestimmt".[12] Bei der Beschreibung seines Vorgehens betont Pinel nachdrücklich die Notwendigkeit, Beobachtung, Lektüre und theoretisches Nachdenken miteinander zu verbinden.

„Meine ersten Untersuchungen wurden anfangs vom Zufall geleitet; ich konnte weder die Verwirrung der Funktionen des Verstandes mit Genauigkeit unterscheiden noch mich zu einer solchen Sprache erheben, die sie auszudrücken fähig gewesen wäre. Das Studium der französischen und englischen Ideologisten war für mich notwendig, ... um den unterschiedlichen Charakter der verschiedenen Arten von Wahnsinnigen auszudrücken, indem ich übrigens ... alle metaphysischen Diskussionen zu vermeiden suchte."[13]

An einer anderen Stelle heißt es:

„Ich habe mich mit Behutsamkeit von den beobachteten Tatsachen und empirischen Resultaten zu allgemeinen Ansichten emporgehoben, welches das Studium der Verrichtungen des menschlichen Verstandes, wie diese in den Schriften der Neuern beschrieben sind, ... und ... dasjenige gewährt, was die besten medizinischen Schriftsteller im allgemeinen oder insbesondere über die verschiedenen Geistesverirrungen geschrieben haben."[14]

Gegen die Scholastik setzt Pinel die Forderung, einzelne Beobachtungen über den Wahnsinn zusammenzutragen und dem Wahnsinnigen in seiner Spezifität gerecht zu werden. Diese Forderung schließt den Anspruch ein, ein wissenschaftliches Verhältnis zur Krankheit als Forschungsgegenstand herzustellen und eine humane Beziehung des Arztes zum wahnsinnigen Mitmenschen einzugehen. Die Verwirklichung beider Ansprüche könne einzig im Hospital gelingen. Pinel ist davon überzeugt, daß sowohl der Forscher als auch der Arzt mit der Klinik über eine Institution verfügen, in der beiden Ansprüchen optimal Genüge geleistet werden könne:

„Die Gewohnheit, beständig in der Mitte der Wahnsinnigen zu leben, ihre verschiedenen Charaktere, die Gegenstände ihrer verschiedenen Neigungen oder Abneigungen zu studieren, der Vorteil, den Lauf ihrer Verirrungen bei Tag und bei Nacht und in den verschiedenen Jahreszeiten zu verfolgen, die Kunst, sie ohne Gewalt zu leiten und ihnen die Aufwallungen und das Murren zu ersparen, die Geschicklichkeit, bei ihnen zur rechten Zeit entweder den Ton des Wohlwollens oder eine gebieterische Miene anzunehmen und sie durch Gewalt zu bändigen, wenn die Sanftmut nicht hinreicht; zuletzt der immerwährende Anblick aller Phänomene des Wahnsinns und der Geschäfte der Aufsicht über solche Unglückliche müssen einsichtsvollen und eifrigen Menschen zu mannigfaltigen Kenntnissen und zu Einsichten ins Detail der Behandlung verhelfen, die dem Arzte fehlen, welcher sich meistens ... bloß auf vorübergehende Besuche einschränkt."[15]

Pinel erfährt und reflektiert nicht nur den Wahnsinnigen. Er erfährt und reflektiert sich selber, als Forscher in seiner wissenschaftlichen Tätigkeit und als Arzt in der Beziehung, die er zum wahnsinnigen Individuum aufnimmt. Pinel „nahm den Geisteskranken die Ketten ab", schreibt sein Schüler Esquirol[16]; er verriet das Geheimnis des Wahnsinns „und änderte das Schicksal der Geisteskranken. Die Ketten wurden zerbrochen, man versorgte die Kranken mit mehr Menschlichkeit, die Hoffnung gewann die Herzen und eine rationellere Therapie leitete die Behandlung".[17]
Ob das von Esquirol beschworene Menschlichkeits-Ethos hinreichend ist, um Pinels Motive und Intentionen zu beschreiben, muß bezweifelt werden. Allzu leicht verfällt der Betrachter gelöster Fesseln und gesprengter Ketten jenem „‚humanistischen' Mißverständnis"[18], das ein objektives Verständnis eines kulturellen Werks, in unserem Fall des Werks Pinels, verhindert. Zu Recht führt Dörner[19] praktisch-politische und wissenschaftliche Faktoren an, die ihrerseits aber nicht darüber hinwegtäuschen dürfen, daß für Pinel eine durchaus humane Leistung zu reklamieren ist. Er begreift den Wahnsinnigen nicht mehr nur als Beobachtungs- und Forschungsobjekt, sondern auch als Subjekt, dem der Arzt als anderes Subjekt sich nähert. Pinel konstituiert die Intersubjektivität in der Beziehung zwischen dem wahnsinnigen Kranken und dem normalen Arzt, die allerdings durch die strengen Reglements der Klinik kaum hindurchscheint und nicht die entscheidende Innovation seines Werks ausmacht.
Pinels Abhandlung enthält eine Fülle von Fallstudien, die die Hinwendung des Autors zum einzelnen Individuum nachdrücklich belegen. Gleichermaßen gilt sein Interesse den Aufgaben und Funktionen des individuellen Arztes. Wie er den Wahnsinnigen von seiner gewöhnlichen Behandlung befreit sehen möchte, so den Arzt von seinen gewöhnlichen Studien. Es sei nur danach zu fragen, „ob er irgendeinen Teil der Arzneiwissenschaft gründlich erlernt oder irgendeine nützliche Wahrheit entdeckt, (nicht aber) ob ein solcher Mensch die gewöhnlichen Studien getrieben oder gewisse Formalitäten erfüllt (habe".[20] Für Pinel ist die Beschäftigung mit dem ärztlichen Verhalten außerordentlich wichtig. Er möchte dieses Verhalten systematisch und kontrollierbar umgestalten, und zwar in einer Weise, die es erlaubt, möglichst viel über den Kranken zu erfahren. Unerläßlich erscheint es ihm, sich dem Kranken zu nähern, sich auf ihn einzulassen: „Der dogmatische Ton des Doktors wurde aufgegeben; öftere Besuche,

die manchmal durch mehrere Stunden des Tags fortgesetzt wurden, halfen mir dazu, mit den Ausschweifungen, dem Geschrei und mit den heftigsten Ausbrüchen der Wahnsinnigen vertraut zu werden".[21] Der Arzt, wie er Pinel vorschwebt, nähert sich dem Wahnsinnigen an, macht sich mit ihm vertraut und achtet ihn, ohne allerdings dabei eine Position der Stärke und der Überlegenheit aufzugeben. Die Abhängigkeit, die der Wahnsinnige so erfahre, sei eine notwendige Orientierungshilfe in einem ansonsten desolaten Leben. Außer der Autorität ist das Talent des Arztes, das sich „auf gesunde Urteilskraft, auf natürlichen Scharfsinn, auf Erfindungsgeist" gründet[22], von entscheidender Bedeutung für die Heilung der Wahnsinnigen.

Die große Bedeutung, die Pinel bestimmten ärztlichen Eigenschaften für den Heilerfolg beimißt, wird darin erkennbar, daß er seine diesbezüglichen Vorstellungen geschlossen tradieren kann und daß sein wichtigster Schüler, Jean Esquirol, sich in seinem Buch *Von den Geisteskrankheiten* insbesondere und ausgiebig mit einer Konzeption des ärztlichen Verhaltens beschäftigt. Die wissenschaftliche Distanz schreibt Esquirol, müsse der Arzt in der Behandlung der Wahnsinnigen aufgeben. „Man muß mit den Geisteskranken leben, um genaue Kenntnis von den Ursachen, Symptomen, Verlauf, Krisen, Ausgang ihrer Krankheit zu haben; man muß mit ihnen leben, um die unzähligen Kleinigkeiten, die ihre Behandlung erfordert, kennenzulernen".[23] Die Näherung des Arztes an den Kranken ist wichtig, und die äußeren Bedingungen dieser Beziehung müssen so gestaltet sein, daß sie einen optimalen Zugang gewährleisten. In der Isolierung des Hospitals kann der Arzt „das Zutrauen des Kranken gewinnen, indem er denselben ohne Vorurteil findet".[24] Urteilsfähigkeit, Erfahrenheit und Weisheit verlangt auch Esquirol vom Arzt, und alles Wissenswerte und Wissensmögliche innerhalb einer Anstalt müsse dem Leiter verfügbar sein.

Eine möglichst umfassende Kenntnis des Wahnsinns im allgemeinen und der jeweiligen Fälle im besonderen ist nach Esquirol für die Diagnose der Krankheit und die Bestimmung der Therapie unerläßlich:

> „Um eine sichere Grundlage zur Therapie bei der Geisteskrankheit zu haben, müßte man alle allgemeinen und individuellen Merkmale der Krankheit kennen, durch sichere Zeichen den Herd, woher alle diese Störungen entstehen, unterscheiden; bestimmen, ob das Physische wirkt, endlich die Arten festsetzen, die durch sich selbst heilen, die, die der geistigen Mittel, die der Arzneimittel bedürfen, und die, die durch eine gemischte Behandlung geheilt werden".[25]

Esquirol bemüht sich um eine Differenzierung der vom Wahnsinn betroffenen Bereiche und der notwendigen psychischen Therapie: „So wird also alles, was direkt oder indirekt auf das Gehirn einwirkt, was unser denkendes Wesen modifiziert, alles, was die Leidenschaften beherrschen und leiten kann, Gegenstand der psychischen Behandlung".[26]

Die Differenzierung des kognitiven und emotionalen Bereichs hat für Esquirol eine über die wissenschaftliche Trennung zweier Funktionssystem hinausgehende Bedeutung, die sich unmittelbar aus seinen Erfahrungen als Therapeut ergibt. Er hat erfahren, daß

„der, der durch Vernunftschlüsse und Urteile diese Kranken heilen will, ... wenig von der Therapie der Seelenheilkunde (versteht). *Ich verstehe Sie sehr wohl*, sagte mir eines Tages ein junger Melancholischer; *ich verstehe Ihre Schlüsse. Wenn ich davon überzeugt wäre, würde ich geheilt sein. – Ich weiß alles dieses*, sagte mir ein anderer, *ich weiß, was ich tun muß, und ich wünschte es tun zu können. Aber geben Sie mir die Kraft, die mir fehlt, und Sie werden mich geheilt haben.*“[27]

Es wird hier die Frage gestellt, wie eine rationale Einsicht in eine emotionale Veränderung umgesetzt werden, wie ein neues Verständnis eine Änderung der Lebensformen und Verhaltensweisen bewirken kann. Auch im Hinblick auf diesen Vorgang ist die Haltung des Arztes gegenüber seinem Patienten bedeutsam; denn „es genügt nicht nur, dem Kranken zu sagen: *Mut! es wird schon gehen!* Die Stimme des Herzens muß diese tröstenden Worte sprechen, damit sie in die Seele und in das Herz des Leidenden eindringen“.[28] Die angestrebten emotionalen Veränderungen des Wahnsinnigen sind für Esquirol genauso problematisierungswürdig und reflektionsbedürftig wie die emotionalen Voraussetzungen, die der Arzt notwendigerweise in die Therapie einbringt.

Beide Autoren, Pinel und Esquirol, nähern sich ihrem Gegenstand mit einer Unbefangenheit, die es ihnen ermöglicht, vorurteilsfrei eine Fülle von Phänomenen zu beobachten und zu entdecken, wie sie ohne diese Offenheit wohl nicht hätte wahrgenommen werden können. Erst unter der Last dieser zahllosen Beobachtungen stellt sich die Notwendigkeit ein, die Beobachtungsergebnisse zu ordnen.[29]
Dabei geht es Pinel zunächst um die methodische Einteilung der verschiedenen Krankheiten, aus der sich aber auch Kriterien für eine spezifische Anordnung der Kranken in den Hospitälern ergeben soll. Anders als Reil, der vor allem pflegetechnische Gesichtspunkte anführt, akzentuiert Pinel die spezifischen therapeutischen Bedürfnisse der Wahnsinnigen als Grundlage seiner Ordnungsvorstellungen. Man könne nicht verhehlen, schreibt Pinel, „daß bis jetzt die Behandlung der Geistesverirrungen ohne Unterscheidung ihrer Arten vorgenommen, manchmal überflüssig, selten nützlich und oft nachteilig war“.[30] Die Wichtigkeit einer Einteilung der verschiedenen Kranken ergibt sich für Pinel bei einer Musterung, die er in seinem Krankenhaus zu Bicêtre vornimmt. Dabei zählt er

„zweihundert darin befindliche Verrückte, siebenundzwanzig Melancholische, fünfzehn Rasende ohne Delirium, achtzig Wahnsinnige, das heißt, mit einem furiosen oder ausschweifenden und entweder anhaltenden oder periodischen Delirium, achtzehn Verrückte mit Unsinnigkeit (demence) und sechzig mit Idiotism behaftete. Diese Klassifikation ... ist äußerst wichtig in Rücksicht der ... Festsetzung der wahren Grundsätze der Behandlung, die notwendig der Natur jedes Wahnsinns angemessen sein muß, wenn man bloß empirische Versuche vermeiden will.“[31]

Pinel klassifiziert fünf Arten des Wahnsinns. Mit der *Melancholie* (1) ist der auf einen bestimmten Gegenstand, einen verlorenen Sohn oder verlorenes Geld gerichtete Wahn gemeint, bei dem die Verstandestätigkeit weiterhin normal funktioniert. Die *Manie ohne Delirium* (2) ist eine Veränderung der Willenstätigkeit zum blinden Antrieb zur Gewalt hin, bei der wiederum Gedächtnis, Wahrnehmung und Urteilskraft ungestört bleiben. Der *Wahnsinn mit Delirium* (3) ist eine vorwiegend psychische Krankheit, bei der sowohl die Verstandestätigkeit als auch das Gemüt gestört sind. Fehlende Urteilskraft, Aufhebung der Denkfähigkeit sind die Symptome des *Blödsinns* (4), den ein permanenter Wechsel isolierter und unzusammenhängender Vorstellungen kennzeichnet. Die vollständige Ausschaltung der Verstandestätigkeit liegt beim *Idiotismus* (5) vor.

Diese Formen übernimmt Esquirol. „Sie drücken", so schreibt er, „den generischen Charakter der Geisteskrankheit aus, können jedoch nicht alle Arten und Gattungen, die unzählige verschiedenen Nuancen annehmen, charakterisieren".[32] Sie erscheinen Esquirol als zu eingeengt, und überdies läßt ihn eine Ordnung der Symptome unbefriedigt. Deshalb beschreibt er in einem langen Abschnitt die Ursachen der Geisteskrankheiten und erwähnt das Klima, die Jahreszeiten, das Alter, das Geschlecht, das Temperament, Beruf und Lebensart und schließlich die Leidenschaften. Er trennt zwischen psychischen und physischen Ursachen und fügt seinen Ausführungen Tabellen hinzu, aus denen die Häufigkeit bestimmter Ursachen hervorgeht. Es ist für Esquirol gesichert, daß die psychischen Ursachen weit häufiger als die physischen sind, und zum Beleg führt er Listen aus seiner eigenen Anstalt, aus der Salpetrière, aus Hospitälern in Pennsylvanien und England an. – Während für Reil pflegetechnische Gesichtspunkte im Vordergrund der Überlegungen stehen, wie die Wahnsinnigen anzuordnen seien, und Pinel von einer Einteilung der Krankheiten nach Arten geleitet wird, orientiert sich Esquirol vor allem an der Diagnose der Krankheit und ihrer Ursachen sowie an der Prognose über den Ausgang der indizierten Therapie.

In die Bemühungen um eine möglichst nuancierte Wahrnehmung des Formenreichtums des Wahnsinns und um eine Ordnung der methodischen Mittel seiner Bewältigung sind auch sprachliche Kompentenzen einbezogen. So präsentiert der deutsche Übersetzer Pinels und Herausgeber seines *Traité* ein Glossar mit den wichtigsten Bezeichnungen für psychische Krankheiten, das sich über fünfzehn Seiten erstreckt und das diesbezüglich Wichtigste aus „Adelungs bekanntem Wörterbuch, Eberhards Synonymik der deutschen Sprache und Kants Anthropologie" zusammenfaßt.[33] Die nomenklatorische Verfeinerung ist eines der Ordnungsmedien, deren Pinel und Esquirol sich bedienen.

Ein anderes ist die Zeit, deren Bedeutung übrigens auch von Reil gesehen wird. Er verlangt vom praktizierenden Arzt, daß „von jeder Krankheit eine genaue Geschichte entworfen (wird), die in den klinischen Jahrbüchern aufbewahrt werden soll".[34] Für die Therapie gelte, daß der Lebensprozeß der wichtigste Träger der Genesung sei. Wie eng die Verbindung zwischen Ordnungsvorstellungen und der Zeitdimension gesehen und wie vorsichtig zugleich die Zeitlichkeit als Ordnungsinstrument angewandt und ausprobiert wird, zeigt die folgende Stelle aus Pinels *Traité*:

„Im Laufe des Jahres wurden historische Bemerkungen über die Neuangekommenen und Tagebücher der über die einen und die andern gemachten Beobachtungen in Rücksicht auf die sich bei ihnen nach Verschiedenheit der Jahreszeiten ereignenden Veränderungen geführt, wobei ich mich genau an die beschreibende Methode hielt, ohne mich jedoch auf irgendeine ausschließende Ansicht einzuschränken oder mich einer systematischen Ordnung zu unterwerfen."[35]

Den Krankheitszeitraum periodisch Wahnsinniger nennt Pinel die „Epoche" der Anfälle, und der Verlauf dieser Wahnzeit entspreche dem der Jahreszeiten:

„Man gerät in Verwunderung, wenn man die Wirkungen, welche der Einfluß der Sonne auf die Rückkehr und den Gang der meisten Anfälle des Wahnsinns hat, sozusagen mit Augen verfolgt ... Ihre Dauer ist auf den Zeitraum von drei, vier, fünf Monaten beschränkt, und der Anfall wird nach Verschiedenheit der individuellen Sensibilität, und je nachdem die jeder Jahreszeit eigene Temperatur früher oder später oder in umgekehrter Ordnung eintritt, beschleunigt, verspätet oder verkehrt."[36]

Die Jahreszeiten nennt auch Esquirol als eine der Ursachen der Geisteskrankheiten und erwähnt Zuordnungen bestimmter Krankheitsformen zu bestimmten Jahreszeiten: „Die meisten der Schriftsteller nehmen an, daß die Melancholie im Herbst, die Verwirrtheit im Winter ausbricht."[37] Die Jahreszeiten dienen als Modell für die Darstellung der einzelnen Phasen des Wahns. Um eine Ordnung in den Bereich des Wahnsinns zu bringen, bedarf es solcher Beschreibungsmuster, die oftmals fremden Bereichen entlehnt sind, aber über eine ihnen gemeinsame Struktur verfügen, in diesem Fall die Verzeitlichung. Darüber hinaus werden Maßstäbe gefordert, mit denen sich graduelle Unterschiede der Ausprägung einer Krankheit festsetzen und beurteilen lassen. Die Güte solcher Maßstäbe kann an ihrer Kompetenz bemessen werden, den Übergang von der Krankheit zur Gesundheit anzugeben, den Punkt zu bestimmen, von dem ab eine psychische Funktion als in ihrem Vollzug gestört gelten muß. Diese Entscheidung kann nur auf der Grundlage der Kenntnisse eben dieser Funktionen getroffen werden; ihr muß zugrunde gelegt werden ein Wissen über das normale Funktionieren des psychischen und des geistigen Apparats. Pinel formuliert das Problem als Frage:

„Wäre es nicht von Belang für die Geschichte des menschlichen Geistes, seine verschiedenen Verrichtungen, als die Aufmerksamkeit, das Vermögen zu vergleichen, die Urteilskraft, die Einbildungskraft, das Gedächtnis und die Vernunft samt den Veränderungen, deren diese Funktionen fähig sind, einzeln zu betrachten?"[38]

Es geht um den Vergleichsmaßstab, und den sucht und findet Pinel nicht in den Texten, die die Klassiker über den Wahnsinn verfaßt haben, sondern er wendet sich an die Wissenschaftler, deren Disziplin er als Grundlagenwissenschaft seiner Psychopathologie begreift, an die Vertreter der Psychologie. Man findet, so resümiert er seine Lektüre,

„die Geschichte des Wahnsinns unter seinen verschiedenen Formen in den Schriften der Alten sehr unvollständig; und können wohl seine Symptome anders festgehalten und genau bezeichnet werden, wenn man nicht die Analyse der Funktionen des menschlichen Verstandes zum Maßstab der Vergleichung macht. Daher sah ich mich genötigt umzukehren und die Schriften der neuern Psychologen, eines Locke, Harris, Condillac, Smith, Stewart etc. zum Gegenstand meines Studiums zu machen, um alle unter dem generischen Namen der Geistesverirrung begriffenen Varietäten aufzufassen und zu bezeichnen. Nur nachdem ich mir diese vorläufigen Kenntnisse erworben hatte, kann ich jetzt die Unterscheidung der Arten auf einer festen Grundlage aufstellen."[39]

Reils Forderung einer medizinischen Psychologie wird als ein Wunsch nach dem interdisziplinären Nebeneinander von Psychopathologie und Psychologie formuliert:

„Der Arzt bedarf zwar, wie der Philosoph, einer Naturlehre der gesunden Seele, damit er eine Norm für die kranke habe. Allein ... eine Psychologie für Ärzte würde ... ein Inbegriff empirisch-psychologischer Erkenntnisse sein, die mit beständiger Rücksicht des gegenseitigen Einflusses beider Teile des Menschen aufgesucht und mit dem Heiligeschäft in der engsten Verbindung gesetzt sind."[40]

Wie die Psychopathologie des Wahnsinns durch die Psychologie der Vernunft fundiert werden soll, wird dem Wahnsinnigen der Gesunde gegenübergestellt, wird der kranken Subkultur die gesunde Öffentlichkeit als Hintergrund gegeben. Dabei werden die Gegenüberstellungen durchaus nicht als eine Konstruktion absoluter Gegensätze vorgenommen. Esquirol etwa erwähnt Alexander von Humboldts Mitteilung, „daß er sehr wenig Geisteskranke unter den Wilden Amerika's gesehen habe"[41], absichtsvoll, nämlich um das Aufeinanderangewiesensein der zivilisierten Öffentlichkeit und der psychisch verwahrlosten Minderheit zu illustrieren.
Pinel sieht die Rolle der Öffentlichkeit in ihrem Verhältnis zu den Wahnsinnigen recht kritisch, wobei er die einschränkende Wirkung der Öffentlichkeit auf den Fortschritt der Medizin besonders hervorhebt und die allzusehr an der öffentlichen Neugier sich orientierenden Schriften über den Wahnsinn mit Argwohn betrachtet:

„Man schränkte sich darauf ein, einige besondere Geschichten des Wahnsinns entweder in den akademischen Sammlungen oder in Journalen aufzuzeichnen, und man fügte von Zeit zu Zeit einige Resultate der Untersuchungen in Rücksicht der organischen Verletzungen des Gehirns hinzu; aber dies diente mehr dazu, um das Publikum durch einige auffallende Sonderbarkeiten zu interessieren, als dadurch etwas zum Fortgang dieses Teils der Medizin beizutragen."[42]

Pinel ist aber durchaus bereit, die Hilflosigkeit der allgemeinen Öffentlichkeit gegenüber einem Problem, das die medizinische Öffentlichkeit nicht bewältigt hat, in Rechnung zu stellen:

„Fürs erste findet eine natürliche Entfremdung und ein starker Widerwille gegen Menschen statt, wovon die einen durch immerwährendes Jammern oder das Geschrei erschrecken; die andern uns mit einer bäurischen und wilden Härte von sich stoßen; noch andere uns durch ein Geschwätz ohne Sinn und Zusammenhang betäuben."[43]

Daher ist ihm verständlich, „wie wenig die öffentliche Meinung der Medizin günstig ist".[44] Umgekehrt ist er seinerseits der Öffentlichkeit nicht günstig gesonnen, denn „nirgends fand (er), die Romane ausgenommen, liebenswürdigere Ehegatten, zärtlichere Väter, feurigere Liebhaber, echtere und großmütige Patrioten als in den Irrenhäusern in der Periode ihres Vernunftgebrauchs und der Ruhe".[45] Seine Abneigung gegen die Öffentlichkeit teilt er mit dem Wahnsinnigen, der ihr drastischeren Ausdruck gibt:

„Ein solcher Kranker glaubte überall Teufel zu sehen, und als eines Tags eine Gesellschaft von Neugierigen das Irrenhaus besuchte, stürzte er sich mit Wut unter sie, wie unter eine Legion von Teufeln."[46]

Aus der Distanzierung von bestimmten Öffentlichkeitserlebnissen entsteht eine bemerkenswerte Solidarität zwischen dem Irren und dem Arzt. Pinel scheint sich in seiner Rolle als aufgeklärter Arzt in dem Maße getroffen und eingeschränkt zu fühlen, in dem er die Betroffenheit seiner Patienten anprangert: „Wie kränkend ist es nicht, zu sehen, daß diese Unglücklichen zum Schauspiel und zur Unterhaltung unbescheidener Personen dienen, die sich öfters ein grausames Spiel damit machen, sie zu reizen und zu necken."[47] Pinels Selbstverständnis als Arzt verbindet und verbündet sich mit dem Verständnis, das seines Erachtens den Patienten entgegengebracht werden muß und das er selbst aufbringt. Insofern entspricht das Verhältnis zum wahnsinnigen Subjekt, das Pinel als einer der ersten Ärzte systematisch zu entwickeln beansprucht, anderen Verhältnissen von Normalität und Anormalität.[48] Pinel will das umgestaltete Verhältnis in die Gesellschaft hineintragen. Er begreift es als paradigmatisch.

Es erstaunt daher nicht, daß die Reformer Pinel und Esquirol Parallelen zwischen der Arzt-Patient-Beziehung und der Eltern-Kind-Beziehung entdecken. Nicht nur der psychisch kranke Erwachsene, auch das Kind soll als psychische Abweichung vom Normalzustand des Erwachsenendaseins begriffen und ernstgenommen werden.[49] So stellt sich eine Gemeinsamkeit von Kind und Wahnsinnigem her, die darin besteht, daß beide von einem bestimmten Zeitpunkt an in die Welt der Vernünftigen und Erwachsenen einbezogen werden sollen. Esquirol identifiziert die Irren mit den Kindern:

„Die Geisteskranken sind große Kinder, und zwar Kinder, die schon falsche Ideen und falsche Neigungen eingesogen haben; sie haben so viel Berührungspunkte mit Kindern und jungen Leuten, daß man nicht erstaunen muß, daß die Einen und die Andern nach ähnlichen Prinzipien geführt werden müssen."[50]

Die Gleichsetzung zeigt aber auch: Die Irren sind nicht aus der Welt.

„Wie viele Bemerkungen drängen sich dem Denkenden auf, der das Geräusch der Welt verläßt und einen Augenblick in einem Irrenhaus verweilt! Er findet hier dieselben Ideen, dieselben Irrtümer, dieselben Leidenschaften, dieselben Unglücksfälle; es ist dieselbe Welt."[51]

In der Formel „Es ist dieselbe Welt!" drückt sich der Wandel der Einstellung gegenüber dem Wahnsinnigen, dem Kranken, dem Kinde aus. Für Pinel gehören die Wahnsinnigen zur menschlichen Gesellschaft; sie bilden einen Teilbereich, und gewissermaßen sind sie nun das, was andere Minderheiten auch sind, „sie sind auch Menschen". Der Arzt nimmt zwischen der Gesellschaft und den Irren eine vermittelnde Stellung ein: Gegenüber der Gesellschaft vertritt er die Interessen der Irren, so wie sie sich ihm dartun und wie er sie versteht, und im Irrenhaus setzt er die gesellschaftlichen Gesetze der Vernunft durch. Den Prinzipien, die das ‚bürgerliche Leben' begleiten, müsse, so Pinel, auch im Leben der Wahnsinnigen Geltung verschafft werden. Außerdem lasse sich eine strikte Absonderung der Wahnsinnigen von den Vernünftigen schon deshalb nicht rechtfertigen, weil die Entfernung zwischen bürgerlichem Leben und wahnsinnigem Leben so groß nicht sei, wie auch die Ähnlichkeit zwischen beiden, die dem aufmerksamen Betrachter nicht entgehen könne, zeige: „Ein beobachtender Arzt kann öfters in der Gesellschaft den ersten Grad dieses Blödsinns, dessen vollkommene Muster man in den Irrenhäusern findet, antreffen."[52]

Dritter Teil
Selbsterfahrung und Selbstvermittlung

Eine Theorie des Wahnsinns ist um 1800 nicht ausgearbeitet, wohl aber ihre Ermangelung systematisch bestätigt worden. Die Reformer in Frankreich konzentrieren sich dabei auf die Gewinnung empirischer Daten und die Ausweitung des Wissens. Reil in Deutschland zieht ein Fazit, sammelt bisherige Ansichten und kompiliert die verschiedenen psychopathologischen Konzepte zu einem ‚Gesamtwerk', dessen assoziativen Charakters er sich wohl bewußt ist. So sind die *Rhapsodien* entstanden, und so haben sie den Anschein eines Forums erhalten, auf dem Meinungen unterschiedlicher wissenschaftlicher Herkunft vorgestellt und einer interessierten Öffentlichkeit präsentiert werden. Aber erst durch einen wechselseitigen Austausch wissenschaftlicher Informationen und einen reziproken Bezug einzelner Beiträge hätte ein solches Forum eine über das Erreichte hinausweisende Bedeutung annehmen können. Aufgrund ihrer formalen Geschlossenheit und ihrer abschließenden Betrachtung des psychopathologischen Bereichs konnten die *Rhapsodien* diese Funktion gar nicht übernehmen und erfüllen.

Am Ende des 18. Jahrhunderts hatte es ein derartiges Forum gegeben. In einem Zeitraum von zehn Jahren, von 1783 bis 1793, erscheint das von Karl Philipp Moritz begründete *Magazin zur Erfahrungsseelenkunde*. In ihm wird ein Wunsch in Ansätzen verwirklicht, der als Forderung von einigen englischen Schriftstellern erhoben worden war, von Pinel und Esquirol übernommen werden sollte und in dessen Formulierung auch die *Rhapsodien* nach vorn weisen: der Wunsch nach einer positiven Psychologie.

Das Magazin behandelt die Subjektivität des Individuums, den Bereich des Privaten, die Welt des Einzelnen und wendet sich gleichzeitig an ein breites Publikum. Als ein regelmäßig erscheinendes Periodikum vermag es das Interesse der Öffentlichkeit am Privaten zu befriedigen und kommt dem Drang der Individuen nach öffentlicher Selbstdarstellung entgegen. In Moritz' Magazin findet die Beziehung zwischen bürgerlicher Öffentlichkeit und der Privatsphäre der Bürger, die am Ende des 18. Jahrhunderts zwar weitgehend festgelegt, aber in all ihren neuartigen Möglichkeiten noch nicht ausprobiert war, ihren Ausdruck.

Anscheinend werden im Magazin zwei Bereiche miteinander verbunden, die einander gegensätzlich gegenüberstehen: der öffentliche und der private Bereich. Tatsächlich wird zwischen beiden am Ende des 18. Jahrhunderts kein Gegensatz angenommen. Die Privatsphäre gewinnt öffentliche Relevanz im Rahmen der Loslösung der bürgerlichen Gesellschaft von feudalen Öffentlichkeitsstrukturen. Habermas thematisiert diesen Zusammenhang in der Entstehung der bürgerlichen Öffentlichkeit: sie „entwickelt sich ... in dem Maße, in dem das öffentliche Interesse an der privaten Sphäre der bürgerlichen Gesellschaft nicht mehr nur von der Obrigkeit wahrgenommen, sondern von den Untertanen als ihr eigenes in Betracht gezogen wird“.[1]

Die bürgerlichen Subjekte begreifen sich nicht nur als einzelne Individuen, die in voller Souveränität ihr Ich bestimmen und darstellen wollen, sie hegen das öffentliche Interesse, sie konstituieren Öffentlichkeit. Das Private erhebt einen öffentlichen Anspruch. Der Bürger begreift sich als das Subjekt schlechthin, dessen Ich verallgemeinerbar ist. Die Verallgemeinerung vollzieht sich als öffentlicher Akt; das Ich bestimmt sich in aller Öffentlichkeit. Dem korrespondiert das Interesse der Öffentlichkeit am Privaten. Beide Momente, die Wendung des Ichs an die Öffentlichkeit und deren Durchlässigkeit für das Private, charakterisieren das Feld, auf dem, nach Hannah Arendt, das ‚Soziale‘ sich entfalten kann:

„Die Gesellschaft ist die Form des Zusammenlebens, in der die Abhängigkeit des Menschen von seinesgleichen um des Lebens willen und nichts sonst zu öffentlicher Bedeutung gelangt, und wo infolgedessen die Tätigkeiten, die lediglich der Erhaltung des Lebens dienen, in der Öffentlichkeit nicht nur erscheinen, sondern die Physiognomie des öffentlichen Raums bestimmen dürfen.“[2]

Habermas bezieht die Entstehung der bürgerlichen Öffentlichkeit auf die Entwicklung des Tauschverkehrs, wobei letztere zugleich den Rahmen für die Entwicklung des Nachrichtenverkehrs abgibt. „Der Nachrichtenverkehr entwickelt sich ... nicht nur im Zusammenhang mit Bedürfnissen des Warenverkehrs, die Nachrichten selber werden zu Waren.“[3] Es werden Nachrichten über das eigene Ich ausgetauscht, und sie unterliegen denselben Gesetzmäßigkeiten wie der gesamte Nachrichtenverkehr. Sie schaffen sich daher ihm entsprechende Kommunikationsmedien, die im öffentlichen Raum, der nun durch die wechselseitige Verschränkung von Öffentlichkeit und Privatheit bestimmt ist, genutzt werden.

Zahllose Tagebücher und Autobiographien bringen am Ende des 18. Jahrhunderts die Besinnung auf die eigene Subjektivität zum Ausdruck: der notwendig werdende und gewünschte Austausch der durch Selbstbeobachtung gewonnenen Informationen läßt eine in ihren Ausmaßen ungekannte Briefkultur aufkommen. Und „mit dem Augenblick, in dem die Selbstbeobachtung begann, hebt die Geburtsstunde des deutschen Bürgers an: er nimmt sich nun ernst“.[4] Da er „seiner gewaltigen Expansionskraft und Selbständigkeitssucht freien Spielraum zu schaffen begann und sich als Träger einer überall aufblühenden Kultur, als die große kommende Macht wiederfand“, war er mit seinem Innersten so „überfüllt, daß er das alles unmöglich in sich allein aufspeichern konnte. Er mußte sich äußern, sonst wäre er an der Überfülle seines Ich zugrunde gegangen“.[5]

Die Briefe sollen diese Fülle auffangen; und so wie sie diese Aufgabe bewältigen, tritt der Adressat in den Hintergrund. Oftmals ist er nie in den Gesichtskreis des Briefeschreibers getreten.[6] Aber auch das Ich des Adressaten ist verallgemeinerbar, auch seine Person ist austauschbar, und die ihm gegenüber eingenommene Haltung des Schreibers führt den Briefwechsel so weit, „daß man seinen intimen Freunden nicht nur selbst schrieb, sondern wie z.B. Lavater an Herder ‚einen Haufen wichtiger und unwichtiger Copien seiner Briefe an andere' schickte".[7]

Der Adressat kann sich nicht länger sicher sein, daß ein Brief nur ihm gilt, der Schreiber eines Briefes muß bezweifeln, die Leser seiner Sendungen zu kennen. Der Adressat verschwindet in der Auswechselbarkeit, zu der ihn der Schreiber verurteilt. Ist es seine Egozentrik, die ihn dazu bewegt? Das wahrhaft überschwengliche Interesse am eigenen Ich ist nicht identisch mit einem ausschließlichen Interesse am eigenen Ich. Dem fremden Ich wird eine ebenso große Aufmerksamkeit entgegengebracht. Es kann für das eigene Ich gesetzt werden, ohne daß der psychologischen Neugier prinzipiell etwas genommen wäre. Von den Beteiligten wurde diese Entwicklung als unproblematisch empfunden. Der Brief wird durch sie über seine engeren Funktionsgrenzen, die ihn als Mittel des Informationstauschs zwischen zwei individuellen Partnern bestimmen, hinausgeführt. Der intime Brief wird öffentlich gemacht, die Grenzen seiner Privatheit werden aufgehoben. Die ihm abverlangten Leistungen sind spezifisch für ein anderes Medium des Nachrichtentauschs, für die Zeitschrift. Und daß die strukturelle Annäherung des Briefs an die Zeitschrift eine Entsprechung in umgekehrter Richtung findet, die zu einer Art Privatisierung des Öffentlichkeitsmediums führt, verwundert ebensowenig wie die Vereinigung beider Typen zu einer Zeitschrift in Briefform.[8] Seelenbesuche sind die Briefe genannt worden. Und Besuche, Kommunikation, Austausch und Wendung zum eigenen und zum anderen Ich kennzeichnen nun den öffentlichen Raum.

In diesem Raum erscheint das Magazin zur Erfahrungsseelenkunde. Hier findet es seine Leser und seine Autoren. Herausgeben wird es von Karl Philipp Moritz.

Moritz lebt von 1756 bis 1793. Er ist gelernter Theologe und Pädagoge, arbeitet vornehmlich als freier Schriftsteller, wird schließlich Professor für Ästhetik an der Berliner Akademie der Schönen Künste, reist viel und ist befreundet mit seinen berühmtesten Zeitgenossen, herzlich und intensiv mit Goethe.

Kulturgeschichtlich wird Moritz dem Rationalismus zugeordnet. Seines Romans *Anton Reiser* wegen beansprucht ihn die Literaturwissenschaft. Die Psychologie greift die von ihm sehr nachdrücklich propagierte Selbstbeobachtung auf, nennt sie Introspektion und bestimmt diese als eine insbesondere für die Wahrnehmungs- und Denkpsychologie relevante Methode. Moritz selber wird keine psychologiegeschichtliche Bedeutung zugesprochen.[9] Ein wesentlicher Grund für die ablehnende Haltung mag darin bestehen, daß Moritz zu jenen Autoren gehört, deren Arbeiten im Grenzbereich zwischen Wissenschaft und Kunst entstanden sind und sich einer eindeutigen Zuordnung absichtsvoll entziehen.

Wie wenig Moritz sich um Gattungsgrenzen kümmert, wie gern er sie überschreitet, zeigt sich deutlich in der Selbstverständlichkeit, mit der er neben die Schilderungen realer, historisch verbürgter Fälle Abschnitte aus einer Lebensgeschichte stellt, die historisch nicht verbürgt ist. Aber sie ist von ihm erfunden, „Anton Reiser“ genannt worden und basiert auf einer psychischen Realität, für die Moritz bürgt; es ist seine eigene.[10] Unbekümmert fügt er scheinbar Disparates zusammen und gewinnt seinem Magazin eine Üppigkeit des Materials und einen Reichtum an Gedanken, die den heutigen Leser ebenso faszinieren wie seinen Vorgänger am Ende des 18. Jahrhunderts.

Was begeistert das damalige Leserpublikum so, wie erreicht das Magazin seine Ausstrahlung und worin besteht Moritz' persönlicher Beitrag zu dem Erfolg der Zeitschrift?

Moritz schreibt Briefe und führt ein Tagebuch, er publiziert Zeitschriftenaufsätze und gibt eine eigene Zeitschrift heraus, er ist Verfasser einer Autobiografie. Kurz: er macht sich alle Möglichkeiten, die seine Zeit ihm zur Selbstdarstellung liefert, zunutze. Die Autobiografie ist zwar ein Roman, dessen Held Anton Reiser heißt, aber es geht doch unverhüllt um Moritz selbst, um sein Leben.

„Die Selbstbiographie des ‚Anton Reiser'“, schreibt Arno Schmidt, „ist seelisches Hochland für sich.“[11] Und Moritz selbst muß es so empfunden haben, denn in dem zweiten Band seines Magazins rückt er Fragmente aus Anton Reisers Lebensgeschichte ein, denen in späteren Nummern weitere Ausschnitte folgen. Er behandelt sie ebenbürtig, er geht als Herausgeber mit ihnen um wie mit den Fallgeschichten realer Personen. Er geht mit sich selber um, wenn er aus Anton Reisers Leben berichtet.

In der Beschäftigung mit dem eigenen Selbst liegt ein Hauptmotiv Moritz' für die Beschäfigung mit dem Magazin zur Erfahrungsseelenkunde. Er nutzt es als ein Forum, auf dem er sich selbst darstellen und von seinen Selbstbeobachtungen berichten kann. Ganz selbstverständlich steuert Moritz Tagebuchaufzeichnungen bei, gibt Kindheitserinnerungen wieder oder erzählt eigene Träume, wenn ein bestimmter Problemkreis durch seine Beiträge erhellt oder empirisch gefüllt zu werden verspricht. Sein wissenschaftliches Interesse ist stets mit dem Wunsch nach Selbsterfahrung verbunden, wobei die wissenschaftlichen Ambitionen in dieser Verbindung zunächst untergeordnet sind.

Die Erfahrungen, die er mit sich macht, teilt er anderen mit. Dabei verfährt Moritz mit einer Offenheit, die ihn ungeschützt seinem Lesepublikum preiszugeben scheint. Zwischen Selbstentblößung und Selbstfindung vollzieht sich seine Selbsterforschung.[12] Nicht einzelgängerisch, sondern repräsentativ ist Moritz vorgegangen. Das zeitgenössische Publikum hat derartige offene Selbstdarstellungen durchaus angenommen, nicht aber alle späteren Leser, die in der Präsention des eigenen Ich eine „maßlose Egozentrik“[13] erblicken wollen.

Sie tun Moritz unrecht. Ebensowenig wie dem Briefschreiber geht es ihm ausschließlich um das eigene Ich. Sein Interesse gilt gleichermaßen dem Ich des anderen, dessen Ergiebigkeit neben die des eigenen Ich gestellt wird. Gegenstand der Erforschung ist das Ich, und die Beschäfigung mit dem anderen darf nicht als eine Wendung zum Du verstanden werden.
Aus den vielen Ichs, die erforscht und im Magazin vorgestellt werden, filtert der Leser ein Substrat, das mit dem individuellen Ich nicht mehr identisch ist. Da jedes Individuum auch Allgemeines ist, kann von den Besonderheiten der konkreten Individuen abgesehen, sie können verallgemeinert werden. Tendenziell bewegt die Lektüre der Magazinbeiträge den Leser von der Aufnahme konkreter Individuen zur Kenntnis eines abstrakten Ichs. Das Ich kann allmählich als eine Kategorie begriffen werden, für die die einzelnen subjektiven Ichs austauschbar geworden sind.
Sein individuelles Selbst erforschend gelangt Moritz zu Resultaten, die über es hinausweisen auf das Individuum an sich. Aus dem Bedürfnis der Selbstfindung war die Selbsterforschung entstanden, ihre letzte Konsequenz ist die Selbstauflösung. Insofern kann die radikale Selbstentblößung als ein Sich-Wehren gegen das Verschwinden gedeutet werden. Je gefährdeter das Selbst erscheint, desto vehementer muß es behauptet werden, dargestellt, erforscht, gesichert. Die grenzenlose Beschäftigung mit dem eigenen Selbst rückt den Selbstbeobachter in die unmittelbare Nähe dessen, der das Kreisen um das eigene Selbst als höchste Daseinsform bestimmt und eine dieser Bestimmung entsprechende Lebensform wählt. Wir finden den radikalen Selbstforscher in der Nachbarschaft des Künstlers und des Genies.
Moritz repräsentiert die Nachbarschaft in seiner Person. Er personifiziert den Zusammenhang zwischen Selbstbeobachtung und Geniekult. Und er markiert die Beziehung zwischen der Entwicklung der Ästhetik im ausgehenden 18. Jahrhundert und der Entstehung einer wissenschaftlichen Psychologie. Als erste ästhetische Aufgabe wird die Forderung bestimmt, die seelischen Vorgänge am Künstler selbst zu untersuchen, die Seele des Künstlers zu begreifen. Die Kultivierung des Genies und seine Zergliederung widersprechen einander nicht.

In der Kultivierung und Stilisierung der eigenen Person und in der Auflösung in ihre Bestandteile besteht die Selbstbeschäftigung Moritz'.
Durchaus nicht egozentrisch, öffnet er sein Magazin den Berichten anderer Autoren. Sein editorisches Vorgehen ist zunächst unsystematisch und assoziativ, da „es auf wechselseitige Mitteilung von Beobachtungen vorzüglich ankommt".[14] Das Magazin wird für die Aufnahme von Informationen unterschiedlicher Provenienz bereitgehalten, und die Herkunft der Beiträge spielt eine der in ihnen behandelten Sache deutlich untergeordnete Rolle. Es soll kein Problembereich abschließend behandelt werden, sondern es werden „einzelne psychologische Beobachtungen und Bemerkungen zu weiterem Nachdenken aufgesetzt".[15] Problemlos werden Aufsätze aus anderen Zeitschriften übernommen, so eine Traumerzählung aus dem *Allg.*

Magazin der Natur, Kunst und Wissenschaft.[16] Auch ausländische Publikationen finden Berücksichtigung, so der *Mercure de France*, dessen Bericht über die Krankheit des Königs von England auszugsweise wiedergegeben wird. Der Einzugsbereich der Beiträge ist groß und vielgestaltig. Moritz selbst liefert einen Fallbericht, den er „teils aus einer mündlichen Erzählung des Herrn *Moses Mendelssohn*, teils aus einem medizinischen Bericht des Herrn *Assessor Hagen*" zusammenfügt.[17] Spalding berichtet von einer Selbstbeobachtung in einem Brief an Sulzer, den das Magazin druckt. Markus Herz fertigt tagebuchartige Notizen über den Verlauf der Tage bis zum Ausbruch einer psychischen Erkrankung an und fixiert den eigentlichen Krankheitsverlauf schriftlich. Aus dem Ergebnis entsteht ein Brief an einen Adressaten in Ostpreußen. Der Brief wird zu einem Zeitschriftenartikel, der unter der Überschrift „Psychologische Beschreibung seiner eignen Krankheit von Herrn *D. Markus Herz* an Herrn D. J. in Königsberg" im Magazin erscheint. Einem Leser der ersten Magazinnummer glückt es, das Gelesene mit eigenen Erfahrungen zu verbinden. In seinem Brief an das Magazin heißt es:

„Als ich vor einiger Zeit das erste Stück Ihres Magazins zur Erfahrungsseelenkunde zu lesen bekam, war mir eben ein Vorfall begegnet, den ich Ihnen sogleich als einen Beitrag zu dem psychologischen Problem: ob die Seele (wenigstens hie und da irgend eine und die andere) ein Vorhersehungsvermögen habe, zuzuschicken mir vornahm".[18]

Unter den Einsendungen befindet sich etwa auch das Protokoll einer Lesung: „Beispiel einer außerordentlichen Vergessenheit. Der literarischen Gesellschaft zu Halberstadt vorgelesen am 23. Febr. 1784".[19]

Wer sind die Autoren des Magazins zur Erfahrungsseelenkunde? Es sind zum einen professionelle Autoren, die sich von Berufs wegen Gedanken zur Erfahrungsseelenkunde machen und in der Ausübung ihres Berufs mit Problemen des Seelenlebens konfrontiert werden. Zu dieser Gruppe gehören Erzieher und Pädagogen. So finden sich Beiträge von Lehrern des Gymnasiums zum Grauen Kloster zu Berlin oder von Mitarbeitern des Schindlerischen Waisenhauses in Berlin. Eine andere Gruppe bilden jene Autoren, die nicht in umittelbarer professioneller Berührung mit der Erfahrungsseelenlehre stehen, sondern sich als Wissenschaftler, Philosophen oder Intellektuelle ohne eindeutige berufsmäßige Bindung zu Problemen des Seelenlebens hingezogen fühlen. Einer von ihnen ist Karl Friedrich Pockels, der sich durch seine Magazin-Beiträge einen guten Ruf als Psychologe erwirbt, den er durch Monographien wie die *Denkwürdigkeiten zur Bereicherung der Erfahrungsseelenkunde und Charakterkunde* und die *Neuen Beiträge zur Bereicherung der Menschenkunde überhaupt und der Erfahrungsseelenlehre insbesondere* bestätigt. Marcus Herz liefert 1786 einen *Versuch über den Schwindel*, der 1791 in zweiter Auflage erscheint, und schreibt Beiträge für das Magazin.

Andere Autoren, die diesem intellektuellen Feld angehören, ohne mit eigenen Artikeln im Magazin vertreten zu sein, werden in den Anmerkungen angeführt, ihre Schriften dem Publikum empfohlen. So Georg Friedrich

Meier, dessen *Theoretische Lehre von den Gemütsbewegungen überhaupt* 1744 erschienen war, so Johann Gottlob Krüger, Verfasser einer 1756 erschienenen *Experimentalseelenlehre*. Krüger wendet sich gegen die literarische Unaufrichtigkeit seiner Zeit und erhofft sich von seinem Leser ein Bekenntnis zur psychologischen Wahrhaftigkeit. Er möge sich für Verstand, Phantasie und Herz interessieren anstatt für „alle die empfindelnden Romane unserer Zeiten", heißt es in der Vorbemerkung zu seinem Buch *Träume*.[20] J. Chr. Hennings wird zitiert, der 1777 mit seinen *Ahnungen und Visionen* hervorgetreten war, ebenso Dietrich Tiedemann, der in den 80er Jahren seine *Beobachtungen über die Entwicklung der Seelenfähigkeiten bei Kindern* publiziert und 1804 ein *Handbuch der Psychologie, zum Gebrauche bei Vorlesungen und zur Selbstbelehrung bestimmt* vorlegt.

Für den Charakter und die Charakterisierung des Magazins ist es beinahe gleichgültig und beliebig, welche Autoren mit einem Beitrag vertreten sind und welche nicht. Es mag eine zufällige Entscheidung gewesen sein, daß etwa Lavater und Obereit mit je einem Artikel ins Magazin gelangt sind. Wenn einer dieser beiden Autoren als Mitarbeiter des Magazins bezeichnet wird, wie es Promies tut[21], wenn man also einem unerheblichen Zufall eine herausgeberische Absicht unter schiebt, so verkennt man den eigentümlichen Charakter des Magazins. Dörner scheint dessen Eigenart durchaus anzuerkennen; um so verwunderlicher ist es, wenn er bei der Aufzählung der Magazinautoren die wissenschaftlichen und professionellen anführt und alle anderen unerwähnt läßt. So schildert er das Magazin letztlich doch als eine wissenschaftliche Zeitschrift[22], obwohl die Inspiration der Beiträge und die angespannte Aufmerksamkeit, die sie bei ihren teils wissenschaftlich unbelasteten Lesern hervorrufen, darauf hinweisen, daß das Magazin als eine wissenschaftliche Zeitschrift nicht gelesen werden kann.

Das Magazin fasziniert unmittelbar. Und es sind nicht so sehr die professionellen Beiträge, deren Verfasser sich mit wissenschaftlicher Distanz über die psychischen Probleme anderer gebeugt und aus ihnen geschöpft haben, die diese Faszination bewirken. Moritz ist stets bemüht, sein Magazin nicht zu einem Sammelbecken für wissenschaftliche oder ähnliche Beiträge zu verengen. Er appelliert an alle Erzieher, Lehrer, Eltern und Prediger, ihre Erfahrungen mit Seelenkrankheiten mitzuteilen. Und er geht noch einen Schritt weiter und bietet Raum für die Berichte derer, die den Erziehern, Lehrern und Eltern anvertraut sind, die ‚Opfer', die Zöglinge, Schüler und Kinder. Die Faszination des Magazins geht denn auch von der Nähe vieler Beiträge zur Lebenswirklichkeit aus, von der unmittelbaren Berührung und Berührtheit, die viele Autoren an die beschriebenen Probleme bindet. Es ist diese Nähe zur Wirklichkeit des Alltags derer, die ihm ausgeliefert sind, die das Magazin insgesamt so anziehend macht, nicht die Nähe zur Wirklichkeit der Wissenschaftler, Spekulanten und Intellektuellen, die über den Alltag schreiben, indem sie sich über ihn erheben.

Die Autoren dieser Beiträge sind die Betroffenen selbst. Sie schreiben Briefe an den Herausgeber des Magazins, in denen sie von der Entwicklung ihres

Wahnsinns sprechen. Ein Jüngling schickt seine Genesungsgeschichte in Form eines ausführlichen Tagebuchs ein. Auf dem Totenbett schreibt ein Kranker eine Selbstbeobachtung nieder, gibt sie auf die Post und stirbt; das Magazin druckt sie. Im dritten Stück des ersten Bandes wird ein „Eigner Aufsatz von einem Selbstmörder unmittelbar vor der Tat" abgedruckt und anschließend in „Einigen Reflexionen über den vorhergehenden Aufsatz" kommentiert. Der Kommentator zitiert einen Satz aus des Selbstmörders Bericht und schreibt: „Dies ist das redliche Bekenntnis des Blutenden, der uns, meine Leser! hier zusammenbrachte. Wir haben ihn nun gesehen".[23] Und: „Dieser Tod ist wert des Anschauens des Weisen, wert der Betrachtung des Seelenarztes".[24] Die Psychologiehaltigkeit wird entscheidend, so auch im Falle des Briefs eines „Unstudierten", „der bloß nach seinem richtigen Gefühl, ohne vorgefaßte Meinungen, urteilt".[25]

Die Fälle des Selbstmörders und des Unstudierten verdeutlichen die Kriterien, die einer Entscheidung, einen Artikel ins Magazin aufzunehmen oder auf ihn zu verzichten, zugrunde gelegt werden. Nicht mehr die soziale Herkunft eines Autors oder sein sozialer Status gelten, sondern allein das Interesse, das ein Bericht für den psychologisch geschulten Fachmann oder den psychologisch aufgeschlossenen Laien wachrufen kann. Die Gemütsgeschichte eines spanischen Webers in Berlin wird für genauso mitteilungswürdig befunden wie des reputierten Philosophen und Arztes Markus Herz Beschreibung der eigenen Krankheit. Nicht wegen seiner wissenschaftlich-psychologischen Kompetenz wird Herz' Beitrag gedruckt, sondern wegen der in ihm verarbeiteten Erlebnisse. Darin steht ihm der spanische Weber nicht nach. Auch in seiner Geschichte werden seelische Erfahrungen vorgefunden, und dieser Fund rückt des Webers sozialen Status in den Hintergrund.

Ein ehemaliger Hypochonder reflektiert über sich und sein Verhältnis zur überwundenen Krankheit, Wahnsinnige teilen sich mit, Träumende erzählen, und ein spätes Heft des Magazins schildert eine den Betroffenen verwirrende homoerotische Leidenschaft. Die Schilderung endet mit einer doppelten Frage: „Hat man schon Beispiele von einer so seltsamen Verirrung der menschlichen Natur? und wie wäre meinem Freunde zu helfen?"[26] Der Fragende konnte sicher sein, daß ihm Antwort zuteil werden würde. Und so geschieht es, im folgenden Heft findet er einen Beitrag, der ihn befriedigen muß. Er beginnt mit den Worten: „Meine eigene Geschichte bejaht diese Frage".[27] Was gab dem Fragenden die Sicherheit, woraus zog er seine Zuversicht? Er stellte sich darauf ein, daß es innerhalb der Leserschaft jemanden gebe, der sich für seine Problematik interessierte und bereit sei, auf sie einzugehen. Ein betroffener Autor wünscht sich einen verstrickten Leser; er erhält ihn.

Der Vielfalt des Magazins entspricht die Inhomogenität seines Publikums. Es möchte sich einer breiten Leserschaft gegenüber offenhalten und wird daher als ein „Lesebuch für Gelehrte und Ungelehrte" – so der Untertitel –

präsentiert. Leser und Autoren sind nicht strikt voneinander getrennt, oft sind sie identisch. Die Beiträge des Magazins regen seine Leser zu Stellungnahmen an, stimulieren sie zu Briefen an das Magazin. Die Leserbriefe werden in großem Umfang gedruckt und nehmen in der Regel den Status eigenständiger Artikel an. Der von Moritz angestrebte Informationstausch gelingt, Leser werden zu Autoren.

Bereits im zweiten Heft des ersten Bandes beginnt der Mechanismus zu funktionieren. „Zu Ihrer Nachricht von dem Leben des Herrn Klug", beginnt ein Brief an den Herausgeber, „liefere ich Ihnen ein Pendant."[28] Früh zeigt es sich, daß das Magazin von seinem Publikum angenommen wird. Große Teile des Lesepublikums können sich mit dem Magazin identifizieren; sie erarbeiten eigene Beiträge. Leser, Autoren, Herausgeber bilden nun so etwas wie eine Diskursgemeinschaft, die vom Vertrauen in die Richtigkeit und Wichtigkeit der gemeinsam vorgestellten und verantworteten Probleme getragen wird. Wie ist es dazu gekommen? Im wesentlichen beruht die Grundlage der Diskursgemeinschaft auf der Ähnlichkeit zwischen den von den Teilnehmern gelesenen und den von ihnen gemachten Erfahrungen. Die vom Magazin ermittelten Kenntnisse und Einsichten sind durch die vom Leser erworbenen Erfahrungen belegt und bestätigt. Dinge werden ausgesprochen, die die Leser selbst längst als besprechungs- und beschreibungswürdig empfunden haben. Der empfindsame Bürger liest, daß er sich und seine Umwelt in einer Weise erfährt, in der auch andere sich und ihre Umwelt erfahren. Er fühlt sich mit seinen Selbsterfahrungen verstanden, und dieses Gefühl tröstet ihn. Er gibt ihm Ausdruck:

> „Dank sei Ihnen, daß Sie es wagten, ein eigenes Magazin für Kranke anzulegen, aus welchem diejenigen, denen das Erforschen ihres Ichs eine angelegentliche und ernsthafte Sache ist, Rat und Trost sich herholen können, wenn sie bei dem schweren Geschäfte der Selbstprüfung auf solche gefährliche Pfade geraten, wo ohne Leitung ihr Untergang mehr als wahrscheinlich sein würde".[29]

Der Wunsch nach der Beschäftigung mit dem eigenen Ich braucht beim Leser des Magazins nicht erst geweckt zu werden. Er ist vorhanden, und das Magazin kommt dem Bedürfnis nach Selbstäußerung und Selbstentäußerung zunächst vermittelt entgegen, indem es den Leser im Autor sich wiedererkennen läßt. Es kommt dem Bedürfnis schließlich unmittelbar nach: der Leser wird selbst zum Autor.

Formulierungen zu einer wissenschaftlichen Psychologie

Das Magazin zur Erfahrungsseelenkunde erscheint von 1783 bis 1793. Am Ende, das mit Moritz' Tod zusammenfällt, ist die Zeitschrift nicht mehr das, was sie am Beginn war. Ihr Wandel soll im folgenden beschrieben werden.

Gleich im ersten Heft betont Moritz seinen Wunsch, das Magazin nicht allzu intellektualistisch werden zu lassen: „In einem Magazin der Erfahrungsseelenkunde müssen, insbesondere anfänglich, der eingestreuten Reflexionen so wenige als möglich sein. In der Folge kann es immer mehr durch wichtige Reflexionen und wichtige Fakta wachsen, die sich wechselseitig einander zu Hilfe kommen".[1] Er entwirft eine Gliederung seiner Zeitschrift und verteilt ihre Beiträge auf mehrere Rubriken: Seelenkrankheitskunde, Seelennaturkunde, Seelenzeichenkunde, Seelendiätetik und Seelenheilkunde. Es soll diese keineswegs eine endgültige Einteilung sein, sondern sie soll offen für notwendig werdende Veränderungen bleiben: „Zu einem solchen Entwurfe habe ich es gewagt, (diese) Grundlinien auf gut Glück zu ziehen, und werde mit der größten Gleichgültigkeit eine nach der anderen wieder auslöschen, sobald sich Fakta einfinden, welche dagegen streiten".[2]

Zunächst bewährt sich diese Einteilung, und sie kann für die ersten drei Bände beibehalten werden. Der vierte Band beginnt mit einer „Revision der ersten drei Bände dieses Magazins". Allmählich ist Moritz über einen Umstand, den er zunächst förderte, nicht mehr froh. Die meisten der eingesandten Beiträge sind für die Rubrik Seelenkrankheitskunde bestimmt, die wenigsten für die Seelennaturkunde. Auf diese Weise hat sich eine gewisse Einseitigkeit des Magazins eingestellt. In der überwiegenden Zahl sind die Artikel Beschreibungen pathologischer Phänomene, die sich mit Freude am Detail und voller Lust dem Grauen hingeben und eher spielerisch als erhellend mit ihm umgehen.

Durch das Übergewicht derartiger Artikel ist das Magazin ganz allmählich in die Nähe von Publikationen gerückt, die nicht auf die Erhellung der Dunkelseiten des Wahnsinns abzielen, sondern sensationslüstern den modischen Bedarf des Lesepublikums am Schauerlichen abdecken. Der Wahnsinnige als Held schrecklicher behaglicher Geschichten, wie er etwa in Spieß' *Biografien der Wahnsinnigen*[3] präsentiert wird, sollte im Magazin nicht auch noch durch den seriösen Kontext aufgewertet und stabilisiert werden und von den tatsächlichen und ernsten Problemen des Wahnsinns ablenken.

Den Zusammenhang zwischen der Popularität des Wahnsinns und dem

Scheitern der Wissenschaftler an ihm sieht Moritz wohl und zieht aus der Einsicht eine doppelte Konsequenz. Der auf Unverständnis beruhenden öffentlichen Neugierde gegenüber dem Wahnsinn will er den Boden entziehen. Außerdem will er die Versuche, den Wahnsinn zu begreifen, zunächst einstellen und durch eine intensive Auseinandersetzung mit den erklärbaren Grundlagen, die der Wahnsinnige verlassen hat, ersetzen. Wenn die angenommene Identität des Wahnsinnigen sich dem wissenschaftlichen Zugriff entzieht, so soll wenigstens die verlassene Identität gepackt werden. Das Magazin will daher das Studium der normalen „vorstellenden Kraft" stärker berücksichtigen, denn

„da nun das Wesen der Seele vorzüglich in ihrer *vorstellenden Kraft* besteht, so muß auch der Ursprung der Seelenkrankheiten in irgendeiner zur Gewohnheit gewordenen unzweckmäßigen Äußerung dieser Kraft zu suchen sein".[4]

„Der Wahnwitz ... kann also nicht Hauptgegenstand der Erfahrungsseelenkunde sein, sondern es kommt vorzüglich auf die Natur unserer vorstellenden Kraft, auf die Abweichungen und die gehörige Art des Einlenkens derselben an, wenn dies Studium so nützlich sein soll, als es doch wirklich sein kann".[5]

Die zunehmende Berücksichtigung der Seelennaturkunde schlägt sich äußerlich im geänderten Inhaltsverzeichnis nieder, das nicht mehr nach Rubriken unterteilt, sondern die Artikel fortlaufend anführt, um die Zusammengehörigkeit der einzelnen Wissensbereiche zu demonstrieren; um zu zeigen, daß Krankheits- und Naturkunde nicht voneinander zu trennen sind und diese für die Bereicherung jener nutzbar gemacht werden kann. Spätere Hefte übernehmen wieder die ursprüngliche Einteilung, lassen aber eine Verlagerung der den verschiedenen Bereichen zugesprochen Gewichtigkeit von der Krankheitskunde zur Naturkunde deutlich erkennen.

Über mehrere Hefte erstreckt sich die Revision der ersten drei Bände. Es wird der Versuch unternommen, das reichhaltige Material zu ordnen und unter verschiedenen thematischen Schwerpunkten zusammenzufassen.

Mit dem fünften Band tritt eine weitere Veränderung ein. Moritz nimmt einen zweiten Herausgeber, Carl Friedrich Pockels, hinzu, tritt eine mehrjährige Italienreise an und überläßt Pockels vom zweiten Heft an die redaktionelle Arbeit.

Pockels schreibt die Revision der ersten Bände in aller Ausführlichkeit fort, revidiert im siebten Band die Bände vier, fünf und sechs und die Revisionen der ersten Bände. Darüber hinaus verfaßt er einige ausführliche Artikel, die seine Vorliebe für psychopathologische Phänomene erkennen lassen. Sie bleibt auch Moritz nicht verborgen, der, aus Italien zurückgekehrt, eine Veränderung des von ihm begründeten Magazins wahrnimmt, die ihm unerwünscht ist. Im zweiten Heft des siebenten Bandes wendet er sich empört „an die Leser des Magazins zur Erfahrungsseelenkunde", drückt das Bedrohliche und Erpresserische an Pockels aus und erklärt seine Weigerung, das Magazin weiterhin gemeinschaftlich mit Pockels herauszugeben. Da es ihm nicht um die eigene Person oder die Pockels gehe, sondern um die „uneigennützige Wahrheitsliebe", hoffe er, daß Pockels ein eigenes psychologisches Journal herausgeben werde.

In dem dieser Beteuerung folgenden Heft bekennt sich Moritz zu seiner wissenschaftlichen und editorischen Position und legt sie in einer „Revision über die Revisionen des Herrn Pockels in diesem Magazin" ausführlich dar. Er beschuldigt Pockels, mit seiner schlichten und direkten Polemik gegen den Aberglauben diesem eher dienlich als hinderlich gewesen zu sein. Man dürfe nicht einfach sagen, der Aberglaube sei unsinnig, zumal eine solche Feststellung ein moralisches Urteil enthalte, das einem Magazin zur Erfahrungsseelenkunde gar nicht zustehe. Es habe sich keinerlei Wertung anzumaßen und müsse auch abstoßende Charaktere mit der gleichen Sorgfalt und Offenheit vorstellen wie wohlgefällige. „Man muß die Menschen überhaupt ... nehmen, wie sie sind".[6] Moralische Werturteile drückten eine Hilflosigkeit aus, „denn (etwa) der Aberglaube nützt die Schwäche und Oberflächlichkeit, womit seine Gegner gegen ihn anziehen, und hält das Ganze desto fester, was eine zu ohnmächtige Hand ihm entreißen wollte".[7] Mit dem Aberglauben habe Pockels die Sache des Magazins verfehlt, denn „der Mechanismus der Einbildungskraft läßt sich durch kein Räsonnement auseinanderlegen".[8]

Vor allem aber habe Pockels die Aufgabe eines Psychologen nicht begriffen, der „ja nicht zum Glaubensreformator bestellt (ist); er soll nur beobachten – ihm liegt ob, achtzugeben, wie die Dinge wirklich sind, und Untersuchungen anzustellen, warum sie so sind; nicht aber, zu bestimmen, wie sie nach seiner Meinung sein sollten".[9] Mit seinen moralisierenden Urteilen habe Pockels zwar keine wirklichen Ergebnisse vorgelegt, sie aber immerhin mit einer Bestimmtheit vorgetragen, die Diskussionen über ihre Triftigkeit oder auf sie aufbauende Untersuchungen durch verschiedene Leser des Magazins entbehrlich erscheinen ließen und abblockten. Damit sieht Moritz sein Konzept einer vielfältig offenen Zeitschrift bedroht: „Wenn man über seine Resultate so gewiß ist wie Hr. P. in den von ihm entworfenen Revisionen, so sind wir ja mit unseren Untersuchungen am Ende, und es bedarf weiter keines Magazins zur Erfahrungsseelenkunde".[10]

Im achten Band, den er wie den siebenten allein herausgibt, wiederholt er seine Kritik an Pockels. Gegen Aberglauben und Schwärmereien solle nicht mit Strafpredigten vorgegangen, sondern beide müßten als Gegenstände ruhiger Beobachtung aufgestellt und akzeptiert werden. Entsprechend bestimmt er den Zweck des Magazins:

> „Um nun aber das Ziel der Wahrheitsfindung sich nicht zu voreilig aufzustecken, ist der Weg der Erfahrung der sicherste, welcher freilich die Entstehung der Lehrgebäude hindert, aber dafür eine desto festere Grundlage macht, worauf man sicher fußen kann, ehe man weitergeht."[11]

Es erscheint zunächst überraschend, dann aber konsequent, daß Moritz für den neunten Band neuerlich einen zweiten Herausgeber engagiert. Es ist Salomon Maimon, der in einem Brief an Moritz die beiden gemeinsame Linie zeichnet: „Gesetzt wir hätten eine Erklärung der Seelengesundheit und folglich auch der Seelenkrankheit (der Abweichung vom vorigen Zustande) ausfindig gemacht..."[12] Salomon Maimon, dessen philosophische Schriften kaum Verbreitung fanden, ist im Deutschland des ausgehenden 18. Jahrhunderts der *Geschichte des eigenen Lebens* wegen gelesen und geschätzt worden. Moritz, der die erste Ausgabe dieser Lebensbeschreibung herausgibt, lobt sie als ein Werk, in dem der „echte Trieb nach Wissenschaft sich durch Hindernisse nicht abschrecken läßt, die unübersteiglich scheinen".[13]

Das Konjunktivische, das Möglichkeiten andeutet, ist es zum einen, was Maimon an Moritz bindet, zum andern der Wille, der Seelennaturkunde einen ganz herausragenden Raum zu geben (die Hefte 2 und 3 des neunten Bandes enthalten fast ausschließlich Beiträge zur Seelennaturkunde); und schließlich sind es noch die Bemühungen, das vielfältige Material stringent zu systematisieren, es fruchtbar zu machen und nichts von ihm einer persönliche Wünsche erfüllenden Polemik zu opfern.

In der Auseinandersetzung Moritz' mit Pockels und in der Einigung mit Maimon ging es um die Gestaltung des Magazins, um seinen intellektuellen Standort und um das ihm zugrundeliegende Wissenschaftsverständnis. Maimon, der neue Mitherausgeber, gilt Moritz als ein Garant jener wissenschaftlichen Offenheit, um die er sich so sehr bemüht und die ihm unerläßliche Voraussetzung zu sein scheint für die Aufbauarbeiten an der Psychologie, die am Anfang ihrer disziplinären Entwicklung steht: ihr Gegenstand ist nicht eindeutig bestimmt, ihre Methoden sind ausbaubedürftig und ihr Status ist offen.

Behutsamkeit als wissenschaftliche Taktik empfehle sich aufgrund der Komplexität des Gegenstandes: „Da die Krankheiten der Seele aus verschiedenen Ursachen entstehen, so gibt es auch gewiß gegen dieselben kein Universalmittel, sondern der moralische Arzt muß diese Krankheiten nach ihren Erscheinungen, nach ihren Ursachen und Folgen studieren".[14]

Die immer wieder bereits im Anfangsstadium stockenden Annäherungen an den Wahnsinn führen schließlich zu einer Abkehr von den Seelenkrankheiten, zu einer Entfernung vom psychopathologischen Bereich insgesamt. Kennzeichnend für diese Bewegung ist etwa Moritz' Versuch, das Übersinnlich-Irrationale, wie es sich in Ahnungen und Visionen ausdrückt, durch einen komplexen und systematischen Zugriff in seine realen Bestandteile zu zerlegen und auf eine reale psychologische Basis zurückzuführen.

Kennzeichnend ist ferner ein Wechsel des Personals im Magazin: Die exotischen Wahnsinnigen weichen zunehmend einem Personenkreis, dessen wissenschaftliche Ergiebigkeit sich nicht hinter kaum dechiffrierbaren Reizen verbirgt. Zunehmendes Interesse erfahren Individuen, die in einem eingegrenzten Funktionsbereich gestört sind, in anderen weiterhin normal funktionieren oder übernormal funktionieren aufgrund einer Kompensationsleistung, die die gesunden Bereiche für die erkrankten übernehmen müssen. Die Hyperfunktionen rücken in das Blickfeld des Psychologen, während die Dysfunktionen aus ihm verschwinden.

Der Taubstumme ist ein solches Individuum, und er besetzt im Magazin die Rolle des Helden. Zunächst scheint er sich in seiner Dysfunktionalität zur Untersuchung anzubieten. Aber es wird anderes von ihm erwartet, und andere seiner Eigenschaften als die sich unmittelbar anbietenden finden Interesse.

„Die Taubstummen sind unstreitig ein sehr merkwürdiger Gegenstand für den Psychologen, und genaue mit Scharfsinn über sie angestellte Beobachtungen würden mir viel willkommener als Geschichten von Geisteserscheinungen und Ahndungen sein, die nicht einmal in dieses Magazin gehören."[15]

Während die Zeichen des Wahnsinns als Antizeichen psychologischer Normalität verstanden werden, liefern die Taubstummen besonders deutliche und sinnfällige Zeichen psychischer Funktionen. Die vielen Magazin-Beiträge zur Problematik des Taubstummseins versuchen aus der Zeichengebung der Taubstummen auch auf das Bezeichnete zu schließen und das neue Verhältnis zwischen beiden zu generalisieren. Es entsteht so die Frage nach den Ausdrucksformen der menschlichen Seele, nach den beobachtbaren psychischen Phänomenen, nach den Symbolmodi der menschlichen Psyche, nach den Verengungen, die solche Symbolisierungen enthalten, nach den psychischen Formalisierungen.

Die Taubstummenforschung bietet gegenüber der Erforschung des Wahnsinns einen entscheidenden Vorteil: Ihre Ergebnisse lassen sich untransformiert für die Psychologie der Normalität nützen, während die Resultate, die sich aus der Erforschung des Wahnsinns ergeben, zunächst einmal aus ihrer ‚Negativität' gelöst und in eine ‚Positivität' umgepolt werden müssen. „Der Taubstumme bezeichnet z.B. einen Arzt durch einen Griff mit der Hand an den Puls, was bleibt ihm nun übrig, das wirkliche an den Puls Greifen des Arztes zu bezeichnen?"[16] Wenn die Taubstummen einen Teil des Ganzen zum Zeichen des Ganzen machen, werfen sie paradigmatisch die Frage auf, „ob unsere Seele einen einzigen Begriff ohne symbolische Erkenntnis oder Selbstdenken ... haben könnte".[17] Symbolische Zeichen informieren die anderen, Symbolisierungen ermöglichen die Wahrnehmung durch die anderen und bilden neben der Selbstbeobachtung das Material, das der Psychologe bearbeitet.

Die empirische Wirklichkeit des Psychologen wird durch die Zeichen und Symbole, die das Individuum für psychische Vorgänge findet, hergestellt. Dabei können die Zeichensysteme durchaus unvereinbar erscheinen mit der Wirklichkeit des Psychologen, müssen aber als Binnenrealität anerkannt werden:

„Ganz anders verhält sich's im Traume. Hier denken wir uns gemeiniglich alle jene ganz ungewöhnlichen neuen Bilder als Realitäten, als Objekte wirklicher Erfahrung, weil wir doch, indem wir träumen, wirklich zu wachen glauben, und zweifeln nicht daran, daß sie als wirkliche Dinge so und nicht anders beschaffen sein können, ob wir gleich, sobald wir erwachen, eine ganz andre Meinung und Überzeugung davon haben."[18]

Mit der Anerkennung verschiedener psychischer Realitäten werden auch verschiedene Symbolmodi als Ausdrucksformen menschlicher Psyche in den Gegenstandsbereich der (im Magazin vorgestellten) Psychologie einbezogen. Im Vordergrund des Interesses steht die Frage nach dem Mitteilungsgehalt der symbolisch verarbeiteten Ausdrucksformen. Die zunehmende wissenschaftliche Distanzierung vom Wahnsinn, einem chiffrierten System mit vielfältigen Ausdrucksformen, nähert die psychologische Neugier (über die Taubstummensymbolik) schließlich einem Ausdruckssystem, das als schlüssig und erschließbar gilt, der Sprache. Sie wird als ein „Abdruck der menschlichen Seele ..., von welcher sie uns in ihren Fugen und geheimen Verbindungen ein getreues Gemälde darstellt"[19], gesehen. Der Sprache wird im Magazin eine ganz ungewöhnliche Aufmerksamkeit zuteil, und nahezu jedes Heft enthält eine längere Ausführung zur „Sprache in psychologischer Rücksicht". Moritz unternimmt mit großer Ausdauer den Versuch, im Gebrauch der Alltagssprache psychische Bräuche zu entdecken.

Im ersten Heft beschäftigt er sich mit den unpersönlichen Zeitwörtern, „insofern sie entweder Veränderungen außer uns in der Natur oder Empfindungen und Veränderungen in uns selber bezeichnen, die nicht von unserer Willkür abzuhängen scheinen".[20] Den Mangel an Kontrolle führt er auf einen Mangel an Wissen zurück:

„Nur im höchsten Notfalle bedient sich die Sprache der unpersönlichen Zeitwörter, wenn uns nämlich z.B. selbst die nächste Ursache einer Veränderung oder Erscheinung in der Natur nicht einmal bekannt ist, wie bei den Erscheinungen, die man Geistern zuschreibt, wo man z.B. sagt: *es wandelt, es geht um*, u.s.w. und auf diese Weise durch das unpersönliche *es* das *unbekannte Etwas* bezeichnet, welches vor uns in Dunkelheit gehüllt ist."[21]

Für Moritz ist das ‚es' die Bezeichnung für ein anderes, für etwas Unbekanntes. Die unpersönlichen Zeitwörter bezeichnen „Veränderungen und Erscheinungen *in uns* selber, entweder im Körper oder in der Seele, die nicht von unserem Willen abhängig sind, ... und diese verdienen freilich in psychologischer Rücksicht, die meiste Aufmerksamkeit".[22] Moritz' Gedanken scheinen sich auf ein energetisches Konzept zuzubewegen, denn er stellt das ‚es' in eine Beziehung zum ‚Ich':

„In dem Ausdruck *es freuet mich* denke ich mir unter dem *es* eine Gedankenreihe, welche erst in meine Seele *kommt*, unter *mich* das ganze System der Gedanken, welche schon in meiner Seele *sind*, und unter *freuet* nichts als das Verhältnis zwischen beiden, wodurch in dem letztern Zusammenhang und Harmonie auf eine dunkle und plötzliche Art befördert oder hergestellt wird."[23]

So bestimmt Moritz das Ich als das persönliche Bewußtsein, das vom Zusammenhang aller Vorstellungen getragen wird, und ergänzt, „daß wir durch das unpersönliche *es* dasjenige anzudeuten suchen, was außer der Sphäre unsrer Begriffe liegt und wofür die Sprache keinen Namen hat".[24]

Für die Charakterisierung der Beziehungen der verschiedenen psychischen Funktionen untereinander skizziert Moritz ein Modell wechselseitiger Beeinflussungen:

„Es läßt sich aber begreifen, daß die widerspenstige Vorstellung nicht immer sofort weichen wird, sondern auch zuweilen in dem ersten Kampfe obsiegen und einen organischen Stoß hervorbringen kann, den der herrschende Teil des *Ichs* ganz verkennt und seinem Endzwecke zuwider findet."[25]

Konflikte interpretiert Moritz als die Wirkungen, die verschiedene, einander widerstrebende Kräfte im Individuum hervorrufen. So wird etwa die Selbsttäuschung auf einen solchen Konflikt zurückgeführt. Wenn die Täuschung eines anderen Vorteile bringe, müsse auch die Selbsttäuschung Vorteilhaftes einbringen; andererseits wolle niemand sich selbst betrügen und unterlasse alles, was zum Selbstbetrug führen könne. Dennoch komme es zur Selbsttäuschung: Ausdruck eines ungelösten Konflikts. Das ihm zugrundeliegende Modell geht von der Unvermeidlichkeit eines eigentlich unerwünschten Verhaltens aus, das zwar eine unmittelbar notwendige psychische Funktion erfüllt, aber in einem Gegensatz zu übergeordneten mittelbaren Funktionsnotwendigkeiten und -wünschen, die erst noch verwirklicht werden sollen, steht.
Moritz beschreibt den Einfluß des Unbewußten auf das Bewußte, wenn er eine Beziehung zwischen dunklen und hellen Ideen einführt: Im Anschluß an die Schilderung einer Selbstbeobachtung heißt es:

„Folgt nicht aus dieser Erzählung, daß die *dunkeln Ideen*, solche nämlich, deren Entstehen und Verhältnisse wir nicht genau kennen, uns oft zum Handeln determinieren? Folgt nicht ferner, daß die dunkeln Ideen und Vorstellungen, wenn sie nur die *lebhaftesten* sind, uns zu Handlungen zwingen, die uns klare Ideen widerraten?"[26]

Der Mensch befindet sich in einem Labyrinth, schreibt Moritz, aus dem er ohne Hilfen nicht hinausfinde. Das Wirrwarr habe sich seit den Tagen der Kindheit gebildet, und ein wesentliches Mittel, es zu entwirren, sei die Erinnerung an die Kindheit. Die echten Erinnerungen reichten dazu oft nicht aus, sie müßten mit Hilfe ‚unechter Erinnerungen', durch Erzählungen Dritter induzierter, ergänzt und gefördert werden. „Wir knüpfen daher den Faden *der Geschichte* an, wo der Faden unsre(r) eignen Rückerinnerung reißt."[27] So soll die mangelhafte Erinnerungsfähigkeit durch die Geschichte, durch die Erzählungen anderer substituiert werden. „Man sieht ..., wie wir durch die *Erzählung andrer* oder durch die *Geschichte* gleichsam *zurückleben* und die Eindrücke, welche wir auf die Weise erhalten, beinahe den *wirklichen sinnlichen* Eindrücken an Lebhaftigkeit gleich werden können."[28] Andere mit ihren Erzählungen müßten in Anspruch genommen werden, wolle das Individuum seine psychische Geschichte besser verstehen. Dies bestätige alle bisherige Erfahrung: „Noch gab es keinen Theseus, der aus diesem Lebenslabyrinth den Ausweg durch Rückerinnerung gefunden hätte".[29] Auffällig ist, daß Moritz zur Beschreibung einer psychischen Struktur sich einer mythologischen Erzählung als Modell bedient.
Die Erinnerung, so Moritz, treibe den Menschen immer an einen Punkt, an dem es scheint, „als ob man nahe dabei wäre, einen undurchdringlichen Vorhang aufzuziehen, der einem vor den Augen hängt, wovon man aber immer, ohne zu wissen wie, unvermerkt wieder abkommt".[30] Die Grenze der Selbsterforschung kleidet Moritz in die Metapher des Vorhangs, und die Überwindung dieser Grenze erhofft er durch die Erzählung eines an-

deren, durch das Sprechen eines anderen. Moritz fragt sich nach der Bedeutung und dem Einfluß, die Kindheitserlebnisse für das gegenwärtige Leben bekommen, und er problematisiert, wieso sie zur Grundlage der Ideen werden und sie in eine Richtung führen, die sie ohne sie nicht einschlügen.

Es sind dies gedankliche Ansätze und Konzeptionen, die nicht mehr das wahnsinnige oder auf andere Weise auffällig gewordene Individuum zum Gegenstand haben, sondern das unauffällige, normale Individuum. Ich habe bereits eine Entwicklung des Magazins erwähnt, die Interessenverlagerung der Beiträge von den nicht dechiffrierbaren Zeichensystemen der Wahnsinnigen über partiell ergiebige Systeme, wie sie in der Taubstummeninteraktion erkennbar sind, zu solchen, die einfacher zu entschlüsseln scheinen, zu den Systemen der Normalen. Mit der ‚Normalisierung' der behandelten Zeichensysteme wird allmählich das psychopathologische Interesse zugunsten des psychologischen aufgegeben, das nun der Normalität gilt. Moritz repräsentiert diese Wendung. Er entdeckt die „Wonnen der Gewöhnlichkeit" (Th. Mann), deren Ergiebigkeit im ersten Band des Magazins noch erst vermutet wird:

„Vielleicht gewinnt die Seelenlehre durch die Beobachtung ganz gewöhnlicher Wirkungen unsrer Seele, die jeder bei sich selbst und bei anderen leicht anstellen und prüfen kann, ebensoviel oder mehr als durch die Bemerkung außerordentlicher Erscheinungen, die zwar oft eine ganz neue und unerwartete Aussicht eröffnen, aber teils nicht selten zweifelhaft sind, teils sich nicht wiederholen lassen, so daß man meistenteils die gefundene Spur nicht weit verfolgen kann."[31]

Später verdichtet sich die Vermutung zur Gewißheit. Der durchschnittliche Alltag eines gewöhnlichen Menschen findet die Aufmerksamkeit des Psychologen. Nur wird nicht von einem unauffällig-harmonischen Ablauf des Alltags ausgegangen, sondern von den Gefährdungen, die er für das Individuum bereithält. Die Gewöhnlichkeit bietet nicht mehr unbedingte Sicherheit; oft genug läßt sie die in sie Verstrickten scheitern. Die sozialen Brechungen, die das psychologisch Normale erfahren kann und erfährt, interessieren. Nicht länger wird in der Tüchtigkeit der psychischen Funktionen eine Garantie der Normalität insgesamt gesehen. Die Fälle psychischer Anormalität, die Wahnsinnigen, Taubstummen werden zunehmend durch Fälle sozialer Anormalität ergänzt, in der psychische Normalität gewahrt werden kann.
Das Magazin schränkt die Thematisierung der Randgruppenproblematik nicht mehr auf den psychologischen Bereich ein, sondern bezieht soziale Abweichungen ein. Dazu gehört die Beschäftigung mit Mördern, Selbstmördern, Kindesmördern, Dieben, anderen Verbrechern und Zuchthäuslern. All diese Charaktere rücken auf das Feld des Psychologen, der seinen Blick nun diesen Spielarten der Normalität, den Abweichungen von der Normalität, die aber diesseits der Grenze zur psychologischen Anormalität angesiedelt sind, zuwendet. Andere Randgruppen, seien sie über ökonomische oder über sexuelle Abweichungen definiert, werden den Verbrechern be-

nachbart. Erfahrungen, die Angehörige solcher Minderheiten mit der Mehrheit machen, werden problematisiert, ihre Schmerzhaftigkeit wird als ein Problem der Mehrheit zugeordnet, so in der Darstellung eines ,,Einsiedlers im Stadtgetümmel", der mit den Zivilisationserscheinungen, die von der Mehrheit als Fortschritt der Menschheit gefeiert werden, nicht zurechtkommt.

Wie kommt nun der Psychologe mit sich abweichend verhaltenden Individuen zurecht? Im Magazin wird der Anspruch formuliert, die Randgruppen vom Rande der Gesellschaft in ihre Mitte zu holen, die Verbrecher, die Armen, die Kranken zu integrieren. Dazu bedarf es eines Verfahrens, das das Hereinholen der Außenstehenden legitimiert, das die Ähnlichkeit zwischen den einen und denen, die so ganz anders sind, nachweist. Die Psychologie stellt es bereit. Die Anderen werden psychologisch legitimiert, ihrem abweichenden Verhalten wird eine psychologische Basis unterlegt. Und nicht nur das: Ihrem Verhalten wird eine psychologische Funktionalität zugesprochen, die die Ausweglosigkeit der Situation der abweichenden Individuen belegen, die Alternativelosigkeit ihres Verhaltens nachweisen soll und insofern an die Stelle einer nun überholten Schicksalskonzeption tritt.
Auf diese Weise gelingt der Psychologie mit dem ‚asozialen Charakter' etwas, was ihr mit dem ‚apsychischen Charakter' nicht glücken wollte: Es gelingt, die Zugehörigkeit bestimmter Randgruppen der Gesellschaft zu der psychologischen Gemeinschaft der Zentrumsgruppen nachzuweisen und damit den Bereich der psychologischen Normalität von ihren Rändern her zu bestimmen. Wenn es also im Magazin heißt, „daß jedes Laster eine Seelenkrankheit sei"[32], dann ist der Triumph dessen nicht zu übersehen, dem die Erklärung einer spezifisch geprägten Seelenkrankheit gelungen ist und dem ihre Heilung nicht mehr mißlingen kann.
Genausowenig bleibt allerdings die Enttäuschung verborgen über die nach wie vor kaum überbrückte Distanz zwischen Wissenschaft und Wahnsinn. Die wissenschaftlichen Ambitionen, den wahnsinnigen Anderen zu erklären, haben sich nicht verwirklichen lassen. Sie werden vom Wahnsinnigen abgezogen und auf einen Anderen übertragen, der schönere Erfolge und geringere Widerstände in Aussicht stellt. Sinn und Intention des Wahnsinns bleiben verschlüsselt, er wird als eine besonders verzerrte Ausprägung des eigentlich Menschlichen betrachtet. In dieser Entwicklung darf kein bewußt intendierter Prozeß gesehen werden, kein geplanter wissenschaftlicher Wandel in der Psychologiegeschichte. Die die Psychologie um 1800 kennzeichnende Abkehr vom Wahnsinn, wie sie in der Moritzschen Erfahrungsseelenkunde repräsentiert ist, gehört zu den „professionellen Abwehrstrategien, die in den Wissenschaften gegen angsterregendes Material entwickelt werden".[33]
Lepenies unterscheidet mit Devereux zwischen einer „bewußt-sublimatorischen und einer unbewußt-defensiven Angstabwehr"[34] und sagt bezüglich der Wissenschaftsentwicklung: „im Übergang zur Moderne ist in einzelnen Disziplinen die Veralltäglichung des Außerordentlichen in inszena-

torischer Form Voraussetzung des Reputationserwerbs, als dauerhaftes Alltagshandeln Vorbedingung der Reputationssicherung".[35] In der Erfahrungsseelenkunde fallen beide Tendenzen zusammen: Zum einen wird das ängstigende Material des Wahnsinns abgewehrt und zurückgedrängt, zum anderen wird ein Material herangezogen, das der Wissenschaft Reputation garantiert. Die Lasterhaften anzunehmen gelingt dem Psychologen leichter, weil er sie verstehen kann. Die Wahnsinigen bleiben ihm fremd, und wenn er sie dennoch zu akzeptieren sucht, so aus einer Mitleidshaltung, einem moralischen Impetus heraus, in dem sich seine Hilflosigkeit und sein Selbstmitleid ausdrücken. Sinn und Zweck des Wahnsinns bleiben ihm verschlüsselt, er betrachtet ihn als eine besonders verzerrte Ausprägung eines ‚eigentlich Menschlichen'.
Vom Wahnsinnigen geht eine Irritation aus, die der Psychologe sich nicht erklären kann, die er aber beherrschen möchte. Die Unvernunft stellt eine Herausforderung an die Vernunft dar, der sie nicht gewachsen ist und der sie sich nicht entziehen kann. Disziplinäre Prozeduren treten an die Stelle des Verstehens.[36]

Entwicklungspsychologie und Entwicklungsroman

Diesen Prozeduren werden am Ende des 18. Jahrhunderts nicht nur die Wahnsinnigen unterworfen, sondern auch die Kranken, die Delinquenten und die Kinder.[1] Die psychlogischen Ordnungsvorstellungen selbst gesellen den Wahnsinnigen die Kinder zu. Ein Irrenarzt wird im Magazin gelobt: „Da er seine Kranken wie Kinder betrachtet, die ihrer Vernunft nicht mächtig sind, so beherrscht er sie durch Furcht".[2] Wie die Kranken sollen auch die Kinder unmündig gemacht und um so leichter ernstgenommen werden.

„Die ersten Jahre des Lebens, wahrlich sie sind die wichtigsten. Das entscheiden schon *Montaigne, Locke, Rousseau*, und Dank diesen und vielen anderen verehrungswürdigen Männern unserer Zeit, daß sie sich mit solcher Wärme der Säuglinge und Unmündigen öffentlich annehmen".[3]

Erinnerungen an die Kindheit und psychologischen Schilderungen individueller Entwicklungsvorgänge wird daher hohe Aufmerksamkeit zuteil.

In den *Hessischen Beiträgen zur Gelehrsamkeit und Kunst* werden von 1784 bis 1787 „Beobachtungen über die Entwicklung der Seelenfähigkeiten bei Kindern" veröffentlicht. Ihr Autor, Dietrich Tiedemann, vom Status her Professor der Philosophie in Marburg, durch seine Schriften aber als ein vielfältig interessierter Grenzgänger zwischen Kunst und Wissenschaft ausgewiesen, möchte mit der Publikation seiner eigenen Beobachtungen andere Wissenschaftler dazu auffordern, die ihren mitzuteilen:

„Daß andere ähnliche anstellen mögen, wünsche ich sehr; durch Vergleichung wird sich dann mehreres bestimmen lassen, und der wichtige, bisher noch zu wenig bearbeitete Teil der Seelenlehre, die Grundlage aller Pädagogik, der die Entwicklung der menschlichen Seelenkräfte untersucht, wird beträchtliche Fortschritte machen".[4]

Die seelische Entwicklung des Kindes sei weitgehend unerforscht geblieben, und dieser Mangel sei wesentlich auf den fehlenden Austausch bereits gewonnener Kenntnisse zurückzuführen. Das Ausbleiben einer wissenschaftlichen Kommunikation über Entwicklungsvorgänge im Bereich des Seelischen überrascht Tiedemann freilich nicht; denn andere Wissenschaftler seien gar nicht in der Lage, die Bedeutung ihrer Beobachtungen zu erkennen. Anders er selbst. Tiedemann sieht sich am Beginn einer wissenschaftlichen Entwicklung stehend, die nun nicht mehr das Kind als der menschlichen Gattung irgendwie fremd und bestenfalls als kleinen Erwachsenen betrachtet, sondern dazu übergeht, es in seiner Spezifität ernst zu nehmen und als eigenständiges Objekt wissenschaftlichen Handelns zu akzeptieren. Daß Tiedemann der alten, das Kind ausgrenzenden Auffassung zumindest sprachlich noch verbunden ist, wird in einer Formulierung deutlich, mit der er die menschliche Nahrungsaufnahme von der anderer Lebewesen abhebt: „Nicht so der Mensch, und das Kind, beide können auf einmal sich auf mehrere Stunden sättigen ...“[5]

Die Eigenart der seelischen Entwicklung des Kindes will Tiedemann verstehen. Die Darstellung seiner Beobachtungen zeigen den Autor in verschiedenen Positionen gegenüber diesem Objekt. Zunächst beschreibt Tiedemann seine Beobachtungen, er erzählt von dem, was er wahrnimmt. Dabei nimmt er die Position des ‚objektiven Beobachters‘ ein, der minutiös ein Geschehen verfolgt und registriert und alle ablesbaren Phänomene aufnimmt. Er bemerkt etwa, daß der Knabe sich gern frei bewegt, daß es ihm Lust bereitet, bestimmte Dinge zu lernen. Einige Monate nach der Geburt werden bestimmte Qualitäten festgestellt wie die Unzufriedenheit des Knaben, wenn er sich langweilt, sein Streben nach Unterhaltung oder seine Wißbegierde. Die sprachlichen Fortschritte werden festgehalten: „Wenn man ihn fragte, wo ist dies oder jenes, von den täglich vorkommenden und gegenwärtigen Dingen, wies er mit dem Finger drauf“.[6] Später vermochte der Knabe „bald auch einzelne Sätze (zu) verstehen, am 14ten wußte er schon, was es heißt, mach ein Kompliment, schlag die Fliege, welches er allemal richtig befolgte“.[7]

Aber bereits in die Darstellung der ‚reinen Beobachtungen‘ fließt ein wissenschaftliches Konzept ein, und auch die Wahrnehmungen selbst sind nicht beliebig und zufällig zustande gekommen. Sie folgen einem Muster und werden einer Zielsetzung zugeordnet. Tiedemann gliedert seine Beobachtungen nach zeitlichen Kriterien. Der gesamte Beobachtungszeitraum, nahezu drei Jahre, wird in einzelne Phasen unterteilt, für die jeweils eine bestimmte Verhaltensäußerung charakteristisch sein soll. Dazu müßten verschiedene Kinder in ihrer Entwicklung beobachtet und die Ergebnisse genauestens fixiert werden. „Dann läßt sich aus deren Vergleichung eine Mittelzahl für den gewöhnlichen Naturlauf herleiten“.[8] Damit sei die Norm einer kindlichen Entwicklung gewonnen, von der ausgehend Abweichungen vom Normalfall bestimmt werden könnten.

Allmählich verläßt Tiedemann die Beschreibungsebene und gibt die Position des ‚objektiven Beobachters‘ auf, und zwar desto entschiedener, je reichhaltiger und komplizierter das Material ist, das der Beobachtungsgegenstand liefert. Tiedemann wird zum teilnehmenden Beobachter, der nicht nur quasi-objektiv beobachtet, sondern Mutmaßungen über die Ursachen von Entwicklungseigentümlichkeiten anstellt, der Hypothesen bildet und Deutungen unternimmt.

Der Drang zu psychologischen Erklärungen läßt ihn unauffällige Indizien zu handfesten Thesen verarbeiten. Aus der Beobachtung etwa, daß der Knabe an einem angenehm schmeckenden Lappen intensiv lutscht, schließt Tiedemann, daß das Saugen erlernt und nicht angeboren sei. Das häufig beobachtete Greifen des Knaben wird ebenso gedeutet: „Wieviel Übung und vergebliches Versuchen erfordern also nicht selbst die Bewegungen, welche wir für die leichtesten und beinahe angeborenen halten!“[9] Tiedemann vollzieht den Übergang von der Beschreibung zur Benennung, wenn er erklärt: „Der Nachahmungstrieb entwickelt sich früh".[10] Er sichert Spuren und interpretiert sie:

„Von Träumen ward ... die erste wahrscheinliche Spur wahrgenommen; im Schlafe nämlich machte er mit dem Munde Bewegungen, als ob er söge. Ein Reiz im Magen oder im Munde erregte wahrscheinlich Gefühl des Hungers oder Durstes, und dies die Bewegung des Mundes zum Saugen, so daß er träumte, er sauge an der Brust".[11]

Aus dem teilnehmenden Beobachter wird schließlich der eingreifende Beobachter, der die Resultate seiner Eingriffe registriert. Tiedemann führt Experimente durch: „Am 28. April wurde ein fremdes Kind zum Scherz der Mutter an die Brust gelegt, der Knabe ward unruhig und suchte es wegzuziehen, obgleich er kurz vorher gesogen hatte".[12]

Damit steht ein breit gefächertes Methodenarsenal zur Verfügung. Es werden Beobachtungen gemacht und ihre Ergebnisse geordnet, es werden Hypothesen gebildet und durch Experimente überprüft. Vor allem aber bringt Tiedemann als teilnehmender und eingreifender Beobachter sich selbst in den wissenschaftlichen Vorgang ein. Wie sehr er sein Inneres in das des beobachteten Kindes einmünden läßt, wird an der folgenden Bemerkung erkennbar: „Man sieht ..., wie tief in der menschlichen Natur das Verlangen liegt, sich anderen mitzuteilen und anderer Anteil an dem, was uns einigermaßen interessiert, zu vernehmen".[13]

Das Verlangen des beobachteten Kindes und das Verlangen des beobachtenden Wissenschaftlers sind eins geworden, und aus der Psychologie der Entwicklung eines Kindes ist am Ende die Entwicklungspsychologie eines Wissenschaftlers geworden.

Größere Aufmerksamkeit als Tiedemanns Beobachtungen erlangt ein 1801 durch den französichen Arzt Jean Itard veröffentlichtes „Gutachten über die ersten Entwicklungen des Victor von Aveyron", dem er einige Jahre später einen „Bericht über die Weiterentwicklung des Victor vom Aveyron" folgen läßt.[14]

Spektakulärer sind Itards Berichte, weil sie der Entwicklung eins etwa elfjährig in den Wäldern von Aveyron aufgefundenen Wilden gelten. Wie Tiedemann führt auch Itard Versuche durch, treibt Studien, macht Beobachtungen, notiert die Ergebnisse ausführlich und penibel in seinem Tagebuch und befleißigt sich einer wissenschaftlichen Attitüde, die ihn als dem Kreis jener Forscher, die, wie Tiedemann oder Pinel, für die Entstehung der Psychologie so wichtig sind, mühelos zugehörig erscheinen läßt.

Uns soll ein anderes Moment interessieren. Tiedemanns Verfahren ist stets von einer – wiewohl flexiblen – Distanz des Forschers zu seinem Forschungsobjekt gekennzeichnet, die es dem Forscher ermöglicht, von seinem Objekt zu lernen und das erworbene Wissen zu einem systematischen und willkommenen Beitrag für die entstehende wissenschaftliche Psychologie zu stilisieren, die die Fremdheit zwischen dem Wissenschaftler und seinem Gegenüber zu einer ihrer Bedingungen erheben wird. In dem Maße, in dem der distanzierte Wissenschaftler und sein erforschtes Kind sich fremd geblieben sind, bleiben sie auch uns fremd, und es gewinnen unser Interesse die Daten, die sie angemessen übermitteln.

Unziemliches scheint zunächst aus den Berichten Itards auf. Wenn wir aus ihrer Lektüre „etwas lernen, so im Grunde weder über den Wilden noch über Itard, sondern über das Aufschlußreiche und Erregende ihrer Begegnung“.[15] Denn hier „besteht eine totale Beziehung, fast ein Kampf zwischen Itards ‚Philosophie‘ und der ‚Wildheit‘ Victors ...; ein Kampf zwischen der praktisch-‚kulturellen‘ Erfindungsgabe des ersteren und der beharrlichen natürlichen Widerspenstigkeit und Abwehr des letzteren“.[16] Itard will einen Widerspenstigen zähmen und er führt seine Aufgabe „mit größter Anteilnahme und manchmal mit tiefer Bewegung“[17] durch. Seine pädagogische Absicht, den Wilden zu lehren, seine Wildheit abzulegen und in den Zustand der Zivilisation einzutreten, paart sich mit dem wissenschaftlichen Ziel, dem Erziehungsprozeß Beobachtungen abzugewinnen, die für die Bestimmung zivilisatorischer Einflüsse auf den Naturzustand des Menschen nützlich sein sollten. Sein wissenschaftliches Ziel erreicht Itard in dem Maße, in dem es mit der Aufgabenstellung der entstehenden wissenschaftlichen Psychologie übereinstimmt. Seine Beobachtungen fördern Kenntnisse zutage, die dem psychologischen Wissen eingeordnet werden können.

Seine pädagogische Absicht mißlingt, und er führt das Scheitern auf des Knaben Widerspenstigkeit zurück. Itards Wissen stößt auf Victors Unwissen, und in der Eigentümlichkeit dieser Begegnung liegt der Reiz begründet, den sie auf uns, die wir uns mit den Anfängen der Psychologie im bürgerlichen Zeitalter beschäftigen, ausübt. Itard versucht, sein Wissen einem Unwissenden einzuhauchen. Er macht den Wilden „zu der leeren Leinwand ..., auf die sich sein eigenes Wissen projiziert“.[18] Dort angelangt, bereitet es Itard eine böse Überraschung, die er nicht begreift: es verflüchtigt sich. Der Unwissende bleibt unwissend, aber er erweist sich als mächtig: er bringt den Wissenden um sein Wissen. Itard lernt nichts, er kann aus der Überraschung nichts lernen, da er die Ohnmacht seines Wissens nicht auf sich bezieht, sondern dem wilden Kind überantwortet. Itard reflektiert sich nicht. Er bemüht sich um Victor, mit größter Anteilnahme und manchmal mit tiefer Bewegung. Er tut dies in einer Weise, die die Grenzen einer bloß wissenschaftlich-distanzierten Neigung weit hinter sich läßt. Aber er sieht den beschrittenen Weg nicht, an dessen Ende er so nahe bei Victor und – ohne dies zu wissen – bei sich selbst angelangt ist, daß beide sich berühren. Itard legt Victor seine pädagogisch-missionarische Hand auf und hofft, Victor möge aus dieser Berührung lernen, und spürt sie doch selbst nicht. Er will Victor herausfordern, ein Mensch wie er zu werden, und vermag die Herausforderung, die Victor ihm bedeutet, nicht zu erkennen. Er glaubt die Rolle des Stärkeren in ihrer Beziehung innezuhaben und hindert sich so zu sehen, daß Victor es ist, der sich durchsetzt. Ihr Herrschaftsverhältnis ist von anderer Art, als Itard sie sich vorstellt. So übersieht Itard,

> „daß Victor der Träger dieser wirklich imaginären Herrschaft war. Es ging um ihn

selbst in einem Spiel, über das er Herr zu sein glaubte. Trotz bemerkenswerter Fähigkeiten zur Erfindung und Erneuerung wurde er zu einem Pedanten, d.h. zum Helden im Dienst eines Mythos, der von vornherein dazu verurteilt ist, vor den ‚unvorhergesehenen Hindernissen' zu scheitern".[19]

An ihnen scheitert Itard denn auch, er scheitert an seiner eigenen, ihm nicht zugänglichen Widerspenstigkeit, die sich von der des Knaben dadurch unterscheidet, daß sie eine Abwehr im psychologischen Sinn umhüllt. Er vermag seine Hülle nicht abzustreifen, denn da er sich nur dem Knaben, nicht aber sich selbst zuwendet, da er sich auf seine Verdrängungen, auf seine psychische Substanz nicht einläßt, sieht er die Hülle so wenig wie das, was sie verbirgt.
Wenn alle Abwehr ihren Ursprung einer Verdrängung des Sexuellen verdankt, so zeigt Itards Beispiel, wie fruchtbar die Anwendung dieser Annahme für die Erklärung seines Scheiterns ist. Ganz offen und ganz ohne Wissen um seine Offenheit berichtet uns Itard:

„Außer den Bädern verschrieb ich noch trockene Massagen der Wirbelsäule und ließ ihn sogar in der Lendengegend kitzeln. Letzteres war besonders erregend für ihn, und ich sah mich sogar gezwungen, es abzusetzen, als es sich nicht mehr darauf beschränkte, Lustgefühle zu wecken, sondern sich auch auf die Geschlechtsorgane auszuwirken schien und die ersten Regungen einer schon allzu vorzeitigen Pubertät in eine unliebsame Richtung zu drängen drohte".[20]

Victor jedoch verfügte weder über Möglichkeiten, die Wirkung des Kitzelns als unliebsame Folge auszudrücken, noch dürfte er eine Veranlassung dazu gesehen haben. Unliebsam muß sie also Itard erschienen sein, und die Begegnung mit Victors sexueller Lust scheint eine empfindliche Stelle zu berühren, die es zu schützen gilt und von der er nicht spricht. Wenn wir für diesen Zusammenhang einen Hinweis von Octave Mannoni heranziehen – „Schließlich wissen wir nichts über die unbewußten Schwierigkeiten unseres Pädagogen, der ein eingefleischter Junggeselle war"[21] –, so gibt er uns zu allerlei Vermutungen delikaten Anlaß, die im Hinblick auf Itards Persönlichkeit zu erörtern hier freilich müßig ist. Wichtig bleibt für unsere Erörterungen die Ausklammerung der eigenen Ängste und Verdrängungen durch Itard, die Leugnung der eigenen Beteiligung am Forschungsprozeß. Beide Momente lassen Itard als Repräsentanten jenes Forschertypus erscheinen, dem die wissenschaftliche Psychologie noch viele Exemplare beisteuern sollte.

Üppiger noch und geschlossener als im Magazin zur Erfahrungsseelenkunde präsentiert Karl Philipp Moritz in seinem Roman *Anton Reiser* eine Selbstanalyse, die die Auseinandersetzung eines Individuums mit seiner Vergangenheit, seiner Geschichte und der Bedeutung der sozialen und psychischen Herkunft für seine aktuelle Lebensform vereinigt.
Nach einer knappen Skizzierung des Milieus, in das Anton Reiser hineingeboren wurde, heißt es: „Unter diesen Umständen wurde Anton geboren, und von ihm kann man mit Wahrheit sagen, daß er von der Wiege an unterdrückt ward".[22] Die Wirkungen der erfahrenen und erlittenen Repressionen

sind der Gegenstand des Romans. Er ist dem Genre ‚Entwicklungsroman' zugehörig, präziser muß er als die Geschichte einer Deformation angesehen werden.

„Diese ersten Eindrücke sind nie in seinem Leben aus seiner Seele verwischt worden und haben sie oft zu einem Sammelplatze schwarzer Gedanken gemacht, die er durch keine Philosophie verdrängen konnte".[23] Mit unerbittlicher Konsequenz legt Moritz mit dem *Reiser* die Geschichte eines Seelenlebens vor. Ihn interessieren an Reiser und sich selbst weniger die einzelnen Stationen oder Entwicklungsphasen, vielmehr die Herausbildung eines Seelenlebens, eines Gefühlslebens, die Wünsche, Triebe und Leidenschaften, ihre Unterdrückung und Versagung. „Antons Herz zerfloß in Wehmut..."[24], „So schwankte seine junge Seele..."[25], „... Verachtung ..., die ihm durch die Seele ging ..."[26], „Am Ende freilich ward dies Gefühl ..."[27], „Er fühlte auf das innigste das Bedürfnis der Freundschaft ..."[28], Verachtung, Scham, Seelenverderbnis und Seelengenuß – es sind stets Gefühlszustände, aus denen Reisers Geschichte zusammengesetzt ist und die Moritz aus seinem Selbst analysiert hat.

So ist *Anton Reiser* mehr als ein Roman, mehr als ein Stück Literatur. Moritz selbst ist von der Übertragbarkeit bestimmter Konzepte des Romans auf praktische Fragestellungen in psychologisch-pädagogischen Bereichen überzeugt. In der Vorbemerkung zum dritten Teil des Romans schreibt er:

> „Das in diesem Teil Enthaltene ist eine getreue Darstellung der Szenen seiner Jünglingsjahre, welche andern, denen diese unschätzbare Zeit noch nicht entschlüpft ist, vielleicht zur *Lehre* und *Warnung* dienen kann. Vielleicht enthält auch diese Darstellung manche, nicht ganz unnütze Winke für Lehrer und Erzieher, woher sie Veranlassung nehmen könnten, in der Behandlung mancher ihrer Zöglinge behutsamer und in ihrem Urteil über dieselben gerechter und billiger zu sein!".[29]

Auf der Suche nach der eigenen Kindheit gewinnt Moritz psychologische Einsichten und formuliert aus ihnen entwicklungspsychologische Konzepte. Er verarbeitet sie literarisch und geht von der Lebendigkeit literarischer Erzeugnisse aus, von ihrer praktischen Verwendbarkeit. Er schreibt Gebrauchsliteratur.

Für die wechselseitige Durchdringung verschiedener literarischer Typen sind Moritz' Schriften ein ergiebiges Beispiel. Es fiele nicht schwer, die literarische Form seiner wissenschaftlichen Arbeiten und die wissenschaftliche Ergiebigkeit seiner literarischen Arbeiten herauszuarbeiten und in dieser Überschneidung so etwas wie die Auflösung von Gattungsgrenzen oder die zunehmende Annäherung verschiedener Genres zu erblicken. Es fiele nicht schwer, wissenschaftliche und literarische Texte in einer fruchtbaren „Unterschiedbeziehung" (Foucault) miteinander verbunden zu sehen.

Gleichwohl verblieben Unterschiede, die auch gar nicht verwischt und zu Ähnlichkeiten stilisiert werden sollen. Denn Moritz' wissenschaftliche und literarische Texte verfügen über eine Qualität, die Unähnlichkeiten durchaus bestehen läßt und dennoch eine strukturelle Gemeinsamkeit bezeugt.

Beide Textarten weisen eine Übereinstimmung auf, die darin besteht, daß in ihnen Temporalisierungstechniken zur Anwendung gelangen, wie sie den Übergang zum 19. Jahrhundert, den Beginn der Moderne auch in der Wissenschaftsgeschichte, kennzeichnen.[30]
Die Erfahrungen im Bereich der Seelenkunde haben inzwischen ein solches Ausmaß angenommen, daß ein Erfahrungsdruck entstanden ist, dem mit herkömmlichen Verarbeitungstechniken nicht mehr begegnet werden kann. Der enorme Zuwachs an Empirie zwingt zur Verwendung neuer Verarbeitungstechniken. Dieser Vorgang ist gekennzeichnet durch „den Erwerb historischer, im engeren Sinn entwicklungsgeschichtlicher Denkweisen".[31] Lepenies verbindet die Übernahme solcher Temporalisierungstechniken mit einer Abkehr von naturalen Zeitvorstellungen und verknüpft die Wendung zum entwicklungsgeschichtlichen Denken mit dem Ende der Naturgeschichte. Gleichwohl schließe die Verwendung von Temporalisierungstechniken nicht aus, daß naturale Zeitvorstellungen beibehalten werden.
Die Erfahrungsseelenkunde Karl Philipp Moritz' ist ein Beispiel für den Versuch, das Übermaß an Empirie mit Verzeitlichungstechniken zu bewältigen, ohne naturale Zeitvorstellungen aufzugeben. Denn gerade die Natur, so Moritz, liefere Raster, die es dem irritierten Individuum ermöglichten, Fixpunkte zu finden:

> „Dasjenige, woran sich nun alle unsre übrigen Vorstellungen festhalten, sind erstlich die Vorstellungen von gewissen sehr auffallenden und in ununterbrochener Ordnung wiederkehrenden Veränderungen in der Natur, die wir *Zeit* nennen: dies sind die Abwechselungen zwischen Tag und Nacht, zwischen den Jahreszeiten u.s.w.
> Alles was wir in unserem Leben erfahren, pflegen wir an die Vorstellungen von irgendeiner solchen Abwechselung in der Natur anzupassen, die wir *Tag, Nacht, Morgen, Abend, früh, spät, Sommer, Frühling* u.s.w. benennen. Daher kommt es nun, daß wir alle Begebenheiten und Erfahrungen unsers Lebens nach der Reihe überschauen können, die sonst ein Labyrinth für uns sein würden, aus welchem wir uns nicht herausfinden könnten".[32]

Moritz erkennt in der Zeit-Dimension der Natur eine Ordnungstechnik, die ihm geeignet scheint, eine Fülle an Ereignissen und Erfahrungen überschaubar zu machen. Er wendet diese Technik bewußt an.
Lepenies kennzeichnet den Stand der Entwicklung einzelner Disziplinen um die Jahrhundertwende wie folgt: „Verzeitlichungsvorgänge lassen sich im Gegenstandsbereich, in der Theorieform sowie in der Organisationsstruktur wissenschaftlicher Disziplinen nachweisen".[33] Dies gilt im besonderen für eine Psychologie, wie sie durch Moritz und Tiedemann vertreten wird. Der wahnsinnig werdende Bürger, der gesund gewesene Kranke, das sich entwickelnde Kind, der an den Normen scheiternde soziale Charakter: das Personal dieser Psychologie bewegt sich, es erfährt sich selbst in seiner Dynamik; und auch die wissenschaftliche Betrachtung dynamisiert es.
Die Dynamisierung erfaßt nicht nur den Weg vom Gesicherten ins Ungesicherte, aus der Vernunft in den Wahnsinn, aus geordneten Bahnen in die Orientierungslosigkeit. Sie erfaßt auch das abweichungsfreie Individuum und konstruiert verschiedene Stadien seiner seelischen Gesundheit. Der

Begriff des Alters wird auf die Seele angewandt, die funktionstüchtige und gesunde Seele wird verzeitlicht: Es „folgt, daß jeder Mensch nach dem ihm eignen Maß seiner Seelenfähigkeiten auch seinen eigenen Seelengesundheitszustand habe und daß selbst dieser nach dem verschiedenen Alter desselben abwechsle...“[34]

Erst mit der Einbeziehung der Zeitdimension wird als Beobachtungsobjekt das Individuum in seiner Geschichtlichkeit gewonnen. Die Geschichte erst gibt dem Individuum seine Gegenwart, seine Zukunft und seine Vergangenheit. Die Zeitdimension ermöglicht Prognosen, und die Psychologie bedient sich der Technik, um die unbekannte Vergangenheit zu ‚prognostizieren‘. „Man sieht ... wie wir ... durch die *Geschichte* gleichsam *zurückleben*“.[35] Entsprechend entfalten sich auf der formalen Seite Historisierungstechniken. Es werden Tagebücher angefertigt, die gewissermaßen die Geschichte des eigenen Falls schreiben, Fallgeschichten werden geschrieben, Erinnerungen werden beschworen und das Gedächtnis geübt, und wo die Mnemotechniken[36] nicht ausreichen, ergänzen sie die Erzählungen anderer.

„Der Übergang zu periodischen Publikationen bildet einen weiteren wichtigen Aspekt der Verzeitlichung in der Umbruchphase der Wissenschaften zwischen 1775 und 1825“.[37] In dieser Hinsicht gehört Karl Philipp Moritz zur Avantgarde. Er begründet eine Zeitschrift, die regelmäßig erscheint, um die zunehmend anfallenden psychologischen Erfahrungen verarbeiten und präsentieren zu können. Einzelne Nummern weisen voraus auf die folgenden, indem sie die Fortsetzung von Beiträgen ankündigen. Sie weisen zurück auf vorangegangene Nummern, indem zu älteren Artikeln Stellung genommen oder ein über mehrere Hefte verteilter Sachverhalt diskutiert wird. Die Zeitschrift selbst wird historisiert; Revisionen versuchen, die Geschichte des Magazins zu bewältigen. Die Aktualität des Magazins besteht auch darin, daß es stets seine Vergangenheit und seine Zukunft vergegenwärtigen möchte.

Gegenstandsbereich, theoretische Bewältigung und Organisierung psychologischer Erfahrungen und psychologischen Wissens sind in den letzten Jahrzehnten des 18. Jahrhunderts verzeitlicht worden. Sowohl die Entwicklungspsychologie eines Tiedemann als auch die Erfahrungsseelenkunde eines Moritz kennzeichnen den Übergang zu entwicklungsgeschichtlichen Denkweisen.

Vierter Teil
Herbarts Lehrbuch

Eine Ausformulierung der Psychologie zur Wissenschaft erkennt die Geschichtsforschung zum ersten Mal im Werk Johann Friedrich Herbarts. Seine psychologiegeschichtliche Bedeutung wird mit der „Konsolidierung der Psychologie als Wissenschaft"[1] verbunden und beschrieben.

Herbart lebte von 1776 bis 1841. Er gilt als erster großer Psychologe Deutschlands nach Christian Wolff[2] und als Begründer einer Entwicklung, die schließlich zur akademischen Etablierung der Psychologie als empirischer Wissenschaft geführt hat. Seine erkenntnistheoretische Position wird als eine zwischen Leibniz und Wilhelm Wundt situiert.[3] Herbart übernimmt nach Kants Tod dessen Königsberger Lehrstuhl, und er folgt Kant nicht nur innerhalb einer Institution. Das Verhältnis seiner wissenschaftlichen Auffassungen zu denen Kants ist ambivalent. Während er in enger Anlehnung an Kant ein teleologisches Prinzip in seine Konstruktionen einbezieht, vollzieht er einen Bruch mit der Vermögenpsychologie, wie sie nach Christian Wolff vor allem durch Kant beeinflußt ist.

Herbarts psychologische Werke markieren den Beginn der heute geläufigen, der ‚positiven' wissenschaftlichen Psychologie, die aus einer pathologischen ‚Vorgeschichte' hervorgegangen ist und sie dennoch nicht berücksichtigt. Auch in dieser Hinsicht begründet Herbart eine Entwicklung, in der die Ausgangsbedingungen der Psychologie vergessen und schließlich nicht mehr beachtet wurden. Allmählich erst wird diese Tradition und der sie stabilisierende Ausschluß pathologischer Erfahrungsbereiche problematisiert. „Man darf nicht vergessen", schreibt Foucault, „daß die ‚objektive' oder ‚positive' oder ‚wissenschaftliche' Psychologie ihren historischen Ursprung und ihren Grund in einer pathologischen Erfahrung gefunden hat".[4]

Herbarts *Lehrbuch zur Psychologie* erscheint 1816. In ihm sind psychopathologische Erfahrungen schemenhaft noch präsent. Sie werden aber nicht konstitutiv in die Behandlung der wissenschaftlichen Psychologie einbezogen, sondern dargestellt, um in Hinsicht auf ihre psychologische Relevanz verneint und aus dem wissenschaftlichen Kontext der Psychologie ausgegliedert zu werden. Von den literarisch aufbereiteten Erfahrungen mit dem Wahnsinn wird am Beginn der wissenschaftlichen Psychologie eine kurze Notiz genommen. Sie werden als gleichsam negativer Hintergrund für die Selbstdarstellung der positiven Psychologie genutzt. Herbart repräsentiert diese Einstellung zur Psychopathologie. Wie alle an Fragen der Psychologie und Psychopathologie interessierten Zeitgenossen hat auch er Pinels *Traitē* und die *Rhapsodien* Reils gelesen und studiert. Er übernimmt die Ordnung der Geisteskrankheiten in vier Klassen und unterscheidet den Wahnsinn

(Melancholie), die Wut (Manie), die Narrheit (Dementia) und den Blödsinn (Idiotie).

„Die Erklärung aller dieser Erscheinungen ist nicht weit zu suchen"[5], beginnt Herbart seine knappen Ausführungen über die anomalen Zustände. Eine psychische Entstehung pathologischer Phänomene, wie sie durch die Schriften etwa eines Reil oder eines Pinel behauptet wird, lehnt er als Erklärungsgrund strikt ab. Der Wahnsinn wird als ein Widerstand gegen die Erfahrung beschrieben, und für diese Resistenz finde sich im psychischen Mechanismus kein Grund. Die Wut bestehe in einem „Drange zu körperlichen Handlungen, ohne Zweck, auch wohl wider Willen".[6] Für derartige Tendenzen könne nur eine körperliche Krankheit als Erklärung herangezogen werden, „denn im Geistigen finde sich kein Prinzip der Einheit für diese Zustände".[7] Die Narrheit kennzeichne eine Zusammenhanglosigkeit und Regellosigkeit der Vorstellungen. „Auch hier fehlt im Geistigen jedes Prinzip der Einheit: der Grund der Abwechslung der Vorstellungen kann nicht mehr psychologisch, er muß physiologisch sein".[8] Und der Blödsinn schließlich sei angeboren.

Herbart liefert mit diesen Ausführungen eine merkwürdige Zirkelargumentation: Da ein geistiges Prinzip gestört ist, kommt es zu pathologischen Erscheinungen, die ihrerseits darauf hinweisen, daß ein geistiges Prinzip gar nicht vorhanden sein kann und die Ursache der Störung in anderen Bereichen gesucht werden muß. Die innere Stimmigkeit dieser Gedankengänge soll nicht weiter interessieren. Was aber gewinnt Herbart mit seiner Konstruktion? Sie bringt vier für seine Psychologie konstitutive Elemente hervor: die Erfahrung, gegen die der Wahnsinn sich auflehne; den psychischen Mechanismus, der keinen Grund dazu liefere; das geistige Prinzip, dessen Wirksamkeit bestimmte körperliche Handlungen sich entzögen; die Psychologie eines Individuums, aus deren Verantwortungs- und Zuständigkeitsbereich Vorstellungen herausfielen, sobald sie regellos geworden sind und Zusammenhänge vermissen lassen.

So konstruiert Herbarts Argumentation auch sein mag, sie rettet ihm wichtige Konzepte, die gegen die pathologischen Anfeindungen aufrechtzuerhalten schwierig geworden war, insbesondere nachdem sich die Pathologie so lange großer wissenschaftlicher und parawissenschaftlicher Beliebtheit erfreut und entsprechenden literarischen Niederschlag gefunden hatte. Sein Desinteresse an psychopathologischen Fallstudien verwundert nicht: „Aus zahllosen Geschichten, welche als sehr merkwürdig verkündet werden, lernt der Psychologe wenig oder gar nichts Neues, sobald er einmal den psychischen Mechanismus und dessen mögliche Hemmungen erkannt hat".[9] Die Fallstudien und -geschichten sind ihm unzulässige Stilisierungen und Idealisierungen, die gegen den Grundsatz verstießen, daß

> „die Psychologie nicht ins Schöne malen darf. Sie soll nicht bewundern, sondern erklären; nicht Seltenheiten aufzeigen, sondern den Menschen, wie er ist, allgemein begreiflich machen; ihn weder in den Himmel erheben noch den Geist unauflöslich an den Staub heften; und die Wege der Untersuchung nicht verschütten, sondern eröffnen".[10]

In den psychischen Krankheiten werden Gefährdungen der psychischen Gesundheit erblickt, von der Beschäftigung mit pathologischen Phänomenen eine Verunreinigung psychologischer Konzeptionen befürchtet. Daher bringt das Bemühen um eine reine Psychologie immer wieder klare Dichotomien hervor, deren Gegenüberstellung eindeutige Zuordnungen aller auftauchenden Phänomene fordert und ermöglicht. Der Traum wird demnach in Analogie zu den Geisteszerrüttungen gesehen: „Der Traum gleicht dem Wahnsinn...“[11] Und bei beiden ist es die Körperlichkeit, die ein Erwachen beziehungsweise eine Genesung versagt.[12]
In unmittelbarer Nähe zum Wahnsinn sieht Herbart die Leidenschaften wirken. „Das auffallendste und nächst dem Wahnsinn das traurigste Schauspiel in der Psychologie geben die *Leidenschaften*“.[13] Es sind die Leidenschaften, die vernünftige Überlegungen aus der Richtung treiben, und daher können sie „nur im Gegensatze mit der praktischen Vernunft“ definiert und beschrieben werden.[14] Genereller wird dieser Gegensatz als ein Gegensatz zwischen Vernunft und Sinnlichkeit dargestellt. „Es wird nämlich die *Sinnlichkeit* für das unterste, die *Vernunft* für das oberste im menschlichen Geiste angenommen“.[15] So finden wir auf der einen Seite die Sinnlichkeit, die Leidenschaften, das Träumen und die Krankheit, auf der anderen Seite die Vernunft, das Wachsein und die Gesundheit.

In der Dichotomie Krankheit und Gesundheit wiederholt sich bei Herbart das Vorgehen der Psychologie um 1800: er ist mit ihr eins, indem er die Krankheit als Ursprung seiner psychologischen Überlegungen nimmt, sie dann aus dem Reflexionsfeld entfernt und sie schließlich vergißt. Er will von den Geisteszerrüttungen ausgehend sich den gewöhnlichen psychologischen Erscheinungen zuwenden, zu denen er die Leidenschaften, die Affekte, die Zerstreutheit und die Faulheit durchaus zählt, die er aber als nur etwas weniger hartnäckige Krankheitszustände des Geistes an die Seite von Wahnsinn, Tobsucht, Narrheit und Blödsinn stellt. Seine Forschungswünsche gelten der anderen Seite, dem Gegenüber der mehr oder weniger krankhaften Zustände:

„Das Gegenteil von dem Allen wird die *Gesundheit* des Geistes sein. Demnach ist sie als Gegenteil des Wahnsinns und der Leidenschaften: – gegenseitige Bestimmbarkeit aller Vorstellungen und Begehrungen durcheinander (oder Freiheit von fixen Ideen und Begierden); als Gegenteil der Tobsucht und Affekten: – Ruhe und Gleichmut; als Gegenteil der Narrheit und Zerstreutheit: – Verknüpfung und Sammlung der Gedanken; als Gegenteil des Blödsinns und der Trägheit: – Reizbarkeit und Munterkeit“.[16]

Herbart gewinnt und beschreibt den Gegenstand seiner Psychologie kontradiktorisch: das gesunde Individuum wird zunächst als das nicht kranke Individuum definiert. Die Krankheit des Geistes erscheint ihm als widernatürliche Beschaffenheit, dem die Gesundheit des Geistes entgegengestellt wird, und zwar als ein teleologischer Begriff. Die Einführung einer Zweckvorstellung in die Betrachtung der menschlichen Natur ist für Herbart unbedingte Notwendigkeit, denn ohne Zweckgedanken wären Wahnsinn

und Gesundheit gleichermaßen funktional, Wirkungen menschlicher Kräfte, neutral zu betrachten und nicht zu bewerten.
Kants Formulierung: „Wir haben nämlich unentbehrlich nötig, der Natur den Begriff einer Absicht unterzulegen, wenn wir ihr auch nur in ihren organisierten Produkten durch fortgesetzte Beobachtung nachforschen wollen; und dieser Begriff ist also schon für den Erfahrungsgebrauch unserer Vernunft eine schlechterdings notwendige Maxime“[17], drückt Herbarts Ansatz aus. Er unterlegt der Gesundheit den Begriff einer Absicht und gewinnt sein Gesundheitskonzept durch Verneinung, wie die Herbartsche Psychologie und die positive Psychologie insgesamt sich durch eine Negation der ‚negativen' Psychologie herausbilden. Gesundheit wird als Zweck gesetzt, da sie ein „*organisiertes* Produkt der Natur ist ..., in welchem alles Zweck und wechselseitig auch Mittel ist“.[18]
Gesundheit wird als Zweck gesetzt, für das menschliche Leben und für seine Erforschung. Herbarts Psychologie ist „eine Wissenschaft, die betont vom gesunden, normalen Menschen ausgeht“.[19] Die Grenzen der Gesundheit fixieren die Grenzen des Objekts der neuen Psychologie. Insofern stimme die neue Psychologie mit dem Sinn der Schöpfung überein. Auch in dieser Überlegung finden wir eine enge Anlehnung an Kant vor: „Daher spricht man in der Teleologie, sofern sie zur Physik gezogen wird, ganz recht von der Weisheit, der Sparsamkeit, der Vorsorge, der Wohltätigkeit der Natur, ohne dadurch aus ihr ein verständiges Wesen zu machen“.[20] Die Krankheit hingegen müsse als Warnung verstanden werden, „den gesunden Zustand nicht als ein bloßes Naturphänomen, welches nicht anders sein könnte, zu betrachten, sondern in ihm eine wohltätige Anstalt der Vorsehung zu verehren“.[21] In Übereinstimmung mit dem Sinn der Vorsehung bestimmt Herbart Gehalt und Aufgaben der neuen Psychologie.
Die Beschränkung auf die Gesundheit schließt die Krankheit aus, und die Ausgliederung traumhaft-unbewußter Energien beschränkt die neue Psychologie auf das Bewußtsein. Aus der Ähnlichkeit und Nähe des Traums mit dem Wahnsinn ergibt sich auf der anderen Seite der Dichotomie die Zusammengehörigkeit von Gesundheit und Bewußtsein.
‚Bewußtsein' ist eine der zentralen Kategorien der Herbartschen Psychologie. Im Lehrbuch wird sie zunächst nur als eine nomenklatorische Notwendigkeit eingeführt: „Man bedarf in der Psychologie durchaus eines Worts, *das die Gesamtheit alles gleichzeitigen wirklichen Vorstellens* bezeichne. Dafür findet sich kein anderes als das Wort *Bewußtsein*“.[22] Herbarts Bewußtseinstheorie umfaßt drei Instanzen, drei Teilbereiche. Ein durch eine Wahrnehmung hervorgerufenes Streben vorzustellen (1) überschreitet die Schwelle des Bewußtseins (2) und wird zu einer Vorstellung (3). Und nur die letzte Instanz, die Vorstellung, bildet das Bewußtsein im engeren Sinne, während die beiden anderen Instanzen notwendige Voraussetzungen für die dritte sind, also eng mit dem Bewußtsein zusammenhängen, ohne ihm selber anzugehören.
So gilt auch das engere Interesse Herbarts ausschließlich dem Bewußtsein, den manifesten wirklichen Vorstellungen; es gilt in deutlicher Unterord-

nung auch der Latenz der Vorstellungen und dem Hindernis, der Schwelle, die die latenten Vorstellungen überwinden müssen, um ins Bewußtsein zu gelangen, um zu wirklichen Vorstellungen zu werden. In umgekehrter Richtung können die Vorstellungen wieder aus dem Bewußtsein verschwinden, die Schwelle überschreiten und dem Bewußtsein entzogen sein. Da sie wiederkehren, so folgert Herbart, muß es einen Ort geben, an dem sie ruhen. Über diesen Ort ist nichts zu sagen, da er nicht erkennbar ist. Von verlorenen Vorstellungen wissen wir nur, daß sie an einem Ort jenseits der Grenzen des Bewußtseins gewissermaßen gespeichert werden. Es liegt nahe, diesen Ort das Unbewußte zu nennen. Herbart tut es. Er interessiert sich für das Unbewußte nur, insofern es als die Virtualität des Bewußten begriffen wird. Der Natur und dem Wesen des Unbewußten steht er gleichgültig gegenüber, es wird aus dem Untersuchungsbereich der Psychologie ausgegliedert.

Zwischen dem Bewußtsein und dem angrenzenden Bereich, dem Unbewußten, vollziehen sich Bewegungen. Dem entspricht die Konzeption eines dynamischen Modells, das Energien postuliert, die die Bewegungen der Vorstellungen bewirken und von deren Kräfteverhältnis untereinander die jeweiligen Richtungen abhängig sind. Die Bewegungen durchlaufen, in beiden Richtungen, die drei Schichten: Streben vorzustellen, Bewußtseinsschwelle und Bewußtsein der wirklichen Vorstellungen.

In der Dynamisierung des Bewußtseins und der Konzipierung eines energetischen Modells wird Herbarts große Errungenschaft gesehen. Mit dieser Leistung überwindet er die überkommene Vermögenspsychologie. Was war der Kerngedanke der Vermögenspsychologie, worin besteht Herbarts Kritik an ihr und welche Konzepte setzt er an die frei werdende Stelle?

In der Vermögenspsychologie werden alle psychischen Phänomene, alle Erscheinungen des Bewußtseins auf seelische Vermögen zurückgeführt, und in diesen Vermögen wird die Voraussetzung für psychisches Geschehen angenommen. Vorstellungsvermögen, Verstandesvermögen, Gedächtnisvermögen und Gefühlsvermögen sind Abstraktionen (der Vermögenspsychologie), die gewissermaßen latent vorhandene Seelenfähigkeiten beschreiben und deren Aufgaben darin bestehen, das seelische Geschehen zu strukturieren. Danach ist der Verstand eines Menschen ablesbar daran, daß er Sprache versteht, seine Vernunft wird erschlossen aus seiner Fähigkeit, verschiedene Argumente abzuwägen. Aus den erkennbaren Erscheinungen werden zugrundeliegende Vermögen abstrahiert.

Herbarts Kritik setzt an der vermögenspsychologischen Auffassung an, die Vermögen seien in jedem Menschen ständig vorhanden. Die Psychologie bedürfe einer anderen Grundlehre, „worin gleich anfangs auf die *wechselnden* Zustände das Augenmerk gerichtet wird. *Diese* (nicht aber jene Vermögen) *erfahren wir in uns umittelbar*".[23] Herbarts Psychologie will in Abhebung von der Vermögenspsychologie den wechselhaften Bewußtseinszuständen gerecht werden und bei der Erfassung und Beschreibung der psychischen Zustände nicht von Abstraktionen, sondern von unmittelbar erfahrenen psychischen Geschehnissen ausgehen. Denn „der Psychologie liegt kein Stoff zum Grunde, der sich klar vor Augen legen, bestimmt nachweisen, einer regelmäßig und ohne Sprung von unten aufsteigenden Abstraktion unterwerfen ließe".[24] Bereits auf der unteren Ebene, der der unmittelbaren Erfahrung und Wahrnehmung, entstünden unwissenschaftliche Begriffe. Die Hinzufügung von „*Vermögen, die wir haben*, ... (verwandelt) die Psychologie in eine *Mythologie*".[25] Weder der Veränderlichkeit noch der Mannigfaltigkeit psychischen Geschehens werde die Vermögenspsychologie gerecht. „Nämlich es zeigt sich alles geistige Leben, wie wir es an uns und an Anderen beobachten, als ein *zeitliches* Geschehen; als eine beständige *Veränderung*; als ein *Mannigfaltiges ungleichartiger Bestimmungen in Einem*".[26]

Die Abstraktionen sind Klassifikationen, die die geistigen Erscheinungen zwar ordnen, aber den diesen Erscheinungen inhärenten Eigenschaften gleichgültig gegenüberstehen, sie unberücksichtigt lassen und daher auch verfehlen. In den klassifizierenden Abstraktionen der Vermögenspsychologie erkennt Herbart ein „logisches Geschäft"[27], das aber im Rahmen der Entwicklung der Psychologie als Wissenschaft einen Rückschritt bedeute. Die Wolff angekreidete „Unbehutsamkeit, die größten Schwierigkeiten mit Namenerklärungen zuzudecken"[28], die logischen Grobheiten der Vermögenspsychologie will Herbart durch psychologisches Feingefühl ersetzen, um den Zusammenhang der inneren Erfahrung begreifbar zu machen. Dazu ist

„ein radikaler Bruch mit der von Wolff und Kant beeinflußten Vermögenspsychologie notwendig, denn die Methode der Vermögenspsychologie, die Erscheinungen des Seelenlebens zu klassifizieren und den so gewonnenen Klassenbegriffen reale Existenz zuzuschreiben, aus der die Erscheinungen wiederum erklärt werden sollen, zerreißt den wissenschaftlichen Zusammenhang, vorab von Sinnlichkeit und Vernunft. Modell der Vermögenspsychologie ist der gebildete zeitgenössische Mitteleuropäer, von ihm abstrahiert sie die Vorstellung von Geistesvermögen als ursprünglich und wesentlich Mannigfaltigem im menschlichen Gemüt".[29]

Welches ist der Gegenstand der Psychologie? Die Vertreter der Vermögenspsychologie haben bei der Beantwortung dieser Frage normativ entschieden:

„Der Mensch des Seelenlehrers ist der gesellschaftliche, der gebildete Mensch, der auf der Höhe der ganzen, bisher abgelaufenen, *Geschichte seines Geschlechts* steht. In *diesem* findet sich das Mannigfaltige sichtbar beisammen, welches unter dem Namen der Geistesvermögen als ein allgemeines Erbteil der Menschheit angesehen wird".[30]

In der Vermögenspsychologie wird, so Herbart, das Postulat aufgestellt, „... alle höhere Tätigkeit des Geistes sei – nicht bei den Tieren, aber bei den Kindern und Wilden – der Möglichkeit nach vorhanden, als unentwickelte Anlagen, oder als *Seelenvermögen*".[31] In dieser Gegenüberstellung von Mensch und Tier werden die oberen Vermögen, durch die er vom Tier getrennt ist, von den niederen Vermögen unterschieden, die ihn dem Tier angleichen. Die Vermögenspsychologie gehe von einer hierarchischen Ordnung der Vermögen aus, die der Mensch von unten nach oben durchlaufe, von den tierähnlichen Vermögen bis zu den entferntesten, die dann als die

genuin menschlichen begriffen würden. Die mehr animalischen Vermögen werden als die sinnlichen Vermögen, als die Sinnlichkeit schlechthin identifiziert und die wirklich menschlichen Vermögen als die Vernunft. So wird im Rahmen der Vermögenspsychologie der Evolution des Menschen aus dem Tier, der Entwicklung des einzelnen Menschen und ganzer Völker, ein Fortschreiten der Seelenvermögen zugeordnet, ein Fortschritt wird wahrnehmungspsychologisch begründet: Alles, was in den Verstand gelangt, müsse zuvor in den Sinnen gewesen sein.
An diesem Kausalverhältnis führt Herbart seine Kritik fort: Es gebe reine sittliche Entscheidungen, die unabhängig von aller Sinnlichkeit getroffen würden: „... ein Entschluß zeigt sich dann am klarsten als echt sittlich, wenn er die Rücksicht auf Vorteile oder Nachteile, wie sie uns in der Erfahrung vor Augen liegen, verschmäht; wenn der Geist sich über die sinnlichen Gefühle erhebt und ihnen gerade zuwider sich bestimmt".[32] In einem solchen Entschlusse manifestiere sich das wahre Ich, das sich über die Sinnlichkeit erhebt, die daher nicht die Grundlage und nicht die Bedingung für den freien Willen der Vernunft sein kann.
Auch hier zeichnet Herbart eine Kantische Denkfigur nach. Kant sieht die „echte Beschaffenheit der Sittlichkeit" dort, „wo die Vernunft der Sinnlichkeit Gewalt antun muß".[33] Daher könne die Beziehung zwischen Sinnlichkeit und Vernunft nicht als hierarchische, innerhalb derer das eine Vermögen das andere voraussetzt, gedacht werden. Mit Sinnlichkeit und Vernunft bezeichnet Herbart verschiedene Reihen von Betrachtungen, die an ihrem Anfange parellel laufen, wobei „das Zusammentreffen beider aber, in seinen mannigfaltigen Modifikationen, die oberste Gegend und gleichsam das Ziel sein würde".[34] Freilich verwirft Herbart die moralisch-normative Interpretation dieser Hierachie durch die Vermögenspsychologie. Das Beherrschen der angenommenen unteren Vermögen durch angenommene obere Vermögen im Menschen stelle nicht das Ergebnis einer erfolgreichen Unterwerfung dar, sondern sei abhängig von der jeweiligen Bildungsstufe, die ungeheuren Schwankungen unterliege; dem primitiven oder kranken Menschen sei eine hohe Bildungsstufe nicht erreichbar, er könne sich die unteren Vermögen daher auch nicht unterwerfen. Das Tier wiederum, das der Vermögenspsychologie als gewissermaßen extremste Personifikation einer Beherrschung durch die unteren Vermögen dient, weise im Zustand der Dressiertheit starke Zeichen von Enthaltsamkeit auf, die im Rahmen einer Vermögenspsychologie nur im Sinne einer Überwindung unterer Vermögen gedeutet werden könnten: Der kranke und der primitive Mensch zeigen, daß eine für die Herrschaft der oberen Vermögen notwendige Bildung verhindert werden kann, das dressierte Tier andererseits zeigt, daß ein den unteren Vermögen Ausgeliefertsein durch eine bestimmte Form der Bildung ebenfalls verhindert werden kann.
Aus diesen Erwägungen und den ihnen zugrundeliegenden Beobachtungen lassen sich daher keine festen Unterschiede zwischen Mensch und Tier, unteren und oberen Vermögen fixieren, wie es die Vermögenspsychologie fordert. „Wir sind demnach weder genötigt noch berechtigt, den mensch-

lichen Geist als eine Summe von zwei spezifisch verschiedenen, gleichsam aneinander gefügten, Vermögen zu betrachten".[35] Für Herbart sind das logische Operationen, die sich durch die Erfahrung nicht abdecken lassen und im Rahmen einer Psychologie nichts anderes darstellen als „psychologische Erschleichungen".[36] Neben den Vermögen sind es der analog zum äußeren Sinn gebildete innere Sinn und die neben den organischen Trieb gestellten übrigen Triebe, die Herbart als unzulässige Abstraktionen oder bloße Erfindungen verwirft. Für Herbart existieren feste Unterschiede zwischen Mensch und Tier sowenig wie zwischen Menschen untereinander oder zwischen den Vermögen. „Genaugenommen gleicht kein Zustand des menschlichen Lebens vollkommen dem andern; schwebend und schwankend ist alles, was unser inneren Wahrnehmung sich darstellt". Mit dieser Bemerkung werde „die Unmöglichkeit einer festbestimmten psychologischen Erfahrung an den Tag" gelegt.[37]
An solchen Fixierungen habe die alte Psychologie sich orientiert. Paradigmatisch sind diese Festsetzungen in der radikalen Dichotomisierung von Vernunft und Sinnlichkeit durchgeführt worden. Und in der Überwindung dieser Gegenüberstellung endet Herbarts Kritik an der Vermögenspsychologie. Er führt den moralischen und den religiösen Enthusiasmus und den politischen und gelehrten Fanatismus an als Beispiele vermögenspsychologischer Wirklichkeitsverfehlung: „Die *wahre* Natur *dieser* Leidenschaften mußte der bisherigen Psychologie entgehn, sobald man die Behauptung konsequent durchführen wollte, daß die Leidenschaften *zur Sinnlichkeit* gehörten *und deshalb von der Vernunft völlig zu scheiden seien*".[38] Die genannten Vorstellungen würden durch die Vermögenspsychologie der Vernunft zugeordnet, obwohl sie doch Gegenstände leidenschaftlichen Strebens werden könnten.

„Alle diese und noch viele andere Schwierigkeiten verschwinden sogleich, sobald man einsieht, wie die Vorstellungen dazu kommen, sich bald als Leidenschaft, bald als Vernunft zu äußern: während sie an sich weder das eine noch das andere, auch nichts dem Ähnliches ... als präformierten Keim enthalten".[39]

Den eindeutigen Zuordnungen, den Festsetzungen und Unveränderlichkeiten der Vermögenspsychologie gegenüber will Herbart an der Verschiedenheit der Menschen untereinander festhalten. Psychologische Tatsachen sind in den augenblicklichen Zuständen der Individuen zu suchen, aus denen keine allgemeinen Tatsachen zu entnehmen sind. Die Zustände selbst, die Zustände im Individuum sind durch Veränderlichkeit gekennzeichnet und müssen jeder für sich beurteilt und beschrieben werden. Eine einzige leidenschaftliche Aufwallung etwa muß als eine einzige Begebenheit differenziert und betrachtet werden. „Wir haben also auch nicht Ursache, feststehende Unterschiede zu fordern, wo wir der *beweglichen* genug antreffen".[40]

Die Bedeutung, die in der alten Psychologie das Konstrukt der Vermögen eingenommen hatte, erhält in der Herbartschen neuen Psychologie der

Begriff der Vorstellung. Vorstellungen werden als Kräfte betrachtet, „deren Wirksamkeit von ihrer Stärke, ihren Gegensätzen und Verbindungen abhängt".[41] Zu Kräften werden sie, wenn sie einander widerstehen, was voraussetzt, daß mehrere entgegengesetzte Vorstellungen aufeinander treffen. Als Ergebnis dieses Aufeinandertreffens gibt eine der Vorstellungen der anderen, kräftigeren nach, ohne daß dabei die erste vernichtet würde. Herbarts Hypothese besagt, daß die erste verschwundene, aber nicht vernichtete Vorstellung danach strebt, wieder aufzutauchen: „das wirkliche Vorstellen verwandelt sich in ein Streben vorzustellen".[42] Umgekehrt: wird sie wieder kräftiger, weicht also das Hindernis und wird die andere Vorstellung schwächer, so tritt die Vorstellung durch ihr eigenes Streben wieder hervor. Verschiedene Vorstellungen hemmen sich gegenseitig. Sind die Kräfte zweier Vorstellungen, sich gegenseitig zu hemmen, gleich groß, so sind diese Vorstellungen „im Gleichgewicht".[43] Sie befinden sich also entweder in einem Gleichgewichtszustand, oder sie bewegen sich. Gleichgewicht und Bewegung charakterisieren die jeweiligen Befindlichkeiten der Vorstellungen. Sie sind gegenseitig durcheinander bestimmbar, und ihre Berechnung sind Aufgaben der Statik und der Mechanik.

Die psychischen Ereignisse oder Zustände, die Herbart Vorstellungen nennt, sind in einen physiologischen Geschehenszusammenhang eingeordnet. Einer Vorstellung geht eine sinnliche Wahrnehmung voraus, wobei sich die Stärke der Wahrnehmung und die Stärke der Vorstellung nicht proportional zueinander verhalten. Die unbegrenzt lange Dauer einer Wahrnehmung würde die einmal erreichte Stärke einer Vorstellung nicht vergrößern. Im Verlaufe von Vorstellungen wirken bestimmte physiologische Ereignisse auf den Zustand in einer Vorstellung ein: ein physischer Druck entsteht, wenn die die psychischen Veränderungen begleitenden körperlichen Veränderungen nicht ungehindert sich vollziehen können: die Bewegungsgeschwindigkeit einer Vorstellung wird so herabgesetzt. Andererseits kann sie beschleunigt werden, wenn der Körper überaus schnell reagiert und der Entfaltung der Vorstellung gewissermaßen mehr und schneller Hindernisse aus dem Wege räumt, als es zu deren Konstituierung eigentlich notwendig wäre. Bei diesen Vorgängen ändern die Vorstellungen ihre Stärken – Änderungen, die zusätzlich durch Verbindungen von Vorstellungen untereinander getragen werden.

Gleichgewicht, Beweglichkeit, Stärkeänderung und Verbindung von Vorstellungen untereinander ergeben sich somit als die vier hervorstechenden Charakteristika der Vorstellungen. Dabei übernehmen die Vorstellungen im Rahmen von Herbarts Theorie spezifische Aufgaben für die Aufrechterhaltung des psychischen Haushalts. Sie sind „Selbsterhaltungen der Seele".[44]

Was ist Seele? Herbart greift zunächst den Seelenbegriff der von ihm kritisierten Vermögenspsychologie auf, die die Seele als Geist bezeichnet, „sofern sie vorstellt, Gemüt, sofern sie führt und begehrt".[45] Diese Aufsplitterung der Seele nach verschiedenen Funktionen lehnt er ab und systematisiert die unterschiedlichen Funktionen als zwar verschiedene Zustände von Vorstellungen, die aber identischen Gesetzmäßigkeiten unterliegen und daher einander überhaupt erst widerstehen können. Ihr Integrationsprinzip nennt Herbart die „Einheit der Seele".[46] Die Verbindung des Mannigfaltigen, die für Kant noch Verstandesleistung und vollkommen sinnenfern gewesen war, ist für Herbart „der unmittelbare Erfolg der Einheit der Seele".[47]

Es kennzeichnet Herbarts Bedeutung, daß er den Dritten Teil seines Lehrbuchs, der die Darstellung seiner, der neuen Psychologie enthält, mit einem Kapitel über die Seele beginnt, mit einem Kapitel über eine genuin psychologische Funktion, die er nun innerhalb seiner Psychologie zu systematisieren sich vornimmt, während im Rahmen der Kritik an der alten Psychologie nur vereinzelte Äußerungen zur Seele gemacht werden.

Die Seele garantiere die Selbsterhaltungen im psychischen Organismus, sie stifte Identität, insofern sie die Unveränderlichkeit einzelner Vorstellungen garantiere; Vorstellungen blieben in ihrer Qualität erhalten, zu welchen Bewegungen sie auch immer gezwungen würden. Es gebe nur eine einzige Seele, „und wenn es dem Menschen im Streite der Vernunft und Leidenschaft zuweilen scheint, als hätte er mehrere Seelen, so ist dies ein psychisches Phänomen"[48], das mit der Notwendigkeit einer einheitlich gedachten Seele, die alle psychischen Geschehnisse und geistigen Tätigkeiten ganzheitlich umfaßt, nicht in Einklang zu bringen sei. „Die Einheit der Seele selbst ist der tiefe Grund, aus welchem in unser Vorstellen diejenige Einheit kommt, die wir ... im Vorgestellten vermissen"[49], das über sehr viel mehr sinnliche Merkmale verfügt, als zu seiner Erfassung Vorstellungen nötig sind.

Die Seele ist nach Herbart als ein metaphysisches Prinzip zu denken, das Umwandlungen vornimmt, das aus materiellen Substanzen und Kräften, aus räumlichen und zeitlichen Gegebenheiten ein System erarbeitet, das aus einfachen Vorstellungen, ihren Störungen und Selbsterhaltungen besteht. Die Seele sei eine Struktur, die alle zufälligen Wahrnehmungen des Ichs und die Wahrnehmung des Individuums selbst erst anleite.

Der erkenntnistheoretischen Formulierung des Seelenbegriffs entspricht der Begriff des Ichs. Herbart unterscheidet zwischen dem wirklichen Ich und dem reinen Ich. Beide sind durch einen Transformationsvorgang miteinander verbunden. Die vielen zufälligen Merkmale, aus denen sich das wirkliche, das Alltags-Ich zusammensetzt, bedürfen der Verwandlung in reine, nichtempirische Eigenschaften, die eine Wahrnehmungsstruktur ergeben, die die Selbstwahrnehmung nicht mehr an beliebig auszuwählenden Merkmalen orientiert, sondern mit einer gewissen Notwendigkeit zu einer „richtigen Kenntnis von uns selbst" führt.[50] In diesem Begriff ist das Ich von allen zufälligen Charakteristika gereinigt, von allem Unterscheidenden, von allem Individuellen befreit.

Während das wirkliche Ich „als erste Person, sich auf räumliche Weise als Mittelpunkt der Dinge hervorgehoben hat"[51] und das Objekt dem Subjekt und dem anderen Objekt gegenübergestanden hat, kennzeichnet das reine Ich die Identität von Objekt und Subjekt, eine Einheit von Vorgestelltem und Vorstellendem. Herbart nennt seinen Begriff daher einen „widersprechenden Begriff des reinen Ich".[52] Das reine Ich ist eine über die Erfahrung hinausreichende, metaphysische Konstruktion, die Zusammenhänge in der Erfahrung erkennbar werden läßt, indem sie sie konstruiert und auf diese Weise zu Verbindungen gelangt, die innerhalb der bloßen Erfahrungen nicht herzustellen wären.

Herbart unterscheidet zwischen dem wirklichen und dem reinen Ich, zwischen dem wirklichen und dem wahren Ich: „Was immer wir im Laufe der Zeit an uns beobachten, das muß als zufällig wechselnd von unserem wahren Ich unterschieden werden".[53] Das Auseinanderfallen von psychologischer Wirklichkeit und psychologischer Wahrheit, ihre Gegenüberstellung und Trennung, wird zu einer basalen Voraussetzung für Herbarts Psychologie. Das Funktionieren des psychischen Organismus ordnet er einem der psychologischen Wirklichkeit äußeren Ziel unter: „... es muß eine Hauptrichtung des Wollens da sein, welcher alles einzelne Wollen sich fügt. Der Begriff des Menschen von seiner Bestimmung wird in diesem Falle gleichsam die Seele jenes psychischen Organismus".[54] Herbart sucht die psychologische Wahrheit des Menschen außerhalb seiner Wirklichkeit, er setzt sie innerhalb einer theoretischen, innerhalb einer wissenschaftlichen Wirklichkeit.

Welche Konsequenzen ergeben sich daraus für die Gestaltung der Psychologie als Wissenschaft? Für Herbart ist das Verhältnis zwischen Erfahrung und Metaphysik entscheidend. Seele und Ich bilden Erfahrungsstrukturen heraus, die ohne die Grenzen der Erfahrung zu überschreiten nicht herstellbar wären. Und so ist die Erfahrung als Erfahrung nicht zu begreifen, dazu bedarf es der Metaphysik. Sie weist aber in ihrem Tun über sich selbst hinaus, in den Bereich der Erfahrung zurück. Aus dieser wechselseitigen Durchdringung und Verschränkung von Erfahrung und Metaphysik werden die Möglichkeiten und Grenzen einer empirischen Psychologie bestimmt.

Herbart geht von den wechselnden Zuständen, von den veränderlichen Größen der Gegenstände der inneren Erfahrung aus. „Diese ... erfahren wir in uns unmittelbar."[55] Von diesen unmittelbaren Erfahrungen, den empirischen Fakten müsse eine Psychologie ausgehen. Sie dürfe sich aber nicht darauf beschränken, sondern müsse sich mit Hilfe der Metaphysik ausweiten, um das Ziel der Psychologie, die Bestimmung des wahren Ichs des Menschen nicht zu verfehlen. Eine ausschließliche Tatsachenanhäufung werde daher immer mangelhaft bleiben. Die Mängel müssen kompensiert, das Fehlende auf spekulativem Wege ergänzt werden. Die empirische Psychologie müsse durch eine spekulative Psychologie ersetzt werden, die das hinter den unmittelbar wahrnehmbaren Tatsachen Verborgene aufdeckt und den Zusammenhang des Wahrgenommenen, den die Wahrnehmung selbst nicht erkennen kann, nachweist.

Durch die Grenzen der Empirie und den Zwang zur Spekulation ergeben sich die methodologischen Notwendigkeiten der Psychologie. Herbart schreibt über die empirische Psychologie: „Das meiste, was sie lehrt, muß ein jeder aus der Beobachtung seiner selbst schon wissen, um sie nur verstehen zu können".[56] Ausschließlich betrieben erscheint sie ihm redundant, wie er auch von der Nutzlosigkeit der Selbstbeobachtung überzeugt ist, da sie den Gegenstand der Wahrnehmung zersplittere, nach Belieben dieses oder jenes aufnehme und so zu einem Zufallsergebnis führen müsse. Die Kenntnis des Wahrnehmenden von sich selbst trübe die Wahrnehmung, die daher keine reinen Resultate hervorzubringen imstande sei. Wiederum wird die Mangelhaftigkeit der individuellen Wirklichkeit der Reinheit wissenschaftlicher Abstraktion gegenübergestellt:

„Empirie, welche aus Beobachtungen Gesetze ableitet und daraus fernere Beobachtungen vorhersieht und zusammenstellt, kann in der Psychologie nur sehr fragmentarisch stattfinden und kein Ganzes bilden ... Um in der Höhe der wissenschaftlichen Abstraktion Gesetze zu erkennen, die, als Prämissen im folgerechten Schließen gebraucht, nicht sogleich trüglich werden sollen: dazu gehört eine ohne Vergleich größere Bestimmtheit der Begriffe, als durch innere Erfahrung zu erlangen steht."[57]

Wiederum wird das Motiv Herbarts deutlich und mit ihm die Basis der neuen Psychologie: Psychologische Wirklichkeit und psychologische Wahrheit werden getrennt und einander gegenübergestellt, ja, die psychologische Wirklichkeit wird als Gefährdung und Hindernis der psychologischen Wahrheit betrachtet. In dieser Auffassung ist sich Herbart mit der neuen Psychologie, die später als physiologisch-experimentelle Naturwissenschaft etabliert werden sollte, einig.
In einer anderen Auffassung ist er es nicht. Seine ablehnende Würdigung des Experiments als Methode der Psychologie macht die Widersprüchlichkeit deutlich, die der neuen Psychologie an ihrem Anfang, bei Herbart, anhaftet: „Die Psychologie darf mit den Menschen nicht experimentieren; und künstliche Werkzeuge gibt es für sie nicht".[58] Zugleich zeigt sich, daß die Ablehnung experimenteller Methoden nicht ausreicht, um die psychologische Wissenschaft der psychologischen Wirklichkeit nahezubringen.

Es ist gezeigt worden, daß die Lehre von der Wechselwirkung der Vorstellungen quantitativ ausgedrückt wird, daß das variable Verhältnis, in dem die Vorstellungen als Kräfte zueinander stehen, einer feststehenden Gesetzmäßigkeit entspricht. Die Gesetzmäßigkeit der psychischen Bewegungen bestimmt Herbart als die zentrale Konstante alles psychischen Geschehens; er belegt seine Auffassung durch einen anspruchsvollen Vergleich: „Die Gesetzmäßigkeit im menschlichen Geiste gleicht vollkommen der am Sternenhimmel".[59] Da die psychischen Ereignisse unterschiedliche Intensitäten aufweisen, ihr Verhältnis zueinander also ein Größenverhältnis darstellt, ist die Möglichkeit für die Berechnung psychischer Verläufe gegeben, und die Mathematik kann auf die Psychologie angewendet werden. Die mathematische Psychologie umfaßt sowohl eine Statik, die den Gleich-

gewichtszustand von Vorstellungen berechnet, als auch eine Mechanik, die die psychischen Bewegungen in der Zeit erfaßt.
Herbarts große Leistung wird von Repräsentanten der physiologisch-experimentellen Psychologie, etwa von Fechner, der sich in der Einleitung zu seinen *Elementen der Psychophysik* ausdrücklich in eine mathematische Tradition der Psychologie, die mit Herbart ihren Anfang genommen habe, stellt, denn auch in der Mathematisierung der Psychologie gesehen, im Nachweis der Möglichkeit und Notwendigkeit einer mathematischen Behandlung der Psychologie.
Während die Nützlichkeit der Mathematik für die psychologische Forschung ohne Einschränkungen hervorgehoben wird, gestaltet sich im Rahmen der Herbartschen Psychologie die Beziehung zwischen der Psychologie und Physiologie komplexer und differenzierter. Es wird dem dichotomen Menschen- und Weltverständnis Herbarts zu- und untergeordnet. Herbarts Anstrengungen, als Gegenstand der positiven Psychologie das Bewußtsein des gesunden Individuums zu gewinnen, brachten gewisse ‚Abfallprodukte' mit sich, die er aus dem Rahmen einer Psychologie als Wissenschaft ausgegliedert wissen wollte. Als Beispiel seien die Affekte genannt, deren er sich mit Eleganz entledigt: „Die Affekten sind nicht bloß ein psychologischer, sondern auch ein physiologischer Gegenstand. Denn sie wirken auf den Leib mit merklicher, oft gefährlicher Gewalt, und machen eben dadurch rückwärts wiederum den Geist vom Leib abhängig".[60] Die Ausgliederung störender Gegenstandspartikel aus der Psychologie geht somit zu Lasten einer benachbarten Disziplin, der Physiologie, für die Herbart sich ebensowenig verantwortlich fühlt, wie er sich für köperliche Prozesse interessiert, sobald sie den ordentlichen Ablauf psychischer Bewegungen in ihm unzulässig erscheinender Weise manipulieren.
Damit wird die komplexe Zusammengehörigkeit leiblicher und seelischer Prozesse keineswegs verkannt und mißachtet. Aber auch dieses ‚Zugeständnis' löst Herbart zugunsten von Psyche und Psychologie und zu Lasten von Physis und Physiologie in eine Apotheose der Psychologie auf: Denn, so heißt es, „desto wundervoller ist es, daß im Ganzen das Nervensystem fast nur zur Dienstbarkeit geschaffen zu sein scheint, wie man mehr und mehr erkennen wird, wenn man sieht, wie wenig von physiologischen Voraussetzungen nötig ist, um die Geisteszustände und Tätigkeiten zu erklären".[61] Damit bestimmt er das Verhältnis von Nervensystem und Seele als eines von Dienerschaft und Herrschaft. Und wie das Nervensystem dem seelischen System zu dienen und sich unterzuordnen habe, so die Physiologie der Psychologie.
Die der Physiologie als Gegenstand förmlich untergeschobene Krankheit scheint in Herbart Angst wachzurufen, die man als Angst vor einer Revolution im Menschen und in den Wissenschaften vom Menschen verstehen muß, als eine Angst vor der Konfrontation mit einer Umkehrung des Herrschaftsverhältnisses zwischen Seele und Nervensystem. Es „dient das Nervensystem nur im gesunden Menschen; in Krankheiten zeigt es sich ungehorsam und eigenwillig, und in manchen Geisteszerrüttungen, besonders

in der Narrheit, kehrt sich das Verhältnis zwischen den Nerven und der Seele gerade um".[62] So definiert die Psychologie Bewußtsein, Gesundheit, Leben. Und diese ihre Aufgaben bestimmen ihr Verhältnis zur Physiologie. „Jene ist die erste, die vorangehende, diese, falls sie nicht bloße Erfahrungswissenschaft sein will, die zweite; denn sie muß aus jener den Begriff der innern Bildung erst verstehen lernen. Es gibt keine Realdefinition des Lebens, außer mit Hilfe der Psychologie."[63]

Herbart ist davon überzeugt, im Gegenstand der Psychologie, der Seele, ein System erkannt zu haben, das für andere Funktionssysteme des Menschen als Modell dienen kann: „Die Psychologie zeigt uns an dem Beispiel der Seele eine ganz vorzügliche innere Bildung eines einfachen Wesens. Nach diesem Typus muß man sich die *eines jeden* andern, auch unter den *nicht* vorstellenden Wesen, denken".[64] Seine Zuversicht, ein psychisches System als Grundmodell auch anderer Funktionssysteme begreifen und benutzen zu können, nimmt in dem Maße zu, in dem sein Vertrauen in die Erklärungskapazität der Psychologie wächst. Während in der ersten Ausgabe des Lehrbuchs dem ambitionierten Wunsch, „alles in der Psychologie erklären zu wollen"[65], noch die einschränkende Bemerkung folgte: „... eine so schwierige Wissenschaft wird niemals ganz vollendet werden können"[66], fehlt die Skepsis bereits in der zweiten, acht Jahre später erschienenen Ausgabe. In der Betonung der Bedeutung psychologischer Denkmodelle für die Physiologie besteht Herbarts Psychologismus zum einen. Zum anderen dient ein psychologisches Modell der Erklärung geschichtlicher Abläufe. Das Konzept von den Vorstellungen, ihrem Versinken und Aufsteigen wird von Herbart auf die Geschichte übertragen:

„Wie aber die Psychologie die sinkenden und schon gesunkenen Vorstellungen samt deren Verbindungen im Auge behält, um nicht über das erneuerte Emporsteigen derselben sich wundern zu müssen: so soll auch die Philosophie der Geschichte den herabgedrückten Kräften, um den hierin verborgenen Keimen des Besseren und Schlechteren nachspüren; damit klarwerde, unter welchen Bedingungen das Gute emporkommen und das Schlechte überwunden werden konnte."[67]

Wie die Psychologie auf die Erziehung einzelner Individuen bezogen und angewandt werden soll, so soll die Philosophie der Geschichte für die Verbesserung des Staates und der gesellschaftlichen Entwicklungen genutzt werden. „Was der Erzieher von der Psychologie, das fordert der Staatsmann zunächst von der Philosophie der Geschichte."[68] Ganz bewußt möchte Herbart eine psychologische Struktur auf die Geschichte anwenden, für das Verständnis von Geschichte heranziehen. Unbeabsichtigt weist seine Psychologie aber auch eine gegenläufige Beeinflussung auf: die Einbeziehung einer Temporalisierungstechnik in die psychologische Theorie. Der Dynamisierung psychischer Phänomene, die Dynamik der Vorstellungen hat zur Grundvoraussetzung die Einbeziehung der Zeitdimension: Vorstellungen entstehen und vergehen in der Zeit.
So kennzeichnen Herbarts Psychologie sowohl eine Verzeitlichung psychischer Strukturen und psychologischer Konzepte als auch eine spezifische

Psychologisierung der Geschichte. Dieser Vorgang ließe sich als eine wechselseitige Durchdringung einer Wissenschaft vom Menschen und einer Gesellschaftswissenschaft interpretieren.[69] Und tatsächlich befindet sich Herbart innerhalb eines solchen Betrachtungsrahmens. Er bestimmt die Gesundheit bürgerlich-gesellschaftlichen Lebens in Analogie zur Gesundheit des individuellen Geistes. Er strebt eine Funktionalisierung der Psychologie an, in deren wissenschaftlicher Grundlegung er die wichtigste Voraussetzung für eine Verallgemeinerung der von Pestalozzi für die untersten Schichten des Volkes entwickelten pädagogischen Elementarmethode sieht. Ihre Verwendung in allen Stufen der Ausbildung soll die „Herstellung von arbeitsfähigen Staatsbürgern" garantieren.[70] Die Formen von Zerstörungen individueller Gesundheit, die Tobsucht, den Wahnsinn, die Narrheit und die Blödheit findet er als gesellschaftliche Untugenden beim Betrachten des Staates wieder. Et vice versa:

„Gewiß finden Gleichmut, Erregbarkeit, Sammlung und gegenseitiges Bestimmen aller Vorstellungen durch einander ihr Gegenbild in dem gesunden und wohlgeordneten Staate; wo jeder mit Ruhe seinem Geschäft obliegt, jeder dennoch aufmerkt und rege wird beim Rufe des allgemeinen Bedürfnisses, alle zusammen das Nötige vollziehen, aber auch das Ganze den Antrieb aller Teile empfängt."[71]

Indem er ein Gegenbild zeichnet, gewinnt er Identität für seine Vorstellung von der Gesellschaft und für seine Konzeption von der Psychologie. Er verschafft ihr eine Identität, von der sie – ungeachtet aller Krisen – nicht mehr loskommen sollte. Und wenn sich Herbarts Psychologie von der seiner Nachfolger unterscheidet – bei ihnen geht der spekulative Impetus allmählich verloren, bis er, bei Fechner, keine Spuren mehr hinterläßt –, so kann diese Unterscheidung gleichgültig bleiben in Anbetracht ihrer Übereinstimmung, die in der Ausgrenzung der psychopathologischen Quellen und Motive besteht.

Hoffmanns Erzählung

1. Lesarten des „*Sandmanns*“

Auf die tiefe Verwandschaft Moritz' mit den Romantikern weist Robert Minder hin: „Gemeinsam war ihnen, was ... der Psychologe die starke ‚Introversion' und der Geistesgeschichtler den Sinn für das ‚Irrationale' nennt“.[1] Moritz' Erscheinung vergleicht Minder mit einer romantischen Erfindung: „Er war ... ein Hofrat von der Art, wie die E.Th.A. Hoffmannschen Sonderlinge es sind“.[2] In Moritz' Todesjahr, 1793, haben diese Sonderlinge freilich noch nicht zu leben begonnen, Hoffmann bemalt noch Nähkörbchen[3], und einige wenige Zeugnisse innerhalb der Literatur reichen noch nicht aus, um sie als Bestandteile einer neuen Epoche, der Romantik, aufzufassen.
Zwischen Moritz und Hoffmann hat es keine geschichtlich-biographischen Berührungen gegeben. Die Differenz zwischen ihnen erscheint groß, wenn bedacht wird, daß Moritz zeit seines Lebens ein literarisch-psychologischer Grenzgänger zwischen Kunst und Wissenschaft geblieben ist, während Hoffmanns literarische Produkte ihn eindeutig als Dichter und Künstler ausweisen. Und doch: „Man möchte glauben, daß man es mit einem sehr tiefen Psychiater zu tun habe, dem es Spaß macht, seine unheimliche Wissenschaft mit dichterischen Formen zu umkleiden, gleich als wenn ein Gelehrter in Fabeln und Gleichnissen reden wollte“.[4] Baudelaires Einschätzung gilt Hoffmann.

1815 vollendet er die Erzählung „Der Sandmann“, das erste der Nachtstücke. Sie wird überaus populär und gehört bis heute zu den am meisten gelesenen Arbeiten des Dichters. Freud verarbeitet die Lektüre des „Sandmanns“ in seiner Analyse „Das Unheimliche“, die 1919 zum ersten Mal veröffentlicht wird.
Ein Blick in die Untersuchung zeigt, daß es Freud in erster Linie gar nicht um eine Deutung des „Sandmanns“ gegangen ist, sondern um die Erklärung der Genese von Kastrationsängsten. Freud will die Entstehung des kindlichen Kastrationskomplexes verständlich machen. Ihren Ausgang nimmt die Analyse in einem ‚praktischen' Fall, dem Fall des Studenten Nathanael, dessen Kindheitstraumata mit dem Sandmannerlebnis verbunden sind. Dieser Fall ist durch E.T.A. Hoffmann überliefert.
Die Studie darf nicht als die Deutung einer Dichtung gelesen werden. Freuds Absichten sind nicht die eines Literaturwissenschaftlers. Er will den „Sandmann“ als Material für die Entfaltung seines Konzepts vom Kastrationskomplex verarbeiten.[5] Er untersucht die Geschichte nicht um *ihres* ver-

meintlich objektiven Gehaltes willen, sondern verarbeitet und nutzt sie als Material für *seine* Zwecke. Diesen Zwecken werden Charakteristika und Eigentümlichkeiten der Erzählung geopfert. Ihre Konstruktionseigenheiten werden kaum beachtet, und die Erzählung als Erzählung bleibt von untergeordnetem Interesse. Der erzählerische Kontext, in den Hoffmann die Geschichte des wahnsinnigen Nathanael gestellt hat, wird bei Freud aufgelöst, die Erzählung wird zerlegt und einzelne ihrer Partikel in neue Zusammenhänge eingebracht. Innerhalb dieses neuen Kontextes geht es nun nicht mehr um den „Sandmann“ E.T.A. Hoffmanns, sondern um das Kastrationskonzept Freuds. Von den Intentionen Hoffmanns läßt die Verarbeitung des „Sandmanns“ durch Freud wenig übrig; und so konfrontiert „Das Unheimliche“ den Leser auch nicht mit Hoffmann, sondern mit Freud. Es enthält eine sehr subjektive Leseart des „Sandmanns“, eine psychoanalytisch motivierte, und insofern lenkt Freud die Aufmerksamkeit des Lesers nicht auf Hoffmanns Vorstellungen vom Wahnsinn, sondern auf Aspekte der von ihm begründeten psychoanalytischen Theorie. Seine Beschäftigung mit dem „Sandmann“ ist vom Interesse der von ihm repräsentierten Theorie der Psychoanalyse getragen, und diesem theoretischen Interesse entsprechend wird der „Sandmann“ verformt.

Mit dem Begriff der Verformung soll nicht der Vorgang angesprochen werden, der ein künstlerisches Werk von seiner Entstehungsebene auf die Interpretationsebene hebt und dabei notwendig etwas entstehen läßt, was mit dem Gegenstand selbst durchaus nicht identisch ist. Mit dem Begriff Verformung möchte ich eine Weise der Textaneignung bezeichnen, die von vornherein und ganz bewußt darauf verzichtet, den Text in seiner ihm inhärenten Komplexität aufzunehmen, sondern sich nur für Teilbereiche interessiert. Die Intentionen einer solchen Textaneignung bilden sich ganz unabhängig von den ursprünglichen Intentionen des Textes heraus. Im „Unheimlichen“ ist eine solche Verformung darin zu sehen, daß Freud in seinem Bemühen, dem Leser die Prämissen seines Vorgehens klar und verständlich zu machen, die Erzählung nacherzählt und dabei bestimmte Aspekte ausläßt oder andere verzerrt darstellt. Es handelt sich gerade um solche Aspekte, deren Beachtung die Erzählung einer Nacherzählung entziehen würden. In der Nicht-Nacherzählbarkeit des „Sandmanns“ drückt sich ein wesentliches Strukturprinzip der Erzählung aus, das herauszuarbeiten Freuds Absichten freilich widerspräche. Er ordnet die Erzählung strikt einem ihr äußerlichen Interesse unter und verarbeitet sie in einer Weise, die für seine Belange geeignet ist. So scheint es, als ob die Freudsche Aneignung des „Sandmanns“ nicht mehr viel von ihm übrig, als ob die so dezidiert dem eigenen Interesse verpflichtete Verformung die ursprüngliche Gestalt nicht mehr erkennen lasse. Und doch empfindet der Freud-Leser die Lektüre des „Unheimlichen“ als eine Bereicherung und als eine Erweiterung seines Verständnisses für die Erzählung. Die aufgrund seiner psychoanalytischen Erfahrung vorgenommene „Zurückführung der Augenangst auf die Kastrationsangst“[6] wird von Freud so schlüssig präsentiert, daß alle philologischen Erwägungen, die in Freuds Verformung

Verfälschungen erkennen und ihr fehlerhafte Auslassungen nachweisen wollen, einer Übernahme dieser Deutung nichts anhaben können.

Eine ähnlich eigenwillige Verformung des „Sandmanns" finden wir bei Jacques Offenbach, der die Erzählung als Opernsujet nutzt. Im ersten Akt von „Hoffmanns Erzählungen", dem Olimpia-Akt, wird dem weitgehend aus dem „Sandmann" übernommenen Personal Hoffmann selbst als Spielperson hinzugefügt und so zum Helden seiner eigenen Erzählung gemacht, die dann als ein Erlebnis des Dichters „in dramaturgischer Rückblende aufgerollt wird".[7] Damit haben Offenbach und seine Librettisten die Vorlage wesentlich umgeformt und doch mit dieser Verformung eine zentrale Perspektive für das Verständnis der Erzählung freigelegt: sie lenken die Blickrichtung auf die zwischen dem Autor und den Figuren seiner Erzählung geknüpfte Beziehung. So nähert sich Offenbach einer weitaus komplexeren Deutung des Sandmanns an, als sie ein nur werkimmanentes Interpretieren vorzulegen vermöchte. Er trägt mit seiner entliterarisierten Verarbeitung des „Sandmanns" zu einem tieferen Verständnis der literarischen Vorlage bei. Seine Intention ist dies aber durchaus nicht gewesen. Als Offenbach sich mit Hoffmann beschäftigt, entdeckt er,

> „daß er das Los von Hoffmann, dem Helden des Dramas, teile, ja, daß er in Wahrheit der Doppelgänger Hoffmanns sei. Wie Hoffmann nie seine drei Geliebten Olympia, Antonia und Giulietta erreichte, so hatte auch er den Gegenstand seiner Liebe, die große Oper, immer verfehlt. Wie Hoffmann, so war auch er von einem Dämon genarrt worden, und dieser Dämon hatte ihn seiner eigentlichen Berufung entfremdet."[8]

Wie Jahre später Freud, so ebnet auch Offenbach sich einen sehr subjektiven Zugang zum „Sandmann". Ihn berührt die Ähnlichkeit zwischen seiner und der Hoffmannschen Sehnsucht nach ihren jeweiligen Kunstprodukten. Aus dieser Affinität erwächst das Motiv für die Beschäftigung Offenbachs mit dem „Sandmann". Ein Interesse kommt auf, das mit der Erzählung im engeren Sinn nichts zu tun hat. Offenbachs Versformung des von Hoffmanns Erzählten beläßt die Erzählung nicht mehr in ihrem ursprünglichen Kontext. Hier werden einzelne Elemente herausgelöst, neu gruppiert und in andere Zusammenhänge gestellt und sogar neue Elemente hinzugefügt. Auf diese Weise verkleinert Offenbach den „Sandmann" zum ‚bloßen' Material, das er seinen, dem Material äußerlichen, Absichten gemäß nutzen kann. Auf diese Weise entfernt er sich – darin Freud ähnlich – vom Ausgangsmaterial. Und doch scheint eine merkwürdige Wechselbeziehung zwischen Entfernung und Annäherung auch hier zu bestehen, denn der wahrhaft verformende Zugriff Offenbachs läßt gleichzeitig das ‚Binnen-Verständnis' für den „Sandmann" anwachsen.

Die Wirksamkeit dieser Erzählung, ihr Nutzungs- und Verarbeitungspotential hat bis heute nicht nachgelassen. Eine der jüngsten Untersuchungen zum „Sandmann" hat Lienhard Wawrzyn 1976 vorgelegt. Anders als Freud und Offenbach, die ein literarisches Zeugnis in andere Gattungen oder

Genres einbrachten, beabsichtigt Wawrzyn nicht, aus der Erzählung etwas Nicht-Literarisches zu machen. Ähnlich wie Freud und Offenbach liest Wawrzyn die Erzählung unter ganz spezifischen, subjektiven Fragestellungen, die sich aus der Erzählung selbst unmittelbar nicht zu ergeben scheinen. Wawrzyn hegt ein historisches Interesse. Er möchte etwas über den Alltag nach 1800 erfahren, über seine ökonomischen Grundlagen und über seine Nähe zum Wahnsinn. Als Quelle für seine Untersuchung zieht Wawrzyn verschiedene Materialien heran, vor allen anderen aber den „Sandmann": „Hier wird untersucht, ob die verkündeten bürgerlichen Ideale und die bürgerliche Praxis überhaupt noch etwas miteinander zu tun haben. In dieser literarischen Untersuchungsarbeit besteht Hoffmanns politische Leistung".[9]

Wawrzyns Verformung besteht darin, daß er den Text nicht wie ein literarisches Dokument liest, sondern als Quelle für den Geschichtsforscher betrachtet. In den historischen Ansatz Wawrzyns münden soziale und ökonomische Fragestellungen ein. Der Gefahr eines engen ökonomischen Ansatzes, die darin besteht, daß allen Geschehnissen ein ökonomisches Motiv zugeordnet wird, erliegt auch Wawrzyn. Bestimmte Passagen werden ökonomistisch überinterpretiert, etwa der Vorgang um die Näschereien, die die Mutter Nathanaels den Kindern heimlich auf den Tisch legt. Das tut sie ja nicht, um ein eventuelles Sparsamkeitsgebot des Vaters heimlich zu unterlaufen, von dem in der Erzählung denn auch gar nicht die Rede ist. Heimlich legt sie die Näschereien auf den Tisch, um sie dem Zugriff des Advokaten Coppelius zu entziehen. Die Folgen einer solchen Berührung sollen umgangen werden, die darin bestünden, daß genußreiche Dinge in ekelerregende verwandelt würden.

Mit dem Beispiel der Näschereien bringt Hoffmann ein ihm zentrales Thema ein: die Bipolarität der Sinnlichkeit, ihre Verkehrungen, die Verwandlung von Freuden in Leiden, die unterschiedlichen Wirkungen scheinbar identischer Dinge, die begehrlich und abstoßend, genußreich und qualvoll sein können. Der linearen, unvermittelten ökonomischen Interpretation entzieht sich dieses Thema, und wenn ein derartiger Versuch dennoch unternommen wird, so wird er seinem Gegenstand nur sehr vordergründig gerecht.

Andererseits stellt Wawrzyn Hoffmanns Erzählung vom „Sandmann" in Zusammenhänge, die für die Lektüre der Erzählung außerordentlich ergiebig sind. Er schlägt zwei gegenläufige Untersuchungsrichtungen ein. Die eine führt vom faktischen Alltag um 1800, der sich etwa aus den „Lebenshaltungskosten einer fünfköpfigen Maurerfamilie in Berlin um 1800"[10], Wohnformen in Kleinstädten, gerichtlichen Verhörtechniken, Wirtschaftswachstum und kulturellem Angebot zusammenfügt, über das Alltagserleben eines Individuums, Hoffmanns, schließlich zur Verarbeitung der Alltagserfahrungen in einem Text, dessen poetische Form ihn als fiktionalen ausweist. Die andere Richtung beginnt beim Text, der als diskursives Beispiel der Wirklichkeitsverarbeitung angesehen wird, führt zum Autor, der sich mit seinem Text in einen vor ihm existierenden Diskurs

einfügt, und endet schließlich bei den Vorgängen auf der Ebene der gesellschaftlichen Wirklichkeit.
Wawrzyns Vorgehensweise macht die Brauchbarkeit des „Sandmanns“ für ganz unterschiedliche Zwecke deutlich. Sie zeigt, daß dem „Sandmann“ Fragestellungen aus den verschiedensten Interessengebieten zugemutet werden können. Und auf all diese Fragen hält die Erzählung vom „Sandmann“ eine Antwort bereit.

So mag es sich erklären, daß es sich beim „Sandmann“ um einen Text handelt, „der als Ballett, als Oper und in sieben Verfilmungen (von 1900 bis 1966) eine breite Wirkung zeitigte“.[11] Wenn wir davon ausgehen, daß die materielle Gegebenheit eines Textes „bloße Virtualität (ist), die nur im Subjekt ihre Aktualität finden kann“[12], so bedeutet das für den „Sandmann“ einmal, daß er immer wieder neue Erfahrungen ermöglicht und andere Lesarten provoziert, und zum andern, daß die Erzählung mit dem Wandel der Lektüreperspektiven im Laufe ihrer Geschichte sich selbst ändert. „Jedes Jahrzehnt fügt den Deutungen, denen ein vielschichtiges Werk ausgesetzt ist, eine neue hinzu, als sei im Kunstwerk plötzlich eine Veränderung vor sich gegangen, die nach ungebrauchten Gesichtspunkten Ausschau halten läßt.“[13]
Eine Würdigung verschiedener Deutungen als falsch oder richtig setzt eine Kenntnis über den ‚eigentlichen‘ Gehalt, die ‚eigentliche‘ Aussage des zu beurteilenden Werkes voraus. Sie setzt die Auffassung voraus, ein Werk habe eine stabile objektive Bedeutung, die als integraler Bestandteil des Werkes das Werkverständnis eindeutig und invariant bestimmt. Die Annäherung an ein Werk wäre dann durch die ‚Werktreue‘ des Lesens geleitet.
Die Kategorie ‚Werktreue‘ kennzeichnet ein spezifisches Verhältnis zwischen dem Rezipienten und dem Gegenstand der Rezeption. Dabei suggeriert sie eine Möglichkeit der Annäherung an ein Werk, die zu unterschiedlichen Zeiten gleich bleibt, dem Werk ‚treu bleibt‘. Deutungen, die in ihrem Vorgehen den Anspruch der Werktreue verwirklichen wollen, enthistorisieren dabei gleichzeitig das Verhältnis zwischen dem Leser und seinem Text, das tatsächlich Wandlungen unterworfen ist. Deutungen auf der Grundlage der Werktreue vermögen den sich ändernden Ausgangsbedingungen des Lesers eines Textes nicht gerecht zu werden. Es sind aber nicht nur die sich wandelnden Bedingungen, unter denen der Leser sich einem Text nähert, die das Verhältnis zum Text modifizieren. Der Text selbst, das Material des Lesers erfährt im Laufe seiner Geschichte eine Veränderung. Der „Sandmann“ ist heutigen Tages nicht mehr auf die gleiche Weise zu lesen wie 1815. Seine Geschichte hat ihn mit Deutungen überlagert, und jedes heutige Verhältnis muß die Überlagerungen respektieren. „Sie sind im übrigen bereits zu einem Bestandteil der interpretierten Werke geworden und stellen eine geschichtlich-kulturelle Rezeption dar, die man nicht mehr unberücksichtigt lassen kann, ganz gleich, ob man sie akzeptiert oder ablehnt.“[14]

Dem Wandel der Lesereinstellungen und dem Wandel des Textmaterials, der sich ändernden Beziehung zwischen Werk und Rezipient vermag die Kategorie Werktreue nicht gerecht zu werden. Freud, Offenbach und Wawrzyn sind dem „Sandmann“ nicht treu geblieben. Dennoch ist es müßig und unzulässig, ihre Deutungen als falsch oder richtig beurteilen zu wollen. Sie haben den „Sandmann“ so gelesen, wie es für sie wichtig gewesen ist, wie sie ihn brauchten. Sie haben sich dem „Sandmann“ mit einem spezifischen Interesse genähert, und dieses Interesse hat sich aus ihrem Denken, Fühlen, Handeln und Arbeiten ergeben. Freud, Offenbach und Wawrzyn heben bestimmte Aspekte aus ihrer Lektüre heraus. Freud legt das Schwergewicht auf den Kastrationskomplex, Offenbach auf die Künstlerproblematik, Wawrzyn liest am „Sandmann“ eine Form der Alltagsbewältigung ab.

Sie lesen Hoffmann und verleugnen an keiner Stelle der Darstellung ihrer Lektüreergebnisse, daß sie es sind, die lesen, die sich keiner ‚Werktreue‘ verpflichtet fühlen, die keinerlei objektiven Gehalt aus der Erzählung destillieren wollen. Sie sind konkrete Individuen, die in einer konkreten historischen Phase der gesellschaftlichen Entwicklung lesen. Sie präsentieren Lesarten, wie sie in dieser Phase der gesellschaftlichen Entwicklung möglich gewesen sind. Es sind Lesarten, aus denen hervorgeht, wie einer 1879/80, wie ein anderer 1919 und wie ein Dritter 1976 mit dem „Sandmann“ umgegangen ist. Die Lesarten, die ein Verhältnis zwischen einem Leser/Autor und einem – in unserem Fall – literarischen Dokument beschreiben, sind selber historisch. Darin ist kein Nachteil der Kategorie zu sehen. Sie wird dem historischen Wandel von Text, Leser und ihrer Beziehung gerecht. Und indem die Geschichtlichkeit dieser Beziehungen, der Lesarten, reflektiert wird, ist es möglich, eine neue Lesart zu präsentieren, ohne dadurch bisherige Lesarten als falsch oder richtig zu verkennen. Bisherige Lesarten des „Sandmann“ hatten ihren Sinn in ihrer Zeit, für ihre Autoren und deren Leser. Für uns besteht ihr Sinn darin, daß sie in ihrer Geschichtlichkeit Beispiele für mögliche oder möglich gewesene Annäherungen an einen literarischen Text darstellen.

Nicht mehr möglich ist es, den „Sandmann“ aus sich heraus, gewissermaßen von seiner Geschichte gereinigt, verstehen zu wollen. Andererseits ist es nicht angemessen, etwa die Hinzufügungen Freuds als paradigmatisch für das Verständnis der Erzählung anzusehen und sich bei der Lektüre von den Ausführungen Freuds leiten zu lassen. Ein heutiger Versuch, den „Sandmann“ zu lesen, kann nicht mit Belegen Freuds operieren.[15] Ein heutiger Versuch muß sein Ziel bestimmen und die Absichten vorstellen, mit denen der „Sandmann“ gelesen und verarbeitet werden soll.

2. Der zerrissene Partner

Im folgenden soll der Versuch unternommen werden, eine weitere Lesart des „Sandmanns" vorzustellen. Die Erzählung wird für die Zwecke der vorliegenden Untersuchung zur Psychologie um 1800 gelesen.

Ein wesentliches Strukturprinzip des „Sandmanns" drückt sich in seiner Nicht-Nacherzählbarkeit aus. Ein Handlungsablauf ist zwar durchaus zu erkennen. Er nimmt seinen Anfang, durchläuft verschiedene Zwischenstufen und gelangt zu einem Ende, das sich an einem bestimmten Ereignis festmachen läßt. Die Erzählung, so scheint es, umfaßt eine abgeschlossene Handlung, die sich nacherzählen lassen müßte. Dennoch gelänge ein solcher Versuch nicht, denn schnell würde er als Ergebnis hervorbringen, daß seine Grenzen oft und breit geöffnet werden, daß das Erzählte dem Umfange nach weniger als die Erzählung ist. Zum Erzählten kommt etwas hinzu, zur Fiktion des Erzählten tritt die Wirklichkeit des Erzählens. Immer sind im „Sandmann" Erzähltes und Erzähler gleichzeitig präsent. Der Erzähler macht seine Tätigkeit transparent, er läßt den Vorgang des Erzählens erkennbar werden. Der Leser nimmt nicht nur eine fiktive Geschichte war, deren Wirklichkeitsgehalt er glauben mag oder auch nicht, er nimmt darüber hinaus einen Erzähler beim Erzählen war, er beobachtet ihn bei einem ganz realen Geschehen. Dadurch entsteht eine Art „vollkommene Objektivierung" der gesamten Erzählung; auch das Fiktive scheint nun, dadurch, daß uns der Autor zeigt, wie er zu seinen Informationen gelangt ist, einen höheren Wirklichkeitsgrad gewonnen zu haben. Um dieses Ziel zu erreichen, wendet der Erzähler verschiedene Mittel an, benutzt er eine bestimmte Darstellungsform, die verhindern will, daß im „Sandmann" nur das Produkt einer poetischen Phantasie, eine Erfindung gesehen wird. Sie will das Erzählte authentisch machen.

Zu Beginn der Erzählung werden vom Erzähler einige Dokumente vorgelegt. Ein Drittel der ganzen Erzählung wird durch den Briefwechsel zwischen Nathanael, Clara und Lothar gefüllt, der den Eindruck, es sei etwas Erfundenes an der Erzählung, nicht erst aufkommen lassen soll. Es schließt sich eine direkte Anrede des Erzählers an den Leser an, in der von „meinem armen Freunde, dem Studenten Nathanael"[16], die Rede ist und die den Eindruck erweckt, als habe dieser über einen Mittelsmann dem Erzähler seinen Briefwechsel überlassen, um ganz authentisch und dokumentarisch abgesichert über seinen Fall berichten lassen zu können. Seine direkte Anrede endet der Erzähler, indem er sich in eine unmittelbare Beziehung zu einer Person der Erzählung setzt, zu Clara, deren Bild ihm vor Augen steht, „daß ich nicht wegschauen kann, so wie es immer geschah, wenn sie mich holdlächelnd anblickte".[17] Von dieser Stelle an wird der Leser vom Erzähler nicht mehr direkt angeredet. Hoffmann ist nur gewissermaßen in die Erzählung hineingeschlüpft und hat die Distanz des Autors, die ja ihre Wirkung auf den Leser getan und den Eindruck, einem objektiven Geschehen beizuwohnen, hervorgerufen hat, aufgegeben.

Was zieht Hoffmann in die Erzählung hinein, was verbindet ihn mit seinen Figuren? Der Autor führt widersprüchlichste Charaktere vor, Nathanael und Clara, und präsentiert in ihnen widersprüchlichste Bewußtseinszustände. Der Zustand des Wahnsinns und der Zustand psychischer Normalität finden in Nathanael und Clara ihre Träger, ihre Personifikationen. Diese Zustandsbeschreibungen sind Produkte der Phantasie des Autors und sind es auch nicht. Einerseits entspringen sie der dichterischen Phantasie Hoffmanns, andererseits sind sie keine freien Erfindungen.[18] Es sind Bewußtseinszustände, die er beobachtet hat, die „seine besondere Aufmerksamkeit festgehalten" haben.[19] Es sind seine eigenen Bewußtseinszustände, die er erzählerisch, erzählend auf verschiedene Figuren verteilt. Wir finden im „Sandmann" des Autors widersprüchliches Bewußtsein dargestellt, das eine starke Affinität zum Wahnsinn so gut kennt wie eine merkwürdige Beziehung zur Normalität. Die Polyperspektivik im „Sandmann", der dem Leser aufgezwungene Wechsel der Wahrnehmungsperspektiven des Geschehens, läßt sich daher nicht nur als eine stilistische Technik verstehen, sondern auch als ein das Leben des Autors prägender Bestandteil. Hoffmann gehört einer „Epoche der Kunst (an), in der die dargestellte Figur ... gebieterisch und klar auf das dem Künstler eigene Bewußtsein zurückweist".[20] Hoffmann begibt sich in die Nähe des wahnsinnig werdenden Individuums, läßt es zu Wort kommen, leiht ihm schließlich die eigene Sprache. Aber sein Bewußtsein ist zu komplex, als daß es sich in eine einzige dargestellte Figur einbringen ließe. Er schwankt zwischen verschiedenen Bewußtseinszuständen. Nicht nur durch die Faszination vom Wahnsinn wird sein Bewußtsein gestaltet. Daher werden dem wahnsinnig werdenden Nathanael andere Figuren hinzugefügt. Hoffmann zeigt einen Wahnsinnigen, der an die Grenze der Lebensfähigkeit gelangt und sie überschreitet. Er zeigt aber auch eine normale Figur. Claras Normalität wird im Verlauf der Erzählung in einer Weise verzerrt, die auch die Normalität schließlich als nicht mehr tragfähig für ein Leben ausweist.

Die wahnsinnigen Geschehnisse, die nicht etwa nur Ausgeburten der kranken Psyche Nathanaels sind, sondern von der ihn umgebenden Gesellschaft hervorgebracht werden – Hoffmann zeigt dies klar und eindeutig –, lassen eine naive Normalität nicht mehr zu. Ein Leben vor dem Hintergrund der wahnsinnigen Ereignisse kann sich nicht mehr im Sinne ursprünglicher Normalität vollziehen. Zeit seines Lebens ist sich Hoffmann sicher gewesen, daß ein normales Leben vor dem Hintergrund des gewaltigen gesellschaftlichen Umbruchs, der seine Lebenszeit gestaltete[21], moralisch unmöglich und psychisch nicht zu verkraften sei. Um sich blickend entdeckt er Versuche, ein solches Leben zu führen, ein sicheres, ein unangefochtenes Leben. Auch dieses Leben vermag ihn zu faszinieren, und wenn er es auch als recht eigentlich tot empfindet, gehört der Gedanke daran doch zu seinen Bewußtseinszuständen.

Der Gedanke an ein anfechtungsfreies Leben wird in Clara personifiziert. Am Ende der Erzählung bettet Hoffmann das Leben Claras in eine Idylle, von deren Unwirklichkeit er freilich überzeugt ist. Die Schilderung einer

Idylle nach Nathanaels Wahnsinn und Tod erscheint zynisch und zeigt an, daß diese Idylle keinerlei Leben birgt. Hoffmann deutet sie nur in der Möglichkeitsform an:

„Nach mehreren Jahren will man in einer entfernten Gegend Clara gesehen haben, wie sie mit einem freundlichen Mann Hand in Hand vor der Türe eines schönen Landhauses saß und vor ihr zwei muntre Knaben spielten. Es wäre daraus zu schließen, daß Clara das ruhige häusliche Glück noch fand, das ihrem heitern lebenslustigen Sinn zusagte."[22]

Hoffmann hält diese Lebensform nicht für realisierbar, allenfalls bietet sie den Anlaß zu einer Spekulation. Und wenn Clara tatsächlich zu ihr gefunden haben sollte, verfehlte sie die Wirklichkeit, indem sie nicht erkennt, daß diese Lebensform der Grundlagen entbehrt. So überschritte auch die normale Clara die Grenzen der Lebensfähigkeit, so könnte auch ihre Normalität nur noch als wahnsinnig aufgefaßt werden. Erkennbar wird bei Hoffmann eine Verneinung der Möglichkeit eines richtigen Lebens im falschen, erkennbar wird die Auffassung von der gesellschaftlichen Angemessenheit individuellen Wahns.

Die Figurationen in Hoffmanns „Sandmann" sind nicht Produkte der reinen Phantasie. Es handelt sich bei ihnen um „vorher existierende kulturelle Gegenstände", auf die „die Eingebung sich stützt, die sie ableitend ausarbeitet".[23] Die Phantasie erscheint so als etwas Zusätzliches, das die vorfindliche Wirklichkeit in einer bestimmten Weise formt. Voraus gehen der Phantasiearbeit die Empfindlichkeit für bestimmte Bewußtseinsfiguren, der Wunsch, sie zu beobachten, und der Wille, das Beobachtete zu verarbeiten. Insofern kann die dichterische Erfindung, kann der „Sandmann" nicht als originelle Schöpfung angesehen werden. Er ist ein „Phantasieabschnitt in einer Kette von *geschriebenen* Aufzeichnungen".[24] So gesehen ist es weniger wichtig herauszufinden, wie vieles im „Sandmann" an Einfällen, Wirkungen etc. sich der Genialität, dem Einfallsreichtum und der Originalität des Dichters verdankt; wichtiger ist es zu betrachten, welchen Anregungen Hoffmann folgt, welche Lektüre seinem Arbeiten vorausgeht, wodurch seine Gedanken angeregt und geleitet werden. Damit ist die Frage nach dem Anteil gestellt, den der Dichter an seiner Arbeit hat; es ist die Frage, in welchem Ausmaße in eine Dichtung, in den „Sandmann", vorgegebene kulturelle Gegebenheiten aufgenommen werden.
Mit dem „Sandmann" reiht E.T.A. Hoffmann sich in einen Diskurs ein, der vor ihm besteht, in dem bestimmte Themen fixiert sind, der sich als eine Gesamtheit präsentiert, die dem Dichter aber noch „genügend Stoff zur Auslese seiner Gedanken- und Empfindungsverlagerungen bietet".[25] Ihm bleibt die Auswahl des Themas. Hoffmann wählt den Wahnsinn, das „Schweben zwischen Sinn und Unsinn" (M. Claudius).
Es scheint, als ob Hoffmann mit der Themenwahl seinen Gegenstand in einen bestehenden Diskurs einordne, den in der zweiten Hälfte des 18. Jahrhunderts begründeten Diskurs über den Wahnsinn. Diese Vermutung wird durch Hoffmanns Verhalten untermauert. Er entnimmt dem Diskurs be-

stimmte Informationen, die er für seine Zwecke verarbeitet. So scheint er Grundannahmen des Diskurses, seine Wahrheit und die Gültigkeit seiner Aussagen zu bestätigen. Er scheint die Regeln des Diskurses zu akzeptieren und auf sein Thema, den Wahnsinn, anzuwenden. Hoffmann erwirbt seine psychopathologischen Kenntnisse zum einen durch zahlreiche Unterhaltungen mit einem Freunde, dem Bamberger Arzt Dr. Marcus.

„‚Warum denke ich schlafend oder wachend so oft an den Wahnsinn?' schrieb 1810 in seinen Notizen Hoffmann, der sehr viele medizinische Bücher über die verschiedenen Formen der geistigen Umnachtung gelesen hat, z.B. ‚Traité médicophilosophique sur l'aliénation mentale' von Pinel, ‚Praktische Bemerkungen über Geisteszerrüttungen' von Cox, ‚Rhapsodien über die Anwendung der psychischen Kurmethode auf Geisteszerrüttungen' von C. Reil u.a."[26]

„Hoffmanns Quellen für die Schilderung psychischer Grenzsituationen und pathologischer Zustände waren ... nicht mystisch. Sicher spielten auch solche Tendenzen eine Rolle, und auch die Tatsache, daß der Wahnsinn damals Modethema war, ist zu berücksichtigen. Trotzdem muß betont werden, daß der Autor zweifellos vom ‚genauen Studium der Wirklichkeit und der Fachliteratur' ausgegangen ist, weshalb – von *dieser* Perspektive aus gesehen – Nathanaels Schicksal doch *das* darstellt, ‚was ein wirklicher Mensch erlebt haben könnte'. Die Beschreibung psychischer Grenzphänomene bedeutet nicht nur romantische Zutat, Konzession an den Zeitgeschmack, sondern auch Ausdruck ernster wissenschaftlicher Beschäftigung."[27]

Hoffmann kennt den psychopathologischen Diskurs seiner Zeit, er kennt die Autoren, die sich mit dem Wahnsinn auseinandergesetzt haben.[28] Aus der medizinisch-literarischen Überlieferung gewinnt er nicht nur praktische Anregungen für seine dichterischen Arbeiten, sondern auch theoretische Einsichten in sein Thema. Die medizinisch-literarische Überlieferung legt bestimmte Regeln und Grenzen für die diskursive Behandlung des Wahnsinns fest, sie prägt bestimmte Figuren, die des Wahnsinns und die der psychischen Normalität und ordnet den Figuren ihnen spezifische Aussagen zu. Die Überlieferung stellt die Figuren in ein bestimmtes Verhältnis zueinander, und die Figur des Wahnsinns wird erst durch die Gegenüberstellung mit der Figur der psychischen Normalität wirklich erkennbar. So sind die Rollen des Wahnsinnigen und die des Nichtwahnsinnigen durch die Überlieferung verteilt.
Hoffmann übernimmt die Rollen für den „Sandmann", und dies erweckt den Anschein, als ob er sich den Kontrollprozeduren des Diskurses unterworfen habe, als ob er dessen Regeln anerkenne. Foucaults These, nach der ein funktionierender Diskurs den Autor zwingt, sich dem Reglement zu unterwerfen, und diesen als schöpferisch-sprechendes Individuum nicht länger duldet, scheint sich am Falle Hoffmanns zu bewahrheiten. Der Diskurs über den Wahnsinn hat im Laufe seiner Entwicklung Charakteristika angenommen und hervorgebracht, die als Kontrollprozeduren wirksam sind und das Funktionieren des Diskurses garantieren. Zwischen Vernunft und Wahnsinn ist eine klare Grenze gezogen worden. Über den Wahnsinn wird geredet und geschrieben, aber aus der Perspektive der Vernunft; der Diskurs über den Wahnsinn hat sich vom wahnsinnigen Diskurs getrennt. Der wahnsinnige Diskurs ist verworfen, er ist das Ausgeschlossene, das

hinter den Grenzen, die zu überschreiten der Vernunft nicht gelungen ist, Befindliche. Aus der Not eine Tugend machend, wird die Grenze als Identifikationsmerkmal angenommen, das unverzichtbar wird; daher darf die Grenze nicht überschritten werden.

Sind die Charakteristika des Diskurses über den Wahnsinn auch für die Behandlung des Themas durch Hoffmann charakteristisch? Zunächst scheint es, als ob Hoffmann die Grenze zwischen Wahnsinn und Vernunft in der Weise des Diskurses über den Wahnsinn ziehe. Aber es zeigt sich schnell, daß Hoffmann diese Grenze nicht anerkennt und sie für den Leser keine Orientierungslinie darstellt. Bereits mit der Präsentation der Figur des Sandmanns wird die Grenze aufgegeben. Der Sandmann erscheint vor allem als eine Phantasiefigur Nathanaels, die mit Nathanael wächst und sich mit ihm entwickelt. Verschiedene Sinnesorgane Nathanaels sind an der Wahrnehmung und der Konstituierung der Figur des Sandmanns beteiligt. Er hört ihn poltern und treten, er riecht seine Versuche, er denkt über ihn nach. Der Sandmann wird als eine innnere Figur Nathanaels vorgeführt, als eine Figur reiner Sinnlichkeit, die ihn ängstigt, die Entsetzen und Tränen hervorruft. Die Wirkung der Figur ist fürchterlich und unheimlich. Und der Leser ist geneigt, die Wirkungsmöglichkeit des Sandmanns einer entsprechenden Disposition Nathanaels zuzuschreiben, Nathanael die Verantwortung für die Wirkungen des Sandmanns zu geben, den Sandmann als seine psychische Realität zu verstehen.

Getrübt wird das Verständnis des Sandmanns als einer Phantasiegestalt Nathanaels durch die Wirkungen, die der Sandmann auf die Eltern Nathanaels ausübt: der Vater verfällt in ein dumpfes Schweigen, und die Mutter wird traurig, ist die Stunde des Sandmanns gekommen. Also scheint der Sandmann auch außerhalb der Vorstellungswelt Nathanaels zu existieren und die Figur nicht nur einer Grille Nathanaels zu entspringen. Eindeutig läßt sich die Figur offenbar nicht der geängstigten und kranken Phantasie Nathanaels zuordnen, wenn die Figur auch auf Mutter und Vater wirkt. Aber es ist dann ja doch er, Nathanael, der von dem Erleben der Eltern berichtet, das daher nicht unbedingt als authentisch betrachtet werden muß, sondern womöglich auch der Phantasie des Sohnes entspringt. Die Vermutung, daß auch das Erleben der Eltern zur Phantasie Nathanaels gehören könne, wird durch die enge Verbindung gestützt, in der am Anfang der Erzählung der Sandmann Gestalt annimmt und sich gleichzeitig die Entwicklung Nathanaels vollzieht. Den verschiedenen Wirkungsstufen, die der Sandmann erreicht, korrespondieren die verschiedenen Alters- und Zeitstufen in der Entwicklung Nathanaels. Das Wachstum Nathanaels wird durch Hoffmann mit dem Wachstum des Sandmanns verwoben.

Erzählungsdramaturgisch entwickelt sich Nathanael vom Erzählenden zum Erlebenden, während gleichzeitig der Sandmann aus einer nur an ihren Wirkungen erkennbaren Figur zu einer konkreten handelnden Gestalt wird. Sprachtechnisch wird dieser Wandel durch einen Tempuswechsel hervorgehoben: aus dem erzählenden Imperfekt wird ein erlebendes Präsens.

Nun wird der Sandmann identifiziert, er verliert seine Märchenhaftigkeit, er wird als der ganzen Familie Nathanaels wohlbekannte Advokat Coppelius identifiziert und erhält damit denselben Wirklichkeitsgrad, den andere Figuren der Erzählung haben. Dem Leser ist die Sicherheit, mit der er den Sandmann als die Ausgeburt der Phantasie Nathanaels bestimmen zu können glaubte, wieder genommen, der Sandmann ist Figur einer Wirklichkeit geworden, die nicht nur für Nathanael, sondern auch für alle anderen existiert. Damit ist er aber auch gezwungen, die Ängste Nathanaels ernst zu nehmen, sie als Wirklichkeit ernst zu nehmen, die Ängste nicht mehr als den wahnhaften Vorstellungen Nathanaels entsprungen zu betrachten, sondern sie als reale Ängstigung durch eine auch durch andere verbürgte Figur anzuerkennen. Die Möglichkeit, die Figur des Sandmanns als nicht wirklich und wahnhaft zu begreifen, ist dem Leser nun genommen. Eine Figur, die er üblicherweise als Wahnvorstellung eines Psychopathen begreifen und damit ausgrenzen möchte, überschreitet die Grenze und tritt in den Bereich der Vernunft ein, insofern sie auch von den Vernünftigen anerkannt wird.

Die normativen Kriterien, mit deren Hilfe der Leser üblicherweise in der Lage ist, zwischen Wahn und Wirklichkeit zu unterscheiden, verlieren bei der Lektüre des „Sandmanns" ihre Gültigkeit. Ein individueller Wahn wird zur Wirklichkeit aller verkehrt, eine phantasierte Figur wird zur wirklichen, der Leser verliert seine Orientierung. Fortan wird den Leser eine Frage beschäftigen: ist Nathanael wahnsinnig? Fortan wird er nach einer Antwort suchen, die ihm die Sicherheit gibt, klar unterscheiden zu können, zwischen sich selber und den vernünftigen Figuren innerhalb der Erzählung einerseits und den dem Wahn verfallenen andererseits. Fortan wird der Leser die Identifikation und Solidarisierung mit den vernünftigen Figuren der Erzählung suchen und, wenn er sie gefunden hat, den Fund bedauern.

Nathanaels Bericht über das Zusammentreffen des Sandmanns mit dem Vater scheint eine gute Gelegenheit zur Überprüfung der anstehenden Fragen zu bieten. Minutiös gibt Nathanael seine Beobachtungen wieder, die er wie „festgezaubert"[29] im Zimmer des Vaters macht. Er beobachtet ganz genau und „übersieht" dennoch, woher Coppelius und der Vater die langen schwarzen Kittel nehmen. Nathanael beobachtet und sieht doch nicht. Um ihn herum geschehen Dinge, die sich der Wahrnehmung entziehen; Ereignisse erlangen eine hohe Bedeutung, die einfach durchs Hinschauen nicht wahrgenommen und erfaßt werden können. Anderes verwandelt sich. Was Nathanael lange für einen Wandschrank hielt, entpuppt sich plötzlich als eine dunkle Höhle. Das gesichert Geglaubte und in der Vorstellung Festgefügte stellt sich als etwas ganz anderes dar. Banale Alltagsgegenstände verwandeln sich in Dinge voller Bedeutung. Die Wahrnehmung ändert sich, sie macht neue Entdeckungen, und sie schränkt sich nicht mehr darauf ein, mit den Augen zu erfassen. Die Wahrnehmungsorgane erweitern sich und so auch das Spektrum des Wahrgenommenen. Die Wirklichkeit sieht plötzlich anders aus. Der sanfte ehrliche Vater nimmt häßliche Züge eines widerwärtigen Teufelsbildes an. Die Wahrnehmung entdeckt eine ganz andere Wirklichkeit, die der bisher wahrgenommenen oft diametral entgegensteht.

So ganz eindeutig wird diese andere Wirklichkeit noch nicht als Wirklichkeit bestimmt. Behutsam läßt Hoffmann Nathanael einschränken: „Mir war es, als würden ...“[30] und den Leser hoffen, daß es vielleicht doch nur um Hirngespinste Nathanaels geht. Aber unterscheidbar ist es für den Leser nicht mehr, wo die Grenzen zwischen Wahn und Wirklichkeit verlaufen. Er wird vom Autor zum Verzicht auf klare Unterscheidungsmerkmale angehalten. Geneigt und bestrebt, zwischen den Handlungen Coppelius' einerseits und den Krämpfen und Ängsten Nathanaels und der Fürsorge der Mutter andererseits den Aufeinanderprall zweier Wirklichkeitsebenen zu erhoffen, einen deutlichen Bruch zwischen Traum und Wirklichkeit anzunehmen, wird der Leser enttäuscht. Hoffmann führt die Irritation fort: er setzt keinen Bruch zwischen den genannten Ebenen. Die Beschreibung der zweiten Ebene beginnt noch nicht einmal in einer neuen Zeile, geschweige denn in einem neuen Abschnitt. Anstelle des erhofften Bruchs finden wir einen schlichten Punkt. Hoffmann setzt keinen Bruch, er demonstriert die Verbindung der Wirklichkeitsebenen, er läßt sie gewissermaßen ineinander überfließen und so zu einer Wirklichkeit werden. Den Traum zeigt er als Wirklichkeit, Trugbilder werden als wahrhaftige erkennbar, die Wirklichkeit ist trügerisch und das Trügerische wirklich. Die Sicherheit ist so brüchig geworden, daß nur noch eines sicher ist: die Brüchigkeit. Stets werden die wahnhaften Erfahrungen Nathanaels ein bißchen unabgeschlossen gehalten, nicht so recht zu Ende erzählt. Sie versinken im Nichts, in einer totalen Gefühlsleere: „... Ich fühlte nichts mehr“.[31] Und: „... Mir vergingen die Sinne“.[32] Und immer schließen sich unmittelbar daran Sätze an, die eine Rückkehr in die Wirklichkeit verheißen: der sanfte warme Hauch der Mutter am Krankenbette, die Beerdigung des Vaters. Es scheint, als ob mit diesen Sätzen für Nathanael die ‚eigentliche‘ Realität wiedererlangt sei und der Leser eine gewisse Sicherheit zurückgewonnen habe. Ihm vermittelt sich der Eindruck, daß die traumhaft-visionären ‚Unterbrechungen‘ einer normalen, vernünftig erzählten und vernünftig lesbaren Erzählung nun abgeschlossen seien. Aber auch diesem Eindruck zu vertrauen wird dem Leser verwehrt. Die sich anschließenden ‚normalen‘ Ereignisse: das Sitzen der Mutter am Krankenbette des Sohnes und die Beerdigung des Vaters, können überhaupt nur zustande gekommen sein, wenn das, was der Leser als Traum oder Vision oder Wahn Nathanaels verstehen und abtun möchte, sich wirklich ereignet hat. Die reale Beerdigung des Vaters ist nur denkbar und möglich als Folge der irrealen Erlebnisse Nathanaels. Und wenn die Beerdigung als wirklich geglaubt wird, können auch die vorausgegangenen Erlebnisse Nathanaels nicht mehr als irreal angesehen, sondern müssen als zur Wirklichkeit gehörig betrachtet werden. Dies ist eine Verstehensmöglichkeit.

Eine andere wäre zu sehen, daß nicht nur Nathanael Opfer oder Träger einer weitreichenden Phantasie ist, sondern die anderen Figuren auch: der Vater, der der vermeintlich wahnhaft erfundenen Explosion ganz real zum Opfer fällt, die Nachbarn, die von der erträumten Explosion geweckt werden. Es kann also nicht eine innere Phantasie sein, der nur Nathanael unterliegt, sondern wenn es sich wirklich um etwas Phantastisches handelt, dann unterliegen dieser psychischen Realitätsstruktur alle Personen.

Wenn der Leser also den Tod des Vaters akzeptiert, ihn als wirklich stattgefunden annimmt, wenn er davon ausgeht, daß im Hause eine Explosion sich ereignet hat, und daran glaubt, daß die Mutter sich ans Krankenbett des Sohnes gesetzt hat, dann akzeptiert er auch die Träume, Visionen und Wahnvorstellungen Nathanaels als Wirklichkeit und verwirft sein gängiges polares Begriffspaar, das zwischen Wahn und Wirklichkeit eine Grenze setzen will. Er neigt dazu, den Teil des Geschehens zu akzeptieren, der durch öffentliche Ansichten zu den Geschehnissen verbürgt wird; das schreiende Dienstmädchen, die durch die Explosion geweckten Nachbarn, die Obrigkeit, die Coppelius zur Verantwortung ziehen will – diese Figuren vermitteln eine quasi-öffentliche Perspektive, die der Leser zu der seinen machen möchte, und die sich doch mit der Nathanaels deckt.

Akzeptiert der Leser nur diesen belegten Teil des Geschehens und verwirft den anderen Teil, für den Nathanael bürgt, so bedeutet dies eine Entscheidung für zwei Perspektiven, die der Erzählung die Einheit nimmt und den Leser gewissermaßen zerreißt. Will der Leser aber nicht der zerrissene Partner des Erzählers sein, muß er wählen. Die Alternative, zwischen deren Varianten eine Entscheidung zu treffen Hoffmann den Leser zwingt, ist selbst toll: Entweder er verneint die Grenze zwischen subjektiver Phantasie und objektivem Geschehen und verwirft die Grenze zwischen Wahn und Wirklichkeit; dann erkennt er an, daß der Wahn wirklich und die Wirklichkeit wahnhaft ist. Oder er behält die Grenzziehung bei, seinen gängigen Vorstellungen und Normen entsprechend, und scheidet den Wahn von der Wirklichkeit; dann vollzieht er einen Akt, den die Lektüreerfahrung selbst als wahnhaft ausweist, er überschreitet die Grenze zum Wahn und bestätigt sie so.

Hoffmann stellt seinen Leser vor die irritierende Alternative, entweder die Einheit von Wirklichkeit und Wahn zu akzeptieren oder sich selber als wahnsinnig zu betrachten. Die Alternative prägt die Rezeptionsstruktur der Erzählung. Immer wieder wird der Leser vor sie gestellt, immer wieder soll er eine Entscheidung treffen, die bald zugunsten der einen, bald zugunsten der anderen Variante nahegelegt wird. Der Leser fühlt sich hin- und hergerissen, unsicher, wie er sich entscheiden soll, unsicher, ob er überhaupt in der Lage sei zu entscheiden, welche Ereignisse wahnhaft, welche wirklich geschehen seien.

In seiner Unsicherheit wünscht sich der Leser Klarheit und Eindeutigkeit, und Hoffmann kommt diesem Bedürfnis nach, indem er dem Leser eine Begleitfigur an die Seite stellt, mit der er sich identifizieren kann, die sein durch die Unsicherheit aufgekommenes Streben nach Normalität auf sich zieht und es zu befriedigen scheint. Es ist Clara, und die Identität zwischen Leser und Clara wird zunächst durch einen raffiniert-einfachen, wirkungsvollen Trick hervorgerufen. Der die Erzählung eröffnende Brief Nathanaels ist an Lothar adressiert. Ausdrücklich sollte er Clara vorenthalten bleiben. Er erreicht sie dennoch, wie auch den Leser, für den er ja auch nicht bestimmt war. So werden Clara und der Leser durch den Einblick in etwas, das sie gar nichts angehen sollte, miteinander verbunden. Ihre Kenntnisse vom bisherigen Geschehen sind identisch. Beide sind nur über das informiert, was ihnen durch den Brief Nathanaels vermittelt worden ist. Sie sind Verbündete, und die Verbundenheit macht den Leser neugierig zu erfahren, ob die Wirkung, die der Brief bei Clara hervorruft, der Wirkung, die er auf den Leser ausgeübt hat, ähnelt. Ist auch Clara von der Unruhe und dem Unvermögen, zwischen Wahn und Wirklichkeit die Grenze zu finden, befallen?

Ja. Clara wird in einer Weise eingeführt, die es dem Leser ermöglicht, sich ihr anzuvertrauen, ihren Einschätzungen zu glauben, sich an ihr zu orientieren. Hoffmann schildert Clara als ein besonnenes Gemüt, das sich selbst durch einstürzende Häuser nicht aus der Ruhe bringen läßt und die Realität auch in solchen Situationen soweit im Griff hat, um vom Hausrat noch das Wichtigste mitnehmen zu können. Eine vernünftige Frau. Und ihr Antwort-Brief bestätigt das. Er enthält eine Reaktion auf die Erlebnisse Nathanaels, die dem Leser wohltut, weil sie Klarheit in seine Verwirrung bringt, ohne jedoch das Phantastische einfach zu verneinen. Clara erweist sich als sensibel genug, um durch den Bericht Nathanaels zutiefst erschreckt und beunruhigt zu sein. Diese Wirkung hatte auch der Leser bei sich verspürt; nur war es ihm nicht gelungen, die unangenehm-irritierende Wirkung aufzuheben. Dies bleibt nun Clara vorbehalten, und der Leser ist ihr dafür dankbar. Die schreckliche Wirkung wird schließlich doch von Claras heiterem, unbefangenem Sinn vernichtet. Sie zeichnet einen Weg, die tiefe Irritation zu verlassen, einen Weg, den der Leser nun auch beschreiten will und kann. Clara liefert eine erlösende und erleichternde Deutung des „ganzen Spuks", ohne sich jedoch vor der Auseinandersetzung mit den unheimlichen Geschehnissen zu drücken. Sie verlegt das Entsetzliche in Nathanaels Innenwelt und hält gleichzeitig die Außenwelt, ihre und des Lesers Welt, frei vom Entsetzlichen. Sie bereinigt die Außenwelt, die wirkliche, wahnfreie Welt von den Spuren des Grauens, die der Leser in seiner eigenen Welt wahrzunehmen zuletzt nicht mehr umhin konnte. Was er erhoffte, aber mit einer ziemlichen Sicherheit nicht mehr glauben mochte, wird von Clara bescheinigt: Nathanael ist verrückt, die übrige Welt ist vernünftig. Clara findet eine Erklärung, die nicht allzu glatt und nicht zu elegant ist, um des Lesers Argwohn hervorzurufen, die aber auch hinreichend psychologisch ist, um die Verwirrung zu entwirren. Sie stellt Bezüge her zwischen Nathanaels Gegenwart und seiner Kindheit und erklärt aus ihnen seine Disposition für das Schreckliche. Sie entwirrt das Verworrene, macht das Unverständliche verständlich und schlüsselt Rätsel auf. Die rätselhaften Handlungen, die nächtens den Vater mit Coppelius zusammenführten, entpuppen sich als alchimistische Versuche. Beruhigt nimmt der Leser solche Erklärungen zur Kenntnis, zeigen sie ihm doch, daß selbst das Unerklärliche letztlich doch eine ganz reale und einfache Erklärung zu finden vermag. So enthält Claras Brief in seinem ersten Teil eine Auflösung der konkreten Rätsel, die die Geschehnisse um Nathanael dem Leser aufgeworfen haben. Im zweiten Teil liefert Clara eine abstrakte Erläuterung des Wesens und der Wirkungsmechanismen dunkler Mächte. Hoffmanns eigene Auffassungen werden hier wohl durch Clara präsentiert, und der Leser gewinnt zusätzliche Sicherheit, da Hoffmann sich der Erklärung Claras offenkundig anschließt.

Der Leser ist wieder beruhigt. Clara vermag die Erlebnisse Nathanaels auf ihren von allen nachvollziehbaren Wirklichkeitsgehalt zurückzubeziehen, Hoffmanns allgemeine Erörterungen psychischer Kräfte fügen den theoretisch-wissenschaftlichen Hintergrund hinzu, der dem Leser letzte fundierte Sicherheit gibt. Die Fronten sind klar: Nathanael ist verrückt, Clara, der Leser und auch Hoffmann sind vernünftig und verstehen den Wahnsinn Nathanaels mit den Mitteln ihrer Vernunft. Schließlich scheint aber selbst Nathanael die Beweisführung Claras teilen zu wollen. Er lobt den „tiefsinnigen philosophischen Brief", der alles „ausführlich beweiset", Clara verstehe „magistermäßig zu distinguieren" und halte „logische Kollegia".[33]

Das alles sind freilich keine eindeutigen Komplimente. Der ironische Duktus, in den Nathanael seine Bemerkungen hüllt, macht nur zu deutlich, wie sehr Hoffmann selbst derartigen Beweisen mißtraut, wie wenig er der Beweisfähigkeit bestimmter psychischer Phänomene traut. Hoffmann distanziert sich von den so schlüssig vorgetragenen Erklärungen, die Claras Psychologisierungen enthalten. Nathanael läßt er sie als „fatal verständig"[34] bezeichnen. Die Sicherheit, mit der Clara den Wahnsinn Nathanaels erklärt, mit der sie über den Wahnsinn schreibt, teilt Hoffmann nicht. Die Sicherheit entspricht der Zuversicht, mit der die zeitgenössische Psychopathologie ihre Ansichten über den Wahnsinn vorträgt. Und wenn Hoffmann Claras Sicherheit als scheinhafte kennzeichnet, weil es sie tatsächlich gar nicht geben kann, da die Übergänge zwischen wirklicher und wahnhafter Welt fließend geworden sind, kritisiert er immer auch den wissenschaftlichen Glauben an die Erklärbarkeit aller Phänomene im Bereich des Psychischen, einen Glauben, den seine wissenschaftlichen Zeitgenossen gern angenommen haben.

Im Aufeinanderprall Nathanaels und Claras stoßen immer auch zwei Denkweisen und zwei Gefühlswelten aufeinander, werden eine künstlerische und eine prosaisch-wissenschaftliche Position einander gegenübergestellt, wird die wahnsinnig machende Erhebung über den Alltag und die Unterdrückung durch den Alltag miteinander kontrastiert. Hoffmann findet eine Formel für den Zusammenstoß: „Ein fantastischer, wahnsinniger Geck wurde mit einem miserablen, gemeinen Alltagsmenschen erwidert".[35] Seine eigenen Vorstellungen sind zu sehr gebrochen, als daß er distanziert am Diskurs über den Wahnsinn teilnehmen könnte und möchte. Seiner eigenen Bewußtseinszustände ist er sich nicht so sicher, als daß er sich eindeutig als vernünftig und dem Wahnsinn gewappnet bezeichnen würde. Er ist zu zerrissen, um wahnhafte und wirkliche Welten als eindeutig getrennte, verschiedene Welten verstehen zu können. So nimmt er als Autor keine eindeutigen Einschätzungen der Erlebnisse Nathanaels vor. Der Verzicht gründet nicht nur in der vom Autor beabsichtigten und erlangten Verunsicherung des Lesers. Er sieht sich zu einer klassifizierenden Einordnung der Lebensäußerungen Nathanaels nicht in der Lage, weil er sich selber nicht eindeutig fassen und ordnen kann. Die Irritation, in die der Leser gleich zu Beginn der Erzählung verfällt und die ihn bis an ihr Ende nicht mehr verlassen wird, ist nicht nur poetische Absicht des Autors; sie scheint auch biographische Notwendigkeit zu sein.

Wenn Hoffmann also darauf verzichtet, Nathanael eindeutig als wahnsinnig und Clara andererseits eindeutig als vernünftig zu klassifizieren, so rührt dieser Verzicht primär aus der Unwilligkeit des Autors, eindeutige Abgrenzungen vorzunehmen. Seine Biographie hat Hoffmann nicht gelehrt, Reales und Irreales voneinander zu unterscheiden. Für Hoffmann scheint daher ein Versuch, schriftstellerisch Bereiche voneinander abzugrenzen, die auf der gesellschaftlichen Wirklichkeitsebene nicht voneinander geschieden sind, nicht nur müßig, sondern unzulässig und verfälschend. So ist sein poetischer Wunsch, den Leser des „Sandmanns" nachhaltig und wirkungsvoll zu irritieren, nicht als die Schrulle eines wundersamen Sonderlings zu verstehen: er kann nicht anders, als die Welt in ihrer Zerrissenheit, in ihrem Schweben zwischen Sinn und Unsinn wahrzunehmen, zu begreifen und zu verarbeiten.

Der „Sandmann" gehört nicht zum Diskurs über den Wahnsinn, mit ihm schreibt Hoffmann den wahnsinnigen Diskurs fort. Hoffmann betrachtet den Wahnsinn nicht wie einen fernen Gegenstand; es kann ihm nicht gelingen, sich vom Wahnsinn zu distanzieren, da er sich von ihm betroffen und in eine wahnsinnige Welt verstrickt fühlt. Damit ist nicht gemeint, daß Hoffmann zu jenen Autoren gehöre, die mindestens so verrückt seien wie die Figuren, die sie erfinden. Ohne selber im psychiatrischen Sinne verrückt zu sein, ist er in eine Verrückungen notwendig machende Welt gebunden. Die Betroffenheit gestattet es ihm nicht, den Wahnsinn zu objektivieren, als habe er nichts mit ihm gemein außer der Anmaßung, über ihn etwas sagen zu wollen. Die Betroffenheit zwingt ihn dazu, sich in die Nähe der wahnsinnigen Subjekte zu begeben, sich in sie einzufühlen, das wahnsinnige Individuum selbst zu Wort kommen zu lassen, ihm die eigene Sprache zu leihen. Hoffmann stellt sich nicht über den Wahnsinnigen, er steht mitten im Wahnsinn, und er schreibt nicht über den Wahnsinn, sondern aus dem Wahnsinn heraus. Er stellt sich dem Wahnsinn, er nimmt seine Herausforderung an und fühlt sich stark genug, dem Wahnsinn seine Rechte zu belassen und darauf zu verzichten, ihn seinem Zugriff entsprechend zu deformieren.

Längst ist gegen Ende der Erzählung kein Zweifel mehr an der Künstlichkeit Olimpias erlaubt, sind die Liebesäußerungen Nathanaels als die Aussagen eines Wahnsinnigen bestimmt. Dennoch finden wir in den Äußerungen Nathanaels eine schöne Doppeldeutigkeit. Wir bemerken plötzlich, daß seine wahnsinnigen Äußerungen zutreffen, in einem anderen Sinne als dem von ihm selbst gemeinten: „Nur dem poetischen Gemüt entfaltet sich das gleich organisierte! ... Nur in Olimpias Liebe finde ich mein Selbst wieder ... (Ihre) wenigen Worte erscheinen als echte Hieroglyphe der innern Welt voll Liebe und hoher Erkenntnis des geistigen Lebens in der Anschauung des ewigen Jenseits".[36] An der Stimmigkeit der Erkenntnisse eines poetischen Gemüts, zu denen der prosaische Mensch unfähig wäre, ist nicht zu zweifeln. Es handelt sich um eine immanente Stimmigkeit, denn im Kontext betrachtet, in Rücksicht auf die Veranlassung der Äußerungen, die die Liebe zu einer Puppe hervorruft, sind diese Äußerungen wahnsinnig.

Aber Nathanael kennt diesen Kontext nicht, er sieht sich nicht in den Zusammenhängen, in denen wir Vernünftige ihn betrachten. Er hat keine Möglichkeit und vor allem keine Notwendigkeit, an der immanenten Stimmigkeit seines Systems, das nur wir als Wahnsinn bezeichnen, zu zweifeln. Hoffmanns Nathanael geht denn auch nicht an seinem Wahn zugrunde, in dem er sich ganz wohl fühlt. Seine Existenzmöglichkeit wird in dem Moment bedroht, in dem sich die Realität der Vernünftigen in sein Wahnsystem gewissermaßen einschiebt. Nathanael wird gezwungen, Olimpia als Puppe zu erkennen; ihm wird eine Sichtweise aufgezwungen, um die er nicht nachgekommen ist, die ihm das vernünftige Personal von Anfang an aufnötigen wollte. Nun siegt die Vernunft: Nathanael übernimmt die Sichtweise der Vernünftigen, und mit dieser Übernahme werden sein Sinn und seine Gedanken zerrissen. Die Vernunft siegt, und Hoffmann nennt es nun „Wahnsinn". Die Vernunft setzt sich durch, und Nathanaels Worte gehen „unter in entsetzlichem tierischen Gebrüll. So in gräßlicher Raserei tobend wurde er nach dem Tollhause gebracht".[37]

Wenn von den Romantikern immer wieder gesagt wird, sie gestalteten das Eindringen des Irrationalen in die Welt der Vernunft, so gilt für den Autor des „Sandmanns", daß er die verhängnisvollen Folgen des Einbruchs des Rationalen in die Welt des Wahns zeigt. Es ist denn auch auf die spezifische Verschränkung von Wirklichkeit und Phantasie verwiesen worden, die Hoffmann von den übrigen Romantikern trennt.[38] Während bei ihnen die Flucht aus der Wirklichkeit sich Traumwelten, idealisierte mittelalterliche Landschaften erfindet, verharrt Hoffmann im zeitgenössischen Ambiente, in der Welt des deutschen Bürgertums, das ein menschenwürdiges Leben sich nicht gewinnt und anderen vorenthält und poetische Seelen flüchten läßt in den Traum „von einem anderen. Phantasie als solche bedeutet schon Entfremdung."[39] Was über den sensiblen Menschen, wie ihn Hoffmann erschuf, gesagt wird, gilt für Nathanael: „er weicht vor jeder Form organisierter gesellschaftlicher Existenz zurück und sieht sich damit sich selbst überlassen und der einen Kraft, die er besitzt: einer mächtigen Einbildungskraft, deren Verlockungen ihn von Anfang an für diese Gesellschaft untauglich gemacht haben".[40] Die Gesellschaft reagiert, Nathanael landet im Tollhaus.

Die Ordnung ist rekonstruiert und Nathanael aus der Gesellschaft ausgegliedert. Dabei war er nicht der einzige, der auf Olimpia hereingefallen ist. Die übrige Gesellschaft hat sich schließlich auch an ihr orientiert, sich mit ihr identifiziert. Im Falle Nathanaels wird eine individuelle wahnhaftige

Disposition dafür verantwortlich gemacht, daß der Betrug Spalanzanis ihm unentdeckt geblieben und Olimpia als Mensch gesehen worden ist. Genausowenig wie Nathanael hatte die Gesellschaft den Betrug bemerkt. Die einzelnen Individuen hatten in Olimpia ihresgleichen gesehen, in der Puppe etwas Menschliches entdeckt, das sie nur entdecken konnten, weil ihre Vorstellungen vom Menschlichen längst ins Puppenhafte pervertiert waren. Die Entlarvung Olimpias bewirkt denn auch gar nichts, die gesellschaftlichen Individuen werden nicht entlarvt. Sie machen so weiter wie bisher, stilisieren sich in rigider Abkehr von Olimpias Verhalten, stilisieren sich zu Antipuppen. Hatte Olimpia geniest, so wird nun gegähnt etc. Eine Gesellschaft von leblosen Automaten droht sich da zu entwickeln.

Glaubte man zunächst, Hoffmann stelle dem Wahnsinn Nathanaels die Normalität der Gesellschaft gegenüber, so sehen wir nun, daß zwei verschiedene Formen des Wahnsinns nebeneinandergestellt worden sind. Glaubte man zunächst, das Objekt des wahnhaften Sinnens Nathanaels sei in Olimpia und die Verkörperung seiner Vernunft in Clara anzunehmen, so überprüfen wir aus der Kenntnis der gesamten Erzählung noch einmal die Einführung Claras durch Hoffmann. Hoffmann beginnt mit der Faszination, die Clara auf ihn ausübt, verzichtet dann aber überraschenderweise darauf, Clara wirklich aus seiner Sicht vorzustellen. Hoffmann gibt Beschreibungen und Einschätzungen Dritter wieder. Er führt dazu Maler, Dichter, Musiker und Architekten an. Jeder Vertreter der einzelnen Künste erblickt in Clara etwas zu seiner eigenen Disziplin Gehöriges, jeder sieht in ihr das, was er in ihr sehen kann. Ein Phantast vergleicht sie gar mit einem See von Ruisdael. Jeder hebt eine ihm geläufige Einzelheit hervor, die nicht unbedingt treffend charakteristisch für Clara ist, wohl aber für den jeweiligen Betrachter. Am Ende der Beschreibungen greift noch einmal Hoffmann ein: „Es war dem so".[41] Die Konstituierung Claras wird damit durch den Autor bestätigt und mitgetragen. Hoffmann sieht Clara offenbar so, wie sie die Vertreter der einzelnen Künste sehen. Kennen wir nun Clara?
Vor unseren Augen wird sie förmlich zusammengesetzt: der Architekt liefert den Wuchs, der Maler die äußeren Formen und das Haar, Dichter und Musiker liefern ihre Blicke, Gesänge und Klänge. Clara entsteht vor unseren Augen: eine künstliche Figur, die den Anspruch erhebt, lebendig zu sein. Hoffmann: „Clara wurde ... von vielen kalt, gefühllos, prosaisch gescholten".[42] Eigenschaften eines seelenlosen Menschen, einer Puppe. Der Leser fühlt sich geprellt, hatte er doch in Clara die Figur angenommen, aus deren Perspektive ihm die Beobachtung des Geschehens um Nathanael möglich, richtig, gefahrlos erschienen war. In Clara sah er einen Menschen so vernünftig wie er, der Leser, selbst. „Nebler und Schwebler hatten bei ihr böses Spiel", heißt es, und das gab dem Leser die Sicherheit, sich Clara anvertrauen zu können. Nun kann er sich nicht mehr an Clara orientieren, er ist in dem Maße verunsichert, in dem Clara als eine gebrochene Figur erscheint, als eine seelenlose Figur, zusammengesetzt aus einzelnen Bestandteilen.

Diese Einsicht vor Augen, erscheinen nun jene, „die das Leben in klarer Tiefe aufgefaßt" haben[43] und sich deswegen zu Clara hingezogen fühlen, denunziert. Sie fühlen sich ja zu einer merkwürdig künstlichen Figur hingezogen, sie glauben ja, das Leben sei in klarer Tiefe aufzufassen, das Leben überhaupt lasse es zu, klar aufgefaßt zu werden. Hoffmann sympathisiert nicht mit ihnen, und der Leser kann es auch nicht länger. Die Nebler und Schwebler, die das Leben ganz unklar verworren und chaotisch finden, sie sind es, die auf das Unmenschliche an Clara aufmerksam machen und in deren Nähe Hoffmann sich und seinen Leser versetzt. Wenn Nathanael in höchster Erregung seiner Clara zuruft: „Du verdammtes, lebloses Automat"[44], so kann nun der Leser ganz nüchtern und kühl und unemotional sich diese Auffassung zu eigen machen. Der Leser akzeptiert nicht mehr nur die immanente Stringenz und Stimmigkeit des Wahnsystems Nathanaels, er übernimmt dieses System als sein eigenes.
Wieder haben wir es mit einer totalen Umkehrung gesichert geglaubter Vorstellungen zu tun. War es zunächst eine Figur der Erzählung, die für die Verkehrungen verantwortlich zu machen war, nämlich Coppelius, der Freude in Abscheu und Ekel zu verwandeln weiß und einen frohsinnigen Menschen in einen traurigen und düstern, so ist es nun der Autor selbst, der eine vermeintlich menschliche und fleischliche Figur in ihrer Puppenhaftigkeit zeigt, deren Künstlichkeit der eines Automaten nicht nachsteht.

Aber die Erzählung tut ein übriges: kaum ist es mehr möglich, die Verantwortung für diese Umkehrungen dem Autor allein zuzuschreiben. Der Erzählung gelingt es, den Vorgang, die Welt in ihren Verkehrungen wahrzunehmen und zu begreifen und zu verarbeiten, zu objektivieren. Sie zwingt dem Leser die Sichtweise ihres Autors auf. Die Perspektive, aus der Hoffmann die Geschehnisse betrachtet und erzählt, wird zur Perspektive, aus der der Leser die Geschehnisse betrachtet und rezipiert.
Hoffmann benutzt zwei wirksame Mittel, um den Leser auf seine Seite zu ziehen. Wenn er anfangs der Erzählung aus einem Briefwechsel zwischen Nathanael und Lothar und Clara zitiert, so verletzt er damit das Briefgeheimnis; er überschreitet die Grenzen der Intimität und macht den Leser beim verbotenen Tun zu seinem Komplizen. Er läßt den Leser die Briefe lesen, Einblick gewinnen in das Intimleben eines kranken Menschen. Der Leser wird so zum Voyeur. Er betrachtet und verfolgt das Leiden Nathanaels, ein wenig schmunzelnd beobachtet er Nathanaels Verrücktheiten. Sicherheit und Wohlbefinden, die sich beim Betrachten Nathanaels zunächst einstellen, dauern nicht an. Der Leser beginnt, sich verwirrt, verunsichert und unwohl zu fühlen, und das Komplizentum, das Hoffmann zwischen sich und dem Leser hergestellt hat, reicht als Mittel, ihn auf die Seite des Autors zu ziehen, allmählich nicht mehr aus. Gerade aus der Verwirrtheit des Lesers entwickelt Hoffmann ein weiteres Mittel, den Leser zu sich herüberzuziehen. Läßt er den Leser zunächst die Ereignisse aus verschiedenen, einander widersprechenden oder einander ausschließenden Perspektiven wahr-

nehmen, so bietet er ihm im Zustande größter Ratlosigkeit und Verunsicherung seine Hilfe und Unterstützung an.

Hoffmann scheint ein feines Gespür für die Empfindungen seines Lesers zu haben. Er beginnt seine Anrede an den Leser: „Seltsamer und wunderlicher kann nichts erfunden werden, als dasjenige ist, was sich mit meinem armen Freunde, dem jungen Studenten Nathanael, zugetragen, und was ich dir, günstiger Leser, zu erzählen unternommen".[45] Damit ist exakt die Stimmung des Lesers aufgefungen, es wird ihm mit diesen Worten aus der Seele gesprochen, der für seine Unbill zuständige und verantwortliche Autor nimmt sich seiner an. Der Leser schöpft Hoffnung, zur Geborgenheit zurückzufinden. Das ist sozusagen Hoffmanns Angebot, dem eine Forderung an den Leser folgt. Hoffmann setzt und erwartet einen Leser, dem auch schon etwas widerfahren ist, das sein Mitteilungsbedürfnis ins Übermäßige anwachsen ließ und dessen er sich wahrhaft entledigen mußte. Hoffmann wünscht sich einen Leser, der mit den ungewöhnlichen und schwerwiegenden Erfahrungen, die er selbst gemacht hat, vertraut ist oder sich zumindest vertraut machen kann. Er verlangt von seinem Leser eine Erlebnisfähigkeit, die Erfahrungen wie die seinen aufkommen lassen kann. Eine solche Übereinstimmung, eine solche Wesensverwandtschaft setzt Hoffmann voraus, und wenn er in der Anrede an den Leser „du" sagt, ist immer auch „ich" damit gemeint. Ein tiefes psychologisches Einverständnis erwartet Hoffmann, ein Einverständnis, das auf der Seite des Lesers unerläßliche Voraussetzung ist, den Verlauf der Erzählung vom „Sandmann" in der Weise zu folgen, die Hoffmann für die angemessene hält. Er hegt damit Erwartungen, die Novalis programmatisch fordert: „Der wahre Leser muß der erweiterte Autor sein".[46] Der Leser kann sich aufgrund der Polyperspektivik der Erzählung nicht mit einer einzigen Figur identifizieren. Er soll es auch gar nicht, vielmehr soll er sich am Autor orientieren.

Er soll innere Empfindungen erlebt haben, denen Worte nicht mehr gerecht werden. Er soll die Erfahrung gemacht haben, daß es Situationen gibt, in denen nüchterne Fragen von Freunden nicht weiterhelfen und die innere „siedende Glut"[47] eher zum Verlöschen bringen, als sie anzufachen. Solche seelischen Erfahrungen lassen, so Hoffmann, sich nicht auf der verbalen Ebene ausdrücken. Sie können nur in einem Bild aufgefangen werden, in dessen Mitte der Erzähler sich befindet, der es mit einer Lebendigkeit ausmalt, die den Hörer fortreißt und hinreißt, bis er selbst sich im Bilde wiederfindet, das das Innere des Erzählers hervorgebracht hat.

Hoffmann stellt seine ästhetische Position dar, die eng mit seinen psychologischen Ansichten verbunden ist. Es gibt für ihn Wirklichkeitsbereiche, die sich der sprachlichen Fixierung entziehen. Deshalb strebt er danach, diese Wirklichkeitsbereiche anders zu erleben und entsprechende Erlebnisse beim Leser zu initiieren, zu bewirken. Es sind die Wirklichkeitsbereiche, die sich nicht erlesen lassen, die der Leser erfahren haben muß. Das Innerste des Dichters soll nicht sprachlich abstrahiert und dann gelesen werden. Der Leser soll vielmehr überzeugt werden, daß der Dichter sein Innerstes erfahren hat, daß es möglich ist, ein Innerstes zu erfahren, daß auch der Leser sein Innerstes erfahren kann. Hoffmann wünscht keineswegs, dem Leser seine Empfindungen aufzudrängen, den Leser zur Identifikation mit seinen eigenen Erfahrungen zu bewegen oder gar zu zwingen. Er möchte mit dem Bericht von seinen Empfindungen den Leser veranlassen, seinen eigenen Empfindungen zu vertrauen.

Hoffmanns Modell, das den Erzähler und den Hörer zusammenbringt, dieses Modell, das eine psychologische Beziehung umfaßt, wird auf die Beziehung von Autor und Leser des „Sandmanns" übertragen, daß psychologische Modell wird zum ästhetischen, fällt mit ihm zusammen. Aus einem inneren Gefühl heraus wird erzählt, ein Bild gemalt, eine Novelle geschrieben, ein Gefühl, das Ursache und Veranlassung auch für den „Sandmann" wurde. „So trieb es mich denn gar gewaltig, von Nathanaels verhängnisvollem Leben zu dir zu sprechen."[48] Eine innere Notwendigkeit bewegt Hoffmann, die Geschichte vom „Sandmann" zu erzählen. Eine innere Notwendigkeit zwingt ihn, seine Seele, die vom Wunderlichen so besetzt ist, zu befreien, das Wunderliche loszuwerden. Und er braucht einen Leser, der sich vom Wunderlichen gewissermaßen auffüllen läßt.

Manche der wunderlichen Figuren sollen dabei so gestaltet sein, daß der Leser den Eindruck gewinnt, als ob er sie schon häufig im Original gesehen habe. Der Leser soll Bezüge zwischen sich und der Erzählung, zwischen Figuren aus seiner Umgebung und denen aus der Erzählung, er soll Bezüge zwischen seiner Wirklichkeit und der Wirklichkeit des „Sandmanns" herstellen. Er soll seine eigene Wirklichkeit an der durch den „Sandmann" vermittelten Wirklichkeit überprüfen. Denn die Wirklichkeit und das Wunderliche gehören zusammen. Und wenn es dem Autor gelungen ist, den Leser dazu zu bewegen, sich auf die Erzählung vom „Sandmann" einzulassen, dann wird er auch das Wirkliche am Wunderlichen und das Wunderliche am Wirklichen erkennen. „Vielleicht wirst du, o mein Leser! dann glauben, daß nichts wunderlicher und toller sei als das wirkliche Leben und daß dieses der Dichter doch nur, wie in eines matt geschliffnen Spiegels dunklem Widerschein, auffassen könne."[49]

So wird der Leser dazu bewogen, sich mit der Psychologie Hoffmanns auseinanderzusetzen, Hoffmanns verschiedene Bewußtseinszustände, seine Normalität, seinen Wahnsinn zu verfolgen. Der Leser wird selbst in diese Zustände versetzt, so daß Clara und Nathanael die Personifikationen auch der Bewußtseinszustände des Lesers darstellen. Indem Hoffmann den Leser zu sich herüberzieht, nimmt er ihm jede Chance, den Wahnsinn als ein fernes Objekt zu betrachten. Er wird wie Hoffmann die Wege des Wahnsinnigen mit- und nachvollziehen, er wird den Wahnsinn nicht verstehen, aber er wird ihn berühren und ihn spüren.

Er wird ihn nicht verstehen. Der „Sandmann" „ist wie eine Rede, deren Ordnung nicht die Funktion hätte, einen einzigen, jeden andern unterbindenden Sinn herzustellen, sondern mehrere gleichzeitig".[50] Ob Hoffmann mit dem „Sandmann" eine Apotheose des Wahnsinns hervorgebracht habe, wie ihm von jenen, die neoromantisch an einer Verklärung des Wahn-

sinns als angemessener Daseinsform interessiert sind[51], bescheinigt werden mag, soll hier nicht entschieden werden. Gesichert und belegt ist seine Denunziation normaler durchschnittlich-bürgerlicher Lebensformen. Sie ist mit dem „Sandmann“ belegbar.
Sicher ist, daß Hoffmann die Lebensformen derer verwirft, die vor dem Hintergrund des Wahnsinns ein vernünftiges Leben führen zu können sich anmaßen und die Idylle neben dem Schrecklichen erblicken. Sicher ist aber auch, daß er seine Angst, der Faszination der Idylle zu erliegen, nie ganz zu bändigen vermochte. Zu groß waren die erlebten Schrecken, als daß nicht eine Sehnsucht nach dem schlichten schönen Leben hätte aufkommen können, die seine Widerstandsfähigkeit gegen den Eintritt ins falsche Leben stets in Frage zu stellen vermochte. Zwischen Sinn und Unsinn schwebend und schwankend begegnet ihm sein Leser.

Fünfter Teil
Eine Kritik der Psychologie

1. Zur Entstehung einer Antipsychologie

In einem Feld, das die Handlung als Reaktion auf die erfahrene Wirklichkeit ebenso umfaßt wie ihre Verarbeitung im Schreiben von Texten, das Beobachtungen ebenso kennt wie das Lesen, das wissenschaftliche Erkenntnisse und literarische Reflexionen ermöglicht, entfalten sich um 1800 eine literarische und eine wissenschaftliche Psychologie. Sie schließen einander aus, und im gegenseitigen Auschluß verfügen sie über ein ihnen gemeinsames strukturelles Merkmal. In der Gegenüberstellung sind sie miteinander verbunden: ihre Differenzen stellen eine enge Unterschiedsbeziehung zwischen ihnen her.
Die objektive Widersprüchlichkeit ihrer Charakteristika und der aufgegriffenen Phänomene verbietet jeden Versuch, Invarianzen und Konvergenzen herauszufinden mit dem Ziel, das Gemeinsame als Grundlage zu nehmen, um die beiden Psychologien als eine Alternative zu betrachten und zwischen ihren Varianten entscheiden zu wollen.
Sie sollen als unterschiedliche Wissensanordnungen angesehen werden, die sich auf einer identischen, historisch fixierten Basis entwickeln. Solche Wissensanordnungen, wie sie in der Psychologie um 1800 durch die Wissenschaft und die Literatur hervorgebracht werden, nennt Foucault

> „erkenntnistheoretische Figuren, (die) ... zwei verschiedenen Organisationen gehorchen können. Die einen bieten Merkmale der Objektivität und der Systematizität, die gestatten, sie als Wissenschaften zu definieren. Die anderen gehorchen diesen Kriterien nicht, das heißt, ihre Form der Kohärenz und ihr Verhältnis zu ihrem Gegenstand werden allein durch ihre Positivität bestimmt. Auch wenn diese keine formalen Kriterien einer wissenschaftlichen Erkenntnis besitzen, gehören sie dennoch zum positiven Gebiet des Wissens ... (Die) ihnen eigentümliche Konfiguration ist nicht als ein negatives Phänomen zu behandeln. Nicht das Vorhandensein eines Hindernisses, nicht irgendeine innere Mangelhaftigkeit lassen sie an der Schwelle der wissenschaftlichen Formen scheitern. Sie bilden in ihrer eigenen Gestalt neben den Wissenschaften und auf dem gleichen archäologischen Fundament *andere* Konfigurationen des Wissens".[1]

Dem Verständnis zeitgleicher Wissensanordnungen, wie sie mit den Psychologien um 1800 vorliegen, stellt sich eine doppelte Aufgabe. Zum einen müssen die Beziehungen beider Psychologien zur vorwissenschaftlich beziehungsweise vorliterarisch gegebenen Wirklichkeit nachgezeichnet werden. Zum anderen müssen die Merkmale, in denen sich die literarische Psychologie von der wissenschaftlichen Psychologie unterscheidet und abhebt, gezeigt werden.

Die beiden Psychologien sind verschiedene diskursive Praxisarten und unterliegen als solche denselben Bedingungen, nach denen neuen Aussagen überhaupt Raum gegeben werden kann. Die Gesamtheit dieser Bedingungen, die Foucault die Positivitäten nennt[2], wird von den Diskursen als ihre historischen Vorbedingungen vorgefunden. Was nun die literarische und die wissenschaftliche Psychologie miteinander verbindet, sind nicht Gemeinsamkeiten und Übereinstimmungen, die sie als Alternative bestimmten, sondern besteht darin, daß beide Psychologien Elemente eines Wißbaren einfassen, Elemente des um 1800 psychologisch Wißbaren. Weder stehen sie einander alternativ gegenüber, noch stehen sie in zeitlicher Folge nebeneinander, eine die andere ablösend. Eine Ablösung als Verbindung setzte eine „Funktionsverwandtschaft"[3] beider Psychologien voraus, derer sie tatsächlich entbehren. Sie sind in einem begrenzt komplementären Zusammenhang aneinander gebunden. Komplementär ist dieser Zusammenhang insofern, als die Elemente beider Psychologien zum Wißbaren in der Psychologie um 1800 gehören; er ist begrenzt, da die Summe ihrer Elemente nicht die Gesamtheit des Wissens in der Psychologie um 1800 ausmacht. Die Unmöglichkeit einer funktionellen Vergleichung der beiden Psychologien vereitelt typische Ergebnisse einer vergleichenden Untersuchung. So wird die Beschäftigung mit der literarischen und der wissenschaftlichen Psychologie keine Auffassung ergeben, nach der die eine der Psychologien besser als die andere funktioniere, bestimmten Anforderungen in höherem Maß gerecht werde. Es wird sich auch keine Wertung einstellen, die verbale Maßnahmen gegen die wissenschaftliche Psychologie ergreift, weil sie die Wirklichkeit verfehle, und eine Verklärung der literarischen Psychologie versucht, da sie des Entfremdungsphänomens am Beginn der bürgerlichen Gesellschaft gedenke. Es sollen die Gegenstände aus dem um 1800 psychologisch Wißbaren ermittelt werden, die literarisch erfaßt und von der Wissenschaft verweigert werden.

Welches sind die Merkmale der wissenschaftlichen Psychologie um 1800? Wie ließe sich ihre Topographie beschreiben?

Für diese Beschreibung ist es zunächst unerläßlich, die Weise zu skizzieren, in der die wissenschaftliche Psychologie ihre Topoi gewinnt. Sie gewinnt sie durch Kontradiktion. Sie lehnt ab, sie verwirft und sie verneint.

Sie verwirft die Krankheit als Gegenstand ihrer Untersuchungen und erwirbt deren Gegenteil: die Gesundheit. Sie verneint die Erfaßbarkeit des Nicht-Bewußten und identifiziert das Psychische mit seinen bewußten Teilen. Die pejorative Verwendung der Wörter Leidenschaft und Sinnlichkeit hilft, die Reputation der Vernunft zu stabilisieren. Tätigkeit wird als Aufgabe dem Leiden, Herrschaft als Bestimmung des Menschen dem Beherrschtwerden vorgezogen. Stets schlägt die wissenschaftliche Psychologie sich auf eine Seite von vorgegebenen Verhältnissen.

Sie verfährt dabei nicht undifferenziert oder schematisch. Wenn in der Normalitätsforschung etwa eine „*dualistische* Auffassung des Verhältnisses von Krankheit und Gesundheit, in der beide als qualitativ verschieden betrachtet werden, von einer *monistischen*, in welcher zwischen kranken und gesunden Zuständen des Organismus nur quantitative Unterschiede gemacht werden"[4], unterschieden wird, so verfügt die wissenschaftliche Psychologie bei Herbart über beide Auffassungen. Ein gesundes Bewußtsein ist nur quantitativ von kranken Zuständen getrennt, sobald diese in Form von Leidenschaften und Affekten die Gesundheit gefährden. Ein qualitativer Gegensatz besteht zwischen Gesundheit und Krankheit, wenn diese als Geisteskrankheit gefaßt wird.

Auch die Identifikation des Psychischen mit dem Bewußtsein verhindert nicht prinzipiell die Annahme eines Unbewußten. Das von Herbart präsentierte Schichtenmodell enthält neben dem Bewußtsein auch ein Unbewußtes; beide sind durch eine Bewußtseinsschwelle voneinander getrennt und miteinander verbunden. Die Gegensätze werden nicht negiert, Konflikte nicht verschwiegen. Eindeutig aber ist die Partei, welche die wissenschaftliche Psychologie ergreift. Sie hat Funktionen zu erfüllen. Die Ausführung dieser Aufgabe bei Herbart zeigt ihn „als Verteidiger der ökonomisch-industriell entwickeltsten Bourgeosie und zugleich als Vertreter ihres politisch konservativen Flügels, der in der Herstellung und Erhaltung von Massenloyalität zum monarchischen Staat die einzige Möglichkeit sieht, ... eine stabile gesellschaftliche Ordnung zu erreichen".[5] Die Psychologie hat dabei die Konstituierungsbemühungen des Individuums am Beginn der bürgerlichen Gesellschaft zu flankieren. Sie trägt diesen Versuchen Rechnung, indem sie die Überzeugung von allen Menschen gleichermaßen mitgegebenen Vermögen verwirft und umgekehrt auf die Unterschiede zwischen den Menschen verweist, ihre Verschiedenheit heraustellt und deren Meßbarkeit postuliert. Sie vermag allmählich die Verschiedenheit exakt anzugeben, die Abweichung des einen von den anderen, indem sie alle Individuen in eine Beziehung zueinander setzt. Sie verteilt sie auf ein Kontinuum, auf dem gewissermaßen jedes einzelne Individuum seinen Platz hat. Dieser Platz ist berechenbar, indem die Mathematik auf die Psychologie angewendet wird, indem psychische Eigenschaften in mathematische Größen transformiert werden, wie es Herbart vorgeschlagen und als erster durchgeführt hat. Das Ergebnis ist eine Normalitätsskala, die alle Individuen erfaßt. Das Ergebnis ist ein Verständnis von Normalität als der mathematischen Widerspiegelung des Verstandes. Das Ergebnis ist die nunmehr möglich gewordene exakte und präzise Bestimmbarkeit des Pathologischen und des Nicht-Pathologischen.

Diese Psychologie konstruiert sich ihre eigene Wirklichkeit, die kompatibel sein muß mit ihrer gesellschaftlichen Legitimationsfunktion und mit ihrem wissenschaftlichen Selbstverständnis. Die Übereinkünfte erfordern ein Auseinanderbrechen von real-psychologischer Wirklichkeit und psychologischer Wahrheit; bei Herbart wird es vollzogen. Die Resistenz gegenüber den psychopathologischen Erfahrungsbereichen ist funktional und abgesichert. Die Loslösung des Wahren von der realen Wirklichkeit, die damit verbundene Identifizierung des Wahren mit dem wissenschaftlichen Diskurs grenzen aus dem Wahren aus, was außerhalb des Wissenschaftlichen sich befindet. Die Entscheidungsmöglichkeiten über ‚wahr' oder ‚falsch' liegen seit dieser Ausgrenzung endgültig diesseits der Grenzen des Wahren, des Wissenschaftlichen, wie Foucault gezeigt hat. Das jenseits der Grenzen Liegende kann nicht als falsch angesehen und verworfen werden. Ihm steht der wissenschaftliche Diskurs gleichgültig gegenüber. Andere Diskurse bleiben unbeachtet, und daraus resultiert deren Stabilität.

Die Tabuisierung der pathologischen Erfahrung und die Resistenz gegenüber ihren Bestandteilen bilden die Grundlage der wissenschaftlichen Psychologie.

Wesentliche Kategorien der wissenschaftlichen Psychologie nach 1800 sind Bewußtsein, Gesundheit und Normalität. Sie sind in einem spezifischen kulturellen Milieu entwickelt worden, das ihre Anwendbarkeit auf Phänomene des Milieus, dem sie entstammen, garantieren sollte. Es sollte möglich sein, diese Kategorien zur Erklärung von Erscheinungen der psychologischen Wirklichkeit, wie sie literarisch dokumentiert und als Dokumente überliefert sind, anzuwenden.

Wieweit also taugen diese Kategorien zur Erklärung der Phänomene in dem unserer Untersuchung zugrunde liegenden Dokument der literarischen Psychologie, inwieweit fördern sie das Verständnis des „Sandmanns"?

Das Bewußtsein bestimmt Hoffmann als uneinheitlich. Er führt verschiedene individuelle Bewußtseinszustände vor, die auf einem Kontinuum angeordnet sind, dessen äußerste Pole der Wahnsinn und die Vernunft besetzt halten. Die Beziehungen zwischen Wahnsinn und Vernunft werden als fließende Übergänge geschildert, der Wechsel aus einem Zustand in den anderen ist nicht ungewöhnlich, in der zunehmenden Häufigkeit fast schon banal. Individueller Wahn und individuelle Vernunft werden mit ihren gesellschaftlichen Komplementen und Entsprechungen kontrastiert; und es zeigt sich, daß das wahnsinnige Individuum, vor dem Hintergrund gesellschaftlichen Wahns betrachtet, vernünftig wirkt, während die Träger individueller Vernunft in ihrer normativen Anpassung und ihrer Vereinbarung mit gesellschaftlichen Normen verrückt wirken und wahnhafte Züge annehmen. Diese Wirklichkeit verfehlt der Bewußtseinsbegriff der wissenschaftlichen Psychologie.

Der Wahrnehmung von Wirklichkeit unterliegen keine festgefügten Gesetze oder auch nur Regelmäßigkeiten. Die Dissoziation der Wirklichkeit macht permanent Wahrnehmungsänderungen notwendig, die die Grenze zu erzwungenen Wahrnehmungsstörungen oft überschreiten und Formen krankhafter Wahrnehmungen annehmen. Die Wirklichkeit ist vom Nicht-Wirklichen nicht mehr klar zu unterscheiden, der gesunden Wahrnehmung gelingt es nur selten, Wirkliches als Wirkliches zu identifizieren. Im übrigen versagt die Gesundheit; sie ist kein Wert an sich.

Individuelle Normalität hat etwas Verführerisches und Abstoßendes, sie vermag nicht zu halten, was sie verspricht. In einer abnormen Umgebung wächst die Sehnsucht nach ihr heran, die Sicherheit, die von ihr erhofft wird, erweist sich aber schnell als trügerisch, der Drang zur Normalität selbst als anormal. Ich und Nicht-Ich, das Selbst und das Außen sind nicht mehr eindeutig voneinander geschieden. Die Grenzen zwischen Selbst und Außen verschwinden, Selbst und Außen verbinden sich zu einem unentwirrbaren Gebilde. In ihm läßt sich keine Identität erwerben, nicht die des Individuums, nicht die seines Außen. Die wissenschaftlichen Begriffe, die von einer einheitlichen Ratio ausgehen, können die Mängel auf der Ebene einer Wirklichkeit, die durch die Synchronizität verschiedener Rationalitäten gekennzeichnet ist, nicht ausgleichen.

Gleichungen gehen nicht mehr auf, das Ich ist nicht mehr gleich: es ist dieses, es ist jenes. Dinge lassen sich nicht mehr identifizieren. Jeder Identifikationsversuch scheitert. Eine Erscheinung kann dieses bedeuten, sie kann aber auch etwas ganz anderes bedeuten. Und ungleiche Dinge können vexatorisch miteinander identifizierbar sein. In einem unveränderten Symbol drückt sich nicht länger ein gleichbleibender Sachverhalt aus. Es kann sein, daß ein Symbol einen spezifischen Gegenstand symbolisiert, es kann aber auch sein, daß es gleichzeitig etwas anderes bedeutet oder auch für sich selber zu nehmen ist. Gängige Symbole der literarischen Psychologie wie das Spiegelbild und der Schatten erleben innerhalb eines Textes Bedeutungswandlungen. So ist etwa das Spiegelbild in Hoffmanns „Abenteuer der Silvesternacht" zunächst gleichbedeutend mit sozialer Anerkennung und Reputation, später bezeichnet es einen Teil der Persönlichkeit des Helden.[6] Die Symbole werden einer eindeutigen Entschlüsselung entzogen, und sie können umgekehrt nicht eindeutig genutzt werden, um bestimmte psychische Geschehnisse auszudrücken und zu repräsentieren. Was für die bildnerischen Symbole ‚Spiegelbild' oder ‚Schatten' gilt, trifft auf andere Symbolisierungen, etwa sprachliche, ebenfalls zu. Die vorfindlichen Symbolisierungen der wissenschaftlichen Psychologie, ihre begrifflichen Kategorien und ihre Klassifikationsinstrumente lassen sich auf psychologische Sachverhalte kaum anwenden. Manchmal treffen sie einen winzigen Teil des Phänomens, nie aber seine Totalität. Sie taugen nicht. Hierin besteht die erste von der literarischen Psychologie vermittelte Leseerfahrung.

Es werden in der literarischen Psychologie Erscheinungen von Uneindeutigkeiten beschrieben, von Übergängen, Verschiebungen, Entwertungen und Umkehrungen. Sie werden nicht zu gesellschaftlich erzwungenen Notwendigkeiten erhoben, aber doch als bedrohliche und bedrängende Lebensformen geschildert, die auch Todesmöglichkeiten sind. Die Lebensformen enthalten existentielle Anfechtungen, denen ein Individuum in der Gesellschaft nach 1800 gut und gern ausgesetzt ist. Sie werden von psychischen Zuständen, die sich auflösen und wieder zusammenfügen, begleitet und geprägt. Sie können jeden befallen, niemand ist vor ihnen geschützt.

Einer ist Nathanael. Hoffmann führt ihn vor, doch erschöpfen sich seine Absichten darin nicht. Mit aller Eindringlichkeit möchte er dem Leser vermitteln, daß er, der Autor, und er, der Leser, selbst in ständiger Bedrängnis leben und bedroht sind, im und am Leben zu scheitern. Um dies zu vermitteln, entwickelt und benutzt der Autor eine Erzählform, die den Leser nicht unbeteiligt läßt.[7]

Wir haben als ein wesentliches Strukturelement der Erzählung „Der Sandmann" ihre Nicht-Nacherzählbarkeit genannt und als wesentliches erzählerisches Mittel die Polyperspektivik angeführt. Die Erzählperspektiven, aus denen das Geschehen mitgeteilt wird, wandeln sich, die Textfiguren, aus deren Blickwinkeln erzählt wird, lösen einander ab. Mit den Verschiebungen der Erzählperspektiven stellen sich unterschiedliche Realitätsebenen ein: auch die Ebenen, auf denen das Erzählte stattfindet, verschieben sich. Es ergeben sich Realitäten verschiedner Ordnungen. So ist die wirkliche Realität die Wirklichkeit einer Ordnung, und die visionäre, traumhafte, halluzinatorische Realität ist die Wirklichkeit einer anderen Ordnung. Dabei lassen sich keine Hierarchien dieser Ordnungen aufstellen, die Ordnungen selbst können nicht geordnet werden.

Vom Leser verlangt die Perspektivenvielfalt einen dauernden Wechsel der Lese- und Wahrnehmungsperspektiven. Die Textfiguren, mit deren Augen der Leser die Geschehnisse verfolgt, wechseln. Die Träger seiner Wahrnehmungen, seine ‚Wahrnehmungsorgane' ändern sich. So wird die Urteilsfähigkeit des Lesers zerstört. Ungewißheit und Unsicherheit stellen sich ein. Ständig zum Aufgeben einer jeweils mühsam erworbenen Leseridentität gezwungen, vollzieht er alle Wechsel der Perspektiven und jeden Wandel in den Geschehensebenen mit. Er ist dazu gezwungen, will er das Geschehen nachvollziehen. Er muß die Verschiebungen mitmachen, ständig seine Identität wechseln, sein auf Klassifikation zustrebendes und Ordnung heischendes Sicherheitsbedürfnis unbefriedigt lassen.

Der Leser wird durch die Erzählform dazu gebracht, sich auf die Geschichte von Nathanaels Verrückungen einzulassen, sich auf den Helden einzustellen. Dazu muß er eigene Beurteilungsmaßstäbe aufgeben, auf Urteilsnormen verzichten und die des Helden übernehmen.

So macht der Leser eine zweite Erfahrung: zum vollen Verständnis einer anderen Person, die in ihrer Andersartigkeit so ganz anders ist, ist der Verzicht auf eine dogmatische Anwendung eigener psychischer Normen notwendig und eine Preisgabe liebgewordener Sicherheitsmaßnahmen unerläßlich.

Die beiden Erfahrungen, die die literarische Psychologie ermöglicht, die Erfahrung von der Untauglichkeit bestimmter psychologischer Kategorien für psychologische Wirklichkeitsbereiche und die Erfahrung von der Notwendigkeit der Aufgabe eigener psychischer Sicherheitsvorkehrungen in der Annäherung an eine andere Person, zerstören jede herkömmliche Psychologie. Die erste Erfahrung entzieht dem Glauben an die Möglichkeit einer wirklichkeitsbezogenen wissenschaftlichen Psychologie den Boden. Die andere Erfahrung zeigt, daß mit der Invarianz einer individuellen Binnenpsychologie notwendig ein Sich-Verschließen vor anderen Binnenpsychologien verbunden ist, was nur ein anderer Ausdruck für die Entfremdung des Individuums von seinen Artgenossen ist.

Diese beiden Erfahrungen stimmen mit jenen überein, die am Beginn der Antipsychiatrie gemacht worden sind. Die Anwendung fixierter Kategorien, das Klassifizieren und Diagnostizieren wird als „eine Art von Objektivierung" kritisiert und „im Gegensatz zur Intersubjektivität der sich gegenseitig Erfahrenden"[8] gesehen. David Cooper, neben Ronald D. Laing prominenter Repräsentant der Antipsychiatrie, verwirft solche Interpretationen menschlicher Lebenszeichen, die im Rahmen einer „einseitig festgelegten Struktur des Rollenspiels Psychiater-Patient"[9] geliefert und dem Gedeuteten übergestülpt werden. Er fordert statt dessen eine Beziehung auf der Grundlage der Gegenseitigkeit, die für das einzelne Individuum und seine Psyche ein Wagnis ermöglicht und bedeutet, „das die ständige und radikale Veränderung der eigenen Lebensweise einschließt".[10] Das Gelingen dieses Versuchs biete erst die Möglichkeit, sich dem anderen zu öffnen.

Laing setzt die interpersonale Erfahrung an die Stelle wissenschaftlichen Theoretisierens. Einige Ausführungen Laings sollen den vorgenommenen Tausch verdeutlichen:

„Selbst Fakten werden zu Fiktionen, wenn ‚die Fakten' nicht adäquat gesehen werden. Wir brauchen weniger Theorien als vielmehr Erfahrung... Wir sind nicht mit Glauben im Sinne einer unplausiblen, irrationalen Hypothese zufrieden. Wir fordern die Erfahrung der ‚Evidenz'.

Wir können das Verhalten anderer Menschen, aber nicht ihre Erfahrung sehen. Deshalb behaupten einige Leute, Psychologie habe nichts mit der Erfahrung, sondern nur mit dem Verhalten des anderen zu tun.

Das Verhalten des anderen ist eine meiner Erfahrungen. Mein Verhalten ist eine seiner Erfahrungen. Aufgabe der Sozialphänomenologie ist es, meine Erfahrung vom Verhalten des anderen in Beziehung zu setzen zur Erfahrung des anderen von meinem Verhalten. Ihr Forschungsgebiet ist die Beziehung zwischen Erfahrung und Erfahrung, ihr wahres Feld die *Intererfahrung*."[11]

Das Vorgehen, das Laing als Sozialphänomenologie bezeichnet, Erfahrungen zu machen und diese Erfahrungen mit den Erfahrungen anderer in Beziehung zu setzen, dieses Vorgehen erreicht die literarische Psychologie, indem sie beim Leser bestimmte Erfahrungen wachruft, die mit denen des Autors und denen seiner Figuren in einen merkwürdigen Dialog treten, der, obwohl durch eine Fiktion hervorgerufen, durchaus nicht fiktional ist.

Wie die Antipsychiatrie nimmt auch die literarische Psychologie einen Dialog mit dem Wahnsinnigen auf. Dies setzt voraus, daß der Wahnsinn aus der Krankheit ausgegliedert wird, daß in ihm ein sozial angemessenes Verhalten erkannt wird. So finden wir in der literarischen Psychologie Ansätze für die Abwandlung des nur psychopathologischen Verständnisses der Krankheit in ein politisches Verständnis. So wird dem Wahnsinnigen eine gesellschaftskritisch-anthropologische Funktion zuerkannt. Foucault schreibt: „Der Irre enthüllt aber die endgültige Wahrheit des Menschen."[12]

Demgegenüber kann die wissenschaftliche Psychologie um 1800 als eine Verselbständigung des abstrakten Begreifens aufgefaßt werden. Die Ergebnisse dieser Psychologie, die Fakten, die sie hervorbringt, nehmen den Charakter von Fiktionen an.

Als gegen diese Entwicklung gerichtet und als implizit vorgetragene Kritik an der Fiktionalität der wissenschaftlichen Psychologie muß die literarische Psychologie begriffen und betrachtet werden. Sie versucht, Erlebtes rezipierbar zu machen, und ist insofern gegen die zeitgleiche wissenschaftliche Psychologie gestellt wie die Antipsychiatrie gegen die herkömmliche Psychiatrie. Und die Parallelität ihrer Richtungen rechtfertigt es, von der Begründung einer Anti-Psychologie in der Literatur der deutschen Romantik zu sprechen. Im Kern besagt ihre Argumentation, daß das wissenschaftliche Objektivieren in einer Humanwissenschaft durch Erfahrungen und Erfahrungsinitiativen abgelöst werden soll.

2. Der Verlauf des psychopathologischen Diskurses

Wir haben herausgestellt, daß sich der Analyse zweier synchroner Wissensanordnungen in einem Wissensbereich, daß sich der Analyse zweier Psychologien um 1800 eine doppelte Aufgbe stellt. Die Unterscheidungsmerkmale, die wissenschaftliche und literarische Psychologie voneinander abheben, sind beschrieben worden. Im folgenden sollen nun die Entstehung der literarischen Psychologie aus dem vorwissenschaftlichen psychologischen Wissen und der parallele Verlauf des Diskurses über den Wahnsinn skizziert werden.

Die erste Phase seines Verlaufs vollzieht sich in den Grenzen der Psychopathologie, der Diskurs umfaßt Wünsche und Erwartungen. Hatte sich der Wahnsinn bis zu dieser Phase als resistent gegegenüber einer theoretischen Erfassung erwiesen und war er gleichzeitig medizinisch verfehlt worden, so soll er nun unter den ihn zudeckenden Überlagerungen überkommener Texte freigelegt werden; freigelegt zur Beobachtung im Rahmen praktischer Tätigkeiten. Es tauchen Überlegungen über nichtmedizinische Behandlungsweisen auf, in die die Möglichkeiten einer psychologisch orientierten Therapie einbezogen werden. In dieser Phase strebt die Psychopathologie nach einer Ausweitung zur Psychiatrie.

Die zweite Phase beginnt mit dem endgültigen Schluß einer Kontroverse um die Frage, ob über den Wahnsinn geschwiegen oder geredet werden müsse: es soll geredet werden. Das Sprechen soll aber nicht die Form der Spekulation haben, sondern von exakten Beobachtungen seinen Ausgang nehmen. Die Ergebnisse der Beobachtungen wiederum müssen generalisierbar sein. Hierzu ist die Einrichtung von Institutionen notwendig, in denen entsprechende Forschungen durchgeführt werden können. Es ist dies der klinische Raum, der als Einheit die praktische Tätigkeit des Arztes und das Schreiben von Büchern umfassen soll.

In der dritten Phase versiegen die praktisch-empirischen Innovationen, theoretische Endeckungen bleiben aus. Der Wahnsinn hat die Voraussetzungen seiner Verwissenschaftlichung nicht erreicht. Trotz des zunehmenden Mangels an theoretisch Neuem werden weiterhin Bücher geschrieben. Das Reden freilich bleibt folgenlos, der Wahnsinn wird durch die Wissenschaftler, durch die Ärzte literarisiert; er verwandelt sich in eine erlesene Erfahrung. Empirisch wird der Wahnsinn schließlich nicht mehr erfahren. Zwischen den Wahnsinn und seine wirkliche Erfahrbarkeit schiebt sich der literarisch-wissenschaftliche Diskurs über den Wahnsinn. Er tritt an die Stelle des empirisch-wissenschaftlichen Diskurses. Über den Wahnsinn wird gesprochen, aber er wird nicht behandelt. Die gewonnene Einheit des klinischen Raums, das Behandeln und das Sprechen umfassend, wird durch den Wahnsinn in Frage gestellt und gefährdet.

In der vierten Phase spaltet sich der Diskurs. Seine eine Hälfte nimmt die Gefährdung als Herausforderung an und versteht die Herstellung einer einheitlichen Klinik für den Wahnsinn als wissenschaftliche Aufgabe. Der Wahnsinn bleibt eine theoretisch offene Frage, bleibt eine Entdeckung, die es noch zu machen gilt. Die Objekte, deren er sich bemächtigt[13], die Kranken, werden interniert. Die Institution der Klinik liefert eine pragmatische Lösung, eine technokratische Problembewältigung, die die Klinik als Verwahranstalt konzipiert und in ihr den Wahnsinnigen objektiviert. Reil vertritt diese Tendenz. Pinel und Esquirol repräsentieren eine andere, in der der Arzt gegenüber dem Wahnsinnigen ein spezifisches Erfahrungsverhältnis entwickelt, das durch die einseitige Neugier am Kranken geprägt ist. Ergänzt wird das Erfahrungsverhältnis durch ein wissenschaftliches Verhältnis zur Krankheit als Forschungsgegenstand.

Die empirisch-medizinische Arbeit am Kranken und das Sprechen des Arztes über die Krankheit werden miteinander verbunden. Der wissenschaftliche Arzt liest. Nicht mehr die Klassiker werden hermeneutisch studiert, die Texte der praktisch arbeitenden Kollegen werden herangezogen, ihre Ansichten und Ergebnisse überprüft. Wissenschaftlicher Autor und literarischer Autor sind geschieden; der wissenschaftliche Diskurs ist vom literarischen endgültig getrennt, ihn trägt und prägt seine Pragmatik. Der Wahnsinnige wird zum vorübergehenden Objekt, dessen der Wahnsinn sich bemächtigt, und auch der Irrenarzt bemächtigt sich seiner, vorübergehend, indem er den anderen, den Wahnsinnigen, objektiviert. Das Verhältnis ist nicht mehr das einer intersubjektiven Erfahrung. Der Wahnsinn als eine subjektive Erfahrung und Erfahrbarkeit wird aus dem wissenschaftlichen Kontext eskamotiert.

In der anderen Hälfte des Diskurses wird die Gefährdung des klinischen Raums durch den Wahnsinnigen nicht gegen den Kranken, sondern kritisch gegen die Klinik gewendet. Der Wahnsinnige wird als Dialogpartner angenommen. Es werden Foren, auf denen er sich äußern kann, entwickelt und bereitgestellt. So kommt es, daß die Wahnsinnigen sich selbst darstellen wie in Moritz' Magazin, oder daß ein Autor dem Wahnsinnigen sein Sprechen gleichsam zur Verfügung stellt und sich selbst in den wahnsinnigen Diskurs begibt, in dem allein er den Wahnsinnigen zu verstehen meint. So ist der literarische Diskurs entstanden, der alle wissenschaftlichen Ambitionen aufgegeben hat. So ist mit der Literatur der deutschen Romantik ein Bereich entstanden, in dem der wahnsinnige Diskurs eine Entfaltungsmöglichkeit gefunden hat. Hier wird er nicht durch rationale Erklärungen und klassifikatorische Einschränkungen an seiner Ausbreitung gehindert.

Dabei verwirft der literarische Diskurs die Ergebnisse des wissenschaftlichen keineswegs in ihrer Gesamtheit, oft übernimmt jener von diesem praktisches Material, etwa die Äußerungen der Wahnsinnigen. Verworfen und kritisiert und abgelehnt werden die Hinzufügungen der Wissenschaftler, die aus dem wahnsinnigen Diskurs einen Diskurs über den Wahnsinn machen, während die Dichter sich als Interpreten des wahnsinnigen Diskurses begreifen, aber auch als Partner der anderen, wahnsinnigen Teilnehmer. Das Recht, sich selbst zu äußern, um das der wissenschaftliche Diskurs die Wahnsinnigen beschneiden will, in dieses Recht versucht der literarische Diskurs die Wahnsinnigen wieder einzusetzen. Damit ist der wahnsinnige Diskurs aus der Wissenschaft ausgegrenzt, er formiert sich als ein literarischer Diskurs.

Als wichtiges Unterscheidungsmerkmal zwischen dem wissenschaftlichen Diskurs über den Wahnsinn und dem wahnsinnigen Diskurs in der Literatur haben wir die unterschiedlichen Verhältnisse der Autoren zu den Wahnsinnigen herausgestellt. Der wissenschaftliche Autor negiert die subjektive Dimension sowohl des Wahnsinnigen als auch der eigenen Person im Verhältnis zum Wahnsinnigen und objektiviert sich den Wahnsinn zum reinen Forschungsgegenstand. Der literarische Autor taucht in den wahnsinnigen Diskurs und stellt sich ganz bewußt in einen Zusammenhang von Intersubjektivität, in dem die wirkliche Erfahrung des Wahnsinns möglich ist. Die Intersubjektivität zwischen Autor und Wahnsinnigem und die gemeinsame Erfahrung der Krankheit ergeben so die entscheidenden Merkmale, die den literarischen Diskurs auszeichnen.

Die vierte Phase, die der Diskurs über den Wahnsinn durchläuft, bringt zwei Weisen der Auseinandersetzung mit dem Wahnsinn hervor. Neben seiner Objektivierung finden wir Versuche, eine Subjekt-Subjekt-Beziehung zwischen dem Wahnsinnigen und dem Nicht-Wahnsinnigen herzustellen.

Die intersubjektive Erfahrung des Wahnsinns kann um 1800 nur innerhalb des literarischen Diskurses stattfinden. Es bleibt zu fragen, ob mit dem Abschluß der vierten Phase die intersubjektive pathologische Erfahrung für immer wissenschaftsunfähig geworden ist.

Hat sich die wissenschaftliche Psychologie mit ihrer um 1800 vollzogenen Distanzierung von der pathologischen Erfahrung für immer um eben diese Erfahrung gebracht? Schließen sich wissenschaftliche Psychologie und psychopathologische Erfahrung für immer so aus, wie sie sich um 1800 ausschließen?

Aus der literarischen Rezeptivität und der wissenschaftlichen Resistenz gegenüber der psychopathologischen Erfahrung wäre zu schließen, daß eine Wissenschaft, die im Bereich der Psychologie eine intersubjektive Erfahrung des Pathologischen ermöglichte, Ähnlichkeiten mit dem literarischen Diskurs haben müßte. Sie müßte die Erfahrung der Krankheit ermöglichen, den Kranken und sein Gegenüber in der Gemeinsamkeit dieser Erfahrung verbinden und über eine dialogische Struktur verfügen. Wissenschaftlichkeit und literarische Struktur wären die wesentlichen Kennzeichen dieser Wissenschaft. Über sie verfügt die Psychoanalyse. In ihr erreicht der psychopathologische Diskurs die fünfte Phase seiner Entwicklung. Der um

1800 in die Literatur ausgegliederte Diskurs wird wieder verwissenschaftlicht. In diesem wissenschaftlichen Diskurs machen der Autor und sein Gegenüber miteinander Erfahrungen, sie sprechen gemeinsam, nehmen gemeinsam am Diskurs teil, dessen wissenschaftliche Objektivität sich aus radikaler Subjektivität ergibt.
Die Psychoanalyse enthält eine Möglichkeit, die Dichter als Träger des psychopathologischen Diskurses abzulösen durch die Wissenschaftler. Sie bietet eine Möglichkeit, den Diskurs aus seinem literarischen ‚Dunkel' hervorzuholen ans ‚Licht' der Wissenschaft.

Freuds literarische Bindungen

1. Literarische und psychoanalytische Psychologie

Durch die Wiederaufnahme der um 1800 aus der wissenschaftlichen Psychologie ausgegliederten psychopathologischen Bereiche in einen wissenschaftlich-psychologischen Kontext tritt der Diskurs über psychische Anomalität in eine neue Phase seines Verlaufs ein, in der er erneut einen wissenschaftlichen Status erhält.
Im folgenden wird der Versuch unternommen, die wissenschaftliche Neuformulierung des Diskurses und seine damit verbundene Entliterarisierung[1] zu skizzieren. Dabei bleiben alle Zwischenstufen, die nach dem Ende der romantischen Literatur und dem der literarischen Antipsychologie erreicht und durchlaufen worden sind, unberücksichtigt.[2] Denn der Diskurs ruht nicht in den Jahren von 1825 bis 1900, es ruht seine wissenschaftlich-psychologische Formation.[3]
Den Abschluß der Beschreibung der Diskursgeschichte sollen die folgenden Ausführungen zur Wiedergewinnung psychopathologischer Bereiche für die Psychologie als Wissenschaft bilden.

Die wissenschaftliche Neuformulierung des Diskurses und seine Entliterarisierung vollziehen sich im Rahmen der Entwicklung der psychoanalytischen Theorie und Technik. Dabei knüpft die Psychoanalyse an Ergebnisse und Funktionen der literarischen Psychologie an. Sie fordert, Normalität und Anormalität als Einheit zu betrachten. Denn als struktive Instanz für Gesundheit und Krankheit im Bereich des Psychischen wird durch die Psychoanalyse das Unbewußte bestimmt, dessen Wirksamkeit sowohl das Normale als auch das Anormale unterworfen sind. Freud schreibt hierüber 1938: „Wir haben erkannt, daß die Abgrenzung der psychischen Norm von der Abnormalität wissenschaftlich nicht durchführbar ist, so daß dieser Unterscheidung trotz ihrer praktischen Wichtigkeit nur ein konventioneller Wert zukommt."[4] Seine Lebensarbeit habe, so Freud, dem „Aufbau einer Seelenkunde (gegolten), die normale wie pathologische Vorgänge als Teile des nämlichen natürlichen Geschehens verstehen läßt".[5] Mit der Behauptung der Zusammengehörigkeit von normalen und anormalen Reaktionen im Bereich des Psychischen nimmt die Psychoanalyse ein Resultat der literarischen Psychologie auf. Sie übernimmt aber auch eine Funktion der literarischen Psychologie, die als Antipsychologie, als ein gegen die wissenschaftlich sich etablierende Psychologie gerichteter Entwurf zu verstehen ist. Die implizit formulierte Kritik an der wissenschaftlichen Psychologie wird im Kontext der Psychoanalyse und ihrer Metapsychologie expliziert. Freud verwirft, wie noch gezeigt werden wird, die

Prämissen der wissenschaftlichen Psychologie als unwissenschaftlich und einer Humanwissenschaft unangemessen. In doppelter Hinsicht besteht also eine Verbindung zwischen der literarischen und der psychoanalytischen Psychologie. Es handelt sich um eine geschichtliche Beziehung der Dissoziation der Psychologie um 1800 mit ihrer um 1900 versuchten Aufhebung.

Eine Wissenschaft wird gern am Ausmaß ihrer Anwendbarkeit gemessen. Oft wird die Psychoanalyse nach dem Licht beurteilt, dessen Einsatz ihr das Erkennen zunächst im Dunkeln verborgener Gegenstände gestattet. Hierzu gehören Erinnerungen und Träume, Visionen und Phantasien, die Erzählungen der Patienten und die Erzählungen der Dichter. Die Beziehungen zwischen Psychoanalyse und Literatur sind vielfältigen Behandlungen unterzogen worden. Vornehmlich von literaturwissenschaftlichen Interessen und Problemstellungen geleitet, soll die Fruchtbarkeit der Freudschen Psychologie für das Verständnis literarischer Texte geprüft werden. Nützlichkeitserwägungen bestimmen die Wendung an die Psychoanalyse. „Anwendung der Psychoanalyse auf die Literatur: Phantasie, Deutung, klinische Erfahrung" lautet ein die psychoanalytischen Ambitionen kennzeichnender Titel.[6] Ihr Autor will die „Voraussetzungen erörtern, auf Grund deren es möglich sein sollte, die Psychoanalyse methodisch auf die Literatur anzuwenden".[7] Aus der Psychoanalyse soll ein Deutungsinstrumentarium gewonnen werden, mit dem literarische Texte besser verstanden und systematisch interpretiert werden könne. Wyatt beschäftigt dabei die „Art der Anwendung der Psychoanalyse auf den Text, die *Deutung* ... Es handelt sich offenbar um die Übertragung bestimmter Ergebnisse aus der klinischen Erfahrung auf den Text".[8] Im Rahmen seiner Untersuchung möchte Wyatt der „postulierten Affinität zwischen dem Gegenstand der Untersuchung und ihrem Instrument"[9] nachspüren. Die Auffassung von der Übertragbarkeit klinischer Erfahrungen auf das Verstehen literarischer Texte begründet die Versuche, der Psychoanalyse ein Modell für die Deutung von Literatur abzugewinnen. „Das Vorbild für die Interpretation, die den Sinn aufdeckt, der sich ebenso im Phantasieren oder Tagträumen wie im wirklichen Traum verbirgt, ... und das künstlerische Schaffen steht ... auf der gleichen Stufe wie der Traum und das Phantasieren, von denen es sich jedoch qualitativ unterscheidet."[10] Literarische Texte werden als traumanaloge Gebilde betrachtet und auf der inhaltlich-thematischen Ebene mit einem genuinen Gegenstand der psychoanalytischen Deutungsarbeit identifiziert. Im Gegenstandsbereich und auf der methodischen Ebene der Deutungstechniken stellen sich die Beziehungen zwischen Literatur und Psychoanalyse her.

Die Übereinstimmungen und Affinitäten auf der Interpretationsebene werden am umfassendsten von Paul Ricoeur herausgearbeitet. Er erhebt die Traumdeutung zum Paradigma einer jeglichen Deutung.[11] Die Interpretation von Kultur offenbare

„das Traummodell in seiner universalen Bedeutung. Es erweist sich, daß der Traum wirklich etwas anderes ist als eine Merkwürdigkeit des nächtlichen Lebens oder ein Mittel, um zu den Konflikten der Neurose vorzustoßen. Er ist das *königliche Tor der Psychoanalyse*. Er besitzt diese Modellfunktion, weil sich in ihm alles Nokturne des Menschen offenbart, das Nokturne des Tages ... wie das des Schlafs".[12]

Über die Bestimmung des Traums als eines Modells und die Beschreibung der Anwendungsmöglichkeiten der Psychoanalyse gelangt Ricœur zu einer Definition des Kunstwerks aus der Perspektive der Psychoanalyse: es ist „die erste Gestalt des Nokturnen am hellichten Tag, das erste Analogon des Traumhaften".[13]

Anders als die literaturwissenschaftliche Inanspruchnahme interessiert sich Ricœur weniger für die Analogisierung von Traumdeutung und Literaturinterpretation, weniger für den Vergleich zweier Entzifferungstechniken, als vielmehr für die Beziehung zwischen Traumarbeit und Schöpfung eines Kunstwerks, für den Vergleich zweier Verhüllungsweisen. Wenn die literarischen Werke

„Schöpfungen sind, dann insofern, als sie nicht bloße Projektionen der künstlerischen Konflikte sind, sondern die Skizzierung ihrer Lösung; der Traum blickt zurück, in die Kindheit, in die Vergangenheit; das Kunstwerk ist dem Künstler selbst voraus: es ist mehr ein prospektives Symbol der persönlichen Synthese und der Zukunft des Menschen als ein regressives Symptom seiner ungelösten Konflikte".[14]

In diesem Sinn bringt Ricœur Traum und Kunstwerk in eine diametrale Gegensatzbeziehung zueinander. Traum und Kunstwerk als die am weitesten auseinanderliegenden Konfliktverarbeitungstechniken werden als schroffer Gegensatz herausgearbeitet und sollen an einen Punkt geführt werden, wo jener „sich selbst zerstört"[15] und so überwunden werden kann. Insofern versagt sich Ricœur einer glatten Analogisierung von Traum und Literatur, von Traumdeutung und Textexegese.

Ricœurs Versuch, die Psychoanalyse als Hermeneutik zu verstehen und zu vermitteln, ist umfangreicher und differenzierter als alle eiligen Benutzungen der Psychoanalyse durch die Literaturwissenschaft. Gemeinsam ist beiden Ansätzen die Herstellung von Beziehungen zwischen Traum und Kunst, Deutung und Interpretation, gemeinsam ist beiden die Behauptung einer Affinität zwischen Psychoanalyse und Literatur aufgrund einer Konvergenz auf der Objekt- und auf der Methodenebene, einer Konvergenz, die bei Ricœur freilich erst über einen dialektischen Schritt erreicht wird.

Beide Auffassungen, sowohl die utilitaristische Verwendung der Psychoanalyse als auch ihre Bestimmung als Hermeneutik, betrachten die Psychoanalyse als ein abgeschlossenes System, dessen paradigmatische interpretatorische Kompetenz in der Anwendung durch andere Disziplinen entfaltet und hergestellt wird. Der Nachweis der psychoanalytischen Kompetenz stellt sich als ein Verdienst ihrer Nutznießer dar. Sie übersehen das Verhältnis, das die Psychoanalyse im Verlauf ihrer Ausdifferenzierung zu einer Wissenschaft mit den Künsten eingegangen ist.

Die Frage nach dem Zustandekommen der Affinität zwischen Psychoanalyse und Literatur soll daher nicht nur einseitig aus der Perspektive der literaturwissenschaftlichen Nützlichkeit beantwortet, sondern auch bezüglich des Angebots der Psychoanalyse behandelt werden. Die Entstehung der Psychoanalyse als Wissenschaft und die wissenschaftliche Biografie ihres Begründers sollen betrachtet und befragt werden nach dem, was die Psychoanalyse der Literatur schulde. Jean Starobinski beschreibt die Richtungsveränderung:

„So sind wir in dem Augenblick, als wir nach dem Beitrag der Psychoanalyse zur Literaturwissenschaft gefragt haben, dazu gekommen, die umgekehrte Frage zu stellen nach den Elementen, die die Psychoanalyse selbst im Laufe ihrer Herausarbeitung der Literatur entliehen hat, um diese Elemente in ihre eigene Lehrstruktur zu assimilieren".[16]

Durch eine Auffälligkeit in der Entwicklung der Psychoanalyse mag Starobinski auf die Fragestellung gekommen sein: „Gerade in der Periode, in der die Psychoanalyse die Hauptelemente ihrer Theorie noch herausarbeiten mußte, hat sie sich den literarischen Werken zugewandt".[17] Starobinski will die „Intentionen der Psychoanalyse (und insbesondere derjenigen Freuds) im Hinblick auf die Literatur ... definieren".[18] Die zentrale Bedeutung des Unbewußten, vor allem die mit der Vorstellung vom Unbewußten verbundenen Themen und Problemstellungen, stellen Freud in eine Tradition, der vor ihm Ärzte so gut angehört haben wie Philosophen und Schriftsteller. Nietzsche und Schopenhauer gehörten ihr an, und „man hat nicht ohne Grund vertreten können, daß die Psychoanalyse einer der Gipfel der romantischen Literatur des 19. Jahrhunderts ist".[19]

Freud selbst hat denn auch die Entdeckung des Unbewußten den Dichtern zugesprochen, sich selber aber die systematische und wissenschaftliche Erforschung der Gesetzmäßigkeiten und Wirkungen dieser Instanz als originäre Leistung zuerkannt. Aus den Äußerungen des Unbewußten einen wissenschaftlichen Diskurs auszuarbeiten war Freuds selbstgestellte Aufgabe. Im Verfolgen dieser Problemstellung ist ein Verhältnis zwischen dem psychoanalytischen Forscher und dem dichterischen Text entstanden, das dem zwischen einem beliebigen Naturwissenschaftler und seinem spezifischen Material vergleichbar ist. Starobinski geht so weit zu behaupten, die Literatur habe eine paradigmatische Bedeutung für die Psychoanalyse eingenommen:

„Die Dichter leihen dem Abenteuer der Begierden eine besonders beredte Stimme, ohne jeweils über die inneren Gesetze Aufschluß zu geben: sie vermitteln dem ‚Wissenschaftler' ein besonders wertvolles Material, soweit es den Weg der Begierden verdeutlicht, soweit es ihnen einen exemplarischen Wert verleiht. So wird die Literatur zur Fundgrube von Paradigmen, die im psychoanalytischen Vokabular ausgenutzt werden: Narzißmus, Sadismus, Masochismus, Ödipuskomplex werden nur im Zusammenhang mit dem Mythos, mit dem Autor oder dem literarischen Werk ganz verständlich, die dabei als Archetypen einer bestimmten Verhaltensweise bezeichnet werden".[20]

Und in dem Maße, in dem der Dichter Nutzen aus seinem Privileg, dem affektiven Leben Ausdruck zu verleihen, zieht, stellt er einen Vermittler dar zwischen „der Dunkelheit der Triebe und der Helle des systematischen und rationalen Wissens des Wissenschaftlers".[21] So dient das dichterische Material dem wissenschaftlichen Psychoanalytiker als Rohstoff.

Während ein literaturwissenschaftliches und ein hermeneutisches Interesse die Psychoanalyse als Interpretationstechnik nutzen wollen, finden wir bei Starobinski den Versuch, durch die geschichtliche Betrachtung der Psychoanalyse und ihres Begründers die Literaturhaltigkeit dieser Wissenschaft nachzuweisen. Da der Psychoanalyse so oft zugesprochene Vermögen, literarischen Texten zu besserem Verständnis zu verhelfen, hat hier seine Grundlage.

Wir haben von einer Auffälligkeit in der Entwicklung der Psychoanalyse gesprochen. Der Zusammenfall von Bemühungen um einen wissenschaftlichen Status und außerwissenschaftlicher literarischer Orientierung in der Entstehungsphase einer wissenschaftlichen Disziplin ist in der Tat auffällig.

Auf diesen Konflikt sind Merkwürdigkeiten in der Freudschen Argumentation zurückzuführen. Zu ihnen gehört die auffallende Distanzierung, die Freud immer wieder gegenüber künstlerischen Prozessen einnimmt. Die Divergenzen, die Freud zwischen seiner und der Tätigkeit der Künstler sprachlich-argumentativ zumindest hergestellt hat, sind vor allem dem Ziel verpflichtet, „den wissenschaftlichen Charakter seines Werks zu bewahren".[22] Daß die Psychoanalyse ihre Affinität und ihren Beziehungsreichtum zur Literatur hervorhebt und gleichzeitig vergessen machen möchte, ist auf Probleme zurückzuführen, mit denen die Psychoanalyse insbesondere in ihrer Entstehungsphase zu kämpfen hatte. In der Person Freuds drückt sich diese Problematik als „Gereiztheit gegenüber dem Künstler" aus:

> „Freud, der seinen Platz in der strengen Wissenschaft behaupten will, weiß um die Brüchigkeit der eigenen Position; die Psychoanalyse vermag ihr anthropologisches *Modell* lediglich mittels eines Wortgebäudes zu erstellen, und Freud weiß, daß alles dies ihn dermaßen exponiert, daß man ihn als Literaten und ‚Dichter' behandeln könnte. Er ist also gezwungen, den Abstand zu betonen, und nichts kann diesem Zweck besser dienen als der Ton der Herablassung gegenüber dem Dichter."[23]

Daher vollzieht die Psychoanalyse eine „rationalistische Tätigkeit ..., (die) in einer Interpretation, in einer Übersetzung (besteht): es geht darum, von einer Sprache zu einer anderen zu gelangen, von der rätselhaften Sprache der Symbole zur offenen Sprache der Interpretation".[24] Ziel und Aufgabe psychoanalytischer Tätigkeit bestehen in Entsymbolisierungen.

Aus dem rationalen Unternehmen, Licht und Helligkeit in die von den Dichtern gestalteten Bereiche irrationaler Dunkelheit zu bringen, ergibt sich – diesen Anspruch gewissermaßen flankierend – Freuds Insistieren auf der gänzlichen Andersartigkeit der Psychoanalyse im Vergleich mit der Literatur. In einer ersten Phase seiner Beziehungen zur Literatur hat Freud „in der Literatur nur Illustrationen und Bestätigungen für seine klinischen Hypothesen" gesucht.[25] Dies ist in einer zweiten Phase dem Versuch gewichen, künstlerische Schöpfungen aus ihrer zentralen Funktion heraus zu analysieren. Dabei gelangt Freud zu einem Ergebnis, das die Differenz zwischen Kunst und Psychoanalyse nachdrücklich veranschaulichen soll: „Die Kunst ... will nichts anderes sein als Illusion."[26]

So bemüht sich Freud, seinen Realitätsbegriff auf außerästhetische Phänomene zu beschränken. Diesem Realitätsbegriff korrespondiert eine Auffassung vom Wirklichkeitsbereich der Psychoanalyse, der freigehalten werden soll von ästhetischen Hervorbringungen, die ihr ja immer ein Moment der Illusionären einbringen und dem Psychoanalytiker die ihm zweifelhaft erscheinende Reputation des Dichtergleichen eintragen würden. Freuds Not, die Psychoanalyse als eine Wissenschaft zu etablieren, die den vorgegebenen Ansprüchen an Wissenschaftlichkeit genügt, Ansprüchen, die sich um 1900 aus dem Gelingen und dem Fortschritt exakt sich verstehender Naturwissenschaften herleiten, läßt ihn Abgrenzungen gegenüber ästhetischen Phänomenen im einzelnen vornehmen, die durch seine Position im ganzen nicht abgedeckt sind. Im Hinblick auf die Abgrenzungen ist es sicher legitim, die Psychoanalyse als einen Versuch zu betrachten, dem Diskurs der Vernunft das Irrationale einzuverleiben und es so in seiner spezifischen Charakteristik aufzulösen. So betrachtet droht der Psychoanalyse stets die Gefahr, in einen rationalistischen Objektivismus zu verfallen. (Und Starobinski ist der Auffassung, daß sie sich dem schon bei Freud nie so recht erwehren konnte.)

Die Anstrengungen, der Psychoanalyse streng wissenschaftliche Merkmale zu applizieren, sind tatsächlich nicht übersehbar. Sie erfüllen eine mimetische Funktion, auf die näher einzugehen sich gerade im Hinblick auf die Beziehung zwischen Wissenschaft und Kunst in der Psychoanalyse lohnt.

Die Psychoanalyse war mit wissenschaftslogischen Problemen konfrontiert, deren Ursache Habermas in den Zweifeln am „Status dieser Wissenschaft ..., den er (Freud) selbst doch so emphatisch verteidigte"[27], annimmt. Zwischen den Statusmöglichkeiten, zwischen der gewünschten und der von den Gegnern gesetzten hin und her gerissen, kommt es zu Anpassungsbemühungen, an deren Verfehltheit nicht mehr gezweifelt wird. Habermas führt ein Beispiel an: „Das Energieverteilungsmodell erzeugt nur den *Anschein*, als würden sich die psychoanalytischen Aussagen auf meßbare Energieumwandlungen beziehen."[28] Und letztlich hat Freud doch am wirklichen Status seiner Wissenschaft festgehalten, „weil er die analytische Gesprächssituation als eine Veranstaltung quasiexperimentellen Charakters betrachtet und daher die klinische Erfahrungsbasis als einen hinreichenden Ersatz für die experimentelle Überprüfung aufgefaßt hat".[29]

In jedem Fall bedurfte es eines Ersatzes für den Mangel experimenteller Verfahrensweisen im engeren Sinne. Freud sieht sich in der Begründungsphase der Psychoanalyse vor eine dreifache Aufgabe gestellt: der eigentümliche Wissenschaftscharakter der Psychoanalyse soll herausgestellt, die Legitimation dieser Wissenschaft durch eine gewisse Angleichung an die Naturwissenschaft erworben und eine klare und irreversible Abgrenzung von der experimentellen Psychologie vorgenommen werden.

In der Bearbeitung der ersten Aufgabe verleiht Freud, wie Pontalis sagt, einem „menschlichen Erfahrungsbereich wissenschaftliche Würde ..., der vor ihm nicht nur von dieser ausgeschlossen, sondern noch nicht einmal *definiert* war".[30] Der Erfahrungsbereich, den Freud verwissenschaftlicht, war zuvor ein genuin literarischer Bereich, und die Distanzierung von allem Dichterischen fällt bei Freud nicht zufällig mit der Verwissenschaftlichung eines ehemals literarischen Bereichs zusammen. Indem er sich in eine Tradition zu stellen gezwungen sieht, die er um der Sache willen nicht umgehen kann, möchte er sie leugnen. Die zweite Aufgabe sah Freud in einer begrenzten Angleichung der Psychoanalyse an die Naturwissenschaften, insbesondere an ihren experimentellen Charakter. Durch ihre Verfolgung wird die Psychoanalyse in eine Nachbarschaft gerückt, die sie strikt meiden wollte, Freud in die Nähe Wundts. Auch dessen experimentelle Psychologie suchte ihren Status durch Annäherung an die naturwissenschaftliche Attitüde zu gewinnen, suchte ihren Status über die Stilisierung:

„Der erste Schritt zur Wissenschaftlichkeit der Psychologie wurde dadurch erkauft, daß sie sich für die Subjekte, für das Zustandekommen der für den Einzelnen wesentlichen Eigenart, für das ohne Intospektion undenkbare Selbstbewußtsein nicht und statt dessen für die Physiologie interessierte, die allen gemein ist und deren Leistungsbreite bei weitem nicht so schwankend ist wie die Struktur der Persönlichkeiten ... Das Prestige der Wundtschen Schule rührt daher, daß sie Methoden verwandte, die in den Naturwissenschaften entwickelt und zu hohem Ansehen gelangt waren, daß sie als Kriterium für die Wissenschaftlichkeit schlechthin benutzt wurden. ... Wollte Wundt seine Forschung ernsthaft zur Anerkennung unter den zeitgenössischen Vertretern der akademischen Naturwissenschaften bringen, so mußte er sich dem herrschenden Experimentalstil anpassen."[31]

So ergibt sich aufgrund der Legitimiationsprobleme, denen sich zwei Varianten einer Humanwissenschaft um 1900 gegenübergestellt sehen, eine Ähnlichkeit zwischen Freud und Wundt, die aber darüber hinaus und auch in sich nicht allzu hoch zu bewerten ist. Denn es gilt zu berücksichtigen, daß Freud den Legitimationszwängen keineswegs in dem Maße erlegen ist, wie es die Ausführungen Starobinskis anzunehmen nahelegen; im Gegenteil: er nimmt Anfeindungen eines wissenschaftlichen Systems, dem er sich zugeordnet wissen möchte, über einen langen Zeitraum in Kauf, während auf der anderen Seite die experimentelle Psychologie ihre Legitimationsnot zu einer wissenschaftlichen Tugend wandelt, von der die Psychologie als Wissenschaft sich bis heute nicht zu befreien wußte. Dennoch gibt es zwischen beiden Psychologien eine mimetische Übereinstimmung, die insofern merkwürdig ist, als Freud vor allem in der Begründungsphase der Psychoanalyse eine dritte Aufgabe in der strikten Ablehnung einer wissenschaftlichen Psychologie sah, wie sie von Wundt repräsentiert wurde und an vielen Universitäten inzwischen etabliert war. Gleich in der ersten der „Vorlesungen zur Einführung in die Psychoanalyse" heißt es bei Freud:

„Weder die spekulative Philosophie noch die deskriptive Psychologie oder die an die Sinnesphysiologie anschließende sogenannte experimentelle Psychologie, wie sie in den Schulen gelehrt werden, sind imstande, Ihnen über die Beziehung zwischen dem Körperlichen und Seelischen etwas Brauchbares zu sagen und Ihnen die Schlüssel zum Verständnis einer möglichen Störung der seelischen Funktionen in die Hand zu geben."[32]

Später wird die Kritik an der Bewußtseinspsychologie – und sie ist mit der Bezeichnung experimentelle Psychologie gemeint – scharf und vernichtend. Freud sagt, der Anspruch der Bewußtseinspsychologie werde von ihr überhaupt nicht eingehalten, vielmehr gelinge es der Psychoanalyse, das zu erklären, was die wissenschaftliche Psychologie aufgreifen möchte, was ihr aber tatsächlich entgleite. „Während man in der Bewußtseins-Psychologie nie über jene lückenhaften, offenbar von anderswo abhängigen Reihen hinauskam, hat die andere Auffassung, das Psychische sei an sich unbewußt, gestattet, die Psychologie zu einer Naturwissenschaft wie jede andere auszugestalten."[33] Dabei verleugnet er keineswegs die Besonderheit, die seine Wissenschaft als Naturwissenschaft im Kreise der übrigen einnimmt: „Die Neuheit der Aufgabe ist dafür verantwortlich zu machen, also der Mangel an Schulung, aber auch ein dem Gegenstand anhaftendes besonderes Moment, da es sich in der Psychologie nicht immer wie in der Physik um Dinge handelt, die nur ein kühles wissenschaftliches Interesse erwecken können."[34] Diese Besonderheit unterscheidet ihm die Psychoanalyse von der konventionellen Psychologie, ja sie wird ihm zum Konstituens einer wirklichen psychologischen Wissenschaft. Die Besonderheit, das Unphysikalische ist das Unbewußte, das als Material die Dichter und Künstler überliefern.

Der Auffassung von einer analogen Beziehung zwischen Traumarbeit und künstlerischer Tätigkeit wird durch die Position, die Freud zur Literatur einnimmt, Vorschub geleistet. Freuds Äußerungen zu Fragen der Literatur und der bildenden Kunst verteilen sich auf Interpretationen einzelner Kunstwerke, einige in andere Sachzusammenhänge eingestreute Passagen und auf wenige systematische Untersuchungen. Zu ihnen gehören etwa „Der Witz und seine Beziehung zum Unbewußten" und „Der Dichter und das Phantasieren". Darin werden der Tagtraum, die Schöpfung eines Phantasierenden, und die Schöpfung des Dichters in eine direkte Beziehung zueinander gebracht. Wie der Tagtraum, so verdanke sich auch das dichterische Werk einer in der Wirklichkeit versagten Wunscherfüllung, sei es, daß eine in der Wirklichkeit nicht zu erlangende Sicherheit in der Dichtung hergestellt werde, sei es, daß das Ich des Dichters „durch Selbstbeobachtung in Partial-Ichs (gespalten) und demzufolge die Konfliktströmungen seines Seelenlebens in mehreren Helden" personifiziert werden.[35]
Andere Arbeiten stellen entweder Studien zu einzelnen Künstlern oder Deutungen einzelner Kunstwerke dar. „Eine Kindheitserinnerung des Leonardo da Vinci" ist eine biographische Untersuchung, „Der Moses des Michelangelo" faßt die Ergebnisse ausführlicher und intensiver Beobachtungen der Plastik zusammen, „Eine Kindheitserinnerung aus *Dichtung und Wahrheit*" wird einer Analyse unterzogen, in der Studie „Dostojewski und die Vatertötung" gilt das Interesse Freuds dem Krankheitsbild Dostojewskis und der Verarbeitung der Neurose in dem Roman *Die Brüder Karamasoff*. „Das Motiv der Kästchenwahl" erörtert zwei Szenen aus Shakespeares „Kaufmann von Venedig" und „König Lear". In „Einige Charak-

tertypen aus der psychoanalytischen Arbeit" werden Lady Macbeth und Rebekka West, eine Figur aus Ibsens *Rosmersholm*, behandelt. Eine Analyse der Novelle „Die Richterin" von C.F. Meyer enthält ein Brief an Wilhelm Fliess vom 20. Juni 1898[36]; sie ist die erste Anwendung der Psychoanalyse auf ein Werk der Literatur. Ebenfalls an Fliess ist kurze Zeit später eine Bemerkung gerichtet[37], aus der das Interesse Freuds an der Aktualisierung von Kindheitserlebnissen im Erwachsenenalter, durch Meyers „Hochzeit des Mönchs" angeregt, hervorgeht. Diesem Interesse wird in aller Breite nachgegangen in einer Arbeit aus dem Jahre 1906, „Der Wahn und die Träume in W. Jensens *Gradiva*".[38]

Ein weiterer Typus von Texten, in denen Freud sich mit literarischen Vorlagen auseinanderzusetzen scheint, liegt mit solchen Arbeiten vor, in denen er von einer primär psychoanalytischen Fragestellung ausgehend mehr oder minder beiläufig eines literarischen Textes Erwähnung tut. So sind in der *Traumdeutung* Hinweise auf König Ödipus und auf Hamlet enthalten, die Analyse des Unheimlichen zieht die Erzählung E.T.A. Hoffmanns heran. Freuds Interessen gelten in erster Linie nicht dem Künstler oder seinem Werk, sie gelten der Theorie der Psychoanalyse, und sie gelten den Fällen, die von Künstlern dargestellt und belebt werden.

Freud nimmt die erfundenen, die fiktiven, die erkünstelten Personen wie wirkliche Personen mit wirklichen Konflikten, die sich in eben der Weise untersuchen und analysieren lassen wie wirkliche Patienten. Die literarische Wirklichkeit wird für Freud zu einer Wirklichkeit, die den Stoff für die Psychoanalyse ebenso liefert wie das Alltagsleben seiner Patienten. Die literarischen Personen werden wie Fälle studiert und analysiert, ihre Probleme und Konflikte als normal verschlüsselte und psychoanalytisch aufschlüsselbare angesehen.

Die Wirklichkeit der dichterisch erfundenen Personen und die Wirklichkeit der klinisch rekrutierten Personen ist für Freud ein und dieselbe. Ironisch ruft er die Übereinstimmung am Ende der Gradiva-Deutung sich und seinem Leser ins Bewußtsein, wenn er schreibt: „Aber wir müssen hier innehalten, sonst vergessen wir vielleicht wirklich, daß Hanold und die Gradiva nur Geschöpfe des Dichters sind."[39] Zu Beginn seiner Ausführungen zur Psyche der Lady Macbeth, die an ihren Gewissensqualen leidet und sich zugrunde richtet, schreibt Freud: „Was wir darüber wissen und vermuten, will ich ... nicht an Fällen der ärztlichen Beobachtung, sondern an Gestalten erörtern, die große Dichter aus der Fülle ihrer Seelenkenntnis erschaffen haben."[40] Etwas später, nachdem er die Leiden der Lady Macbeth abgehandelt und sich den Schuldgefühlen Rebekka Wests zugewandt hat, heißt es in derselben Untersuchung: „Wir haben bisher Rebekka West behandelt, als wäre sie eine lebende Person und nicht eine Schöpfung der von dem kritischesten Verstand geleiteten Phantasie des Dichters *Ibsen*."[41] Und am Ende lesen wir: „Nach langem Aufenthalte bei der Dichtung kehren wir nun zur ärztlichen Erfahrung zurück. Aber nur, um mit wenigen Worten die volle Übereinstimmung beider festzustellen."[42]

Die Übereinstimmung von ärztlicher Erfahrung und dichterischer Gestaltung mündet freilich nicht in eine Gleichsetzung von Analytiker und Dichter; und Freud liefert für ihre Verschiedenheit einige schöne Hinweise am Ende der „Gradiva", die den von uns oben herausgearbeiteten mimetischen Charakter der Abgrenzungen weit überschreiten und sich auf sachliche Motive zurückführen lassen. Hier spricht Freud von den Regeln, nach denen Jensen die psychologische Dimension seiner Erzählung gestaltet habe, die ihm, dem Dichter, aber durchaus nicht bekannt und bewußt gewesen sein müßte:

„Wir meinen, daß der Dichter von solchen Regeln und Absichten nichts zu wissen brauche, so daß er sie in gutem Glauben verleugnen könne, und daß wir doch in seiner Dichtung nichts gefunden haben, was nicht in ihr enthalten ist. Wir schöpfen wahrscheinlich aus der gleichen Quelle, bearbeiten das nämliche Objekt, ein jeder von uns mit einer andere Methode, und die Übereinstimmung im Ergebnis scheint dafür zu bürgen, daß beide richtig gearbeitet haben. Unser Verfahren besteht in der bewußten Beobachtung der abnormen seelischen Vorgänge bei anderen, um deren Gesetze erraten und aussprechen zu können. Der Dichter geht wohl anders vor; er richtet seine Aufmerksamkeit auf das Unbewußte in seiner eigenen Seele, lauscht den Entwicklungsmöglichkeiten desselben und gestattet ihnen den künstlerischen Ausdruck, anstatt sie mit bewußter Kritik zu unterdrücken. So erfährt er aus sich, was wir bei anderen erlernen, welchen Gesetzen die Bestätigung dieses Unbewußten folgen muß, aber er braucht diese Gesetze nicht auszusprechen, nicht einmal sie klar zu erkennen, sie sind infolge der Duldung seiner Intelligenz in seinen Schöpfungen verkörpert enthalten. Wir entwickeln diese Gesetze durch Analyse aus seinen Dichtungen, wie wir sie aus den Fällen realer Erkrankung herausfinden, aber der Schluß scheint unabweisbar, entweder haben beide, der Dichter wie der Arzt, das Unbewußte in gleicher Weise mißverstanden, oder wir haben es beide richtig verstanden. Dieser Schluß ist uns sehr wertvoll; um seinetwegen war es uns der Mühe wert, die Darstellung der Wahnbildung und Wahnheilung sowie die Träume in Jensens *Gradiva* mit den Methoden der ärztlichen Psychoanalyse zu untersuchen."[43]

Die Identität des zu bearbeitenden Objekts führt den Analytiker in eine Nähe zum Dichter, der Freud sich wohl bewußt ist – auch und gerade wenn er sich aus ihr entfernen möchte. In den *Studien zur Hysterie* schreibt er:

„Ich bin nicht immer Psychotherapeut gewesen, sondern bin bei Lokaldiagnosen und Elektrodiagnostik erzogen worden wie andere Neuropathologen, und es berührt mich selbst noch eigentümlich, daß die Krankengeschichten, die ich schreibe, wie Novellen zu lesen sind, und daß sie sozusagen des ernsten Gepräges der Wissenschaftlichkeit entbehren. Ich muß mich damit trösten, daß für dieses Ergebnis die Natur des Gegenstandes offenbar eher verantwortlich zu machen ist als meine Vorliebe; Lokaldiagnostik und elektrische Reaktionen kommen bei dem Studium der Hysterie eben nicht zur Geltung, während eine eingehende Darstellung der seelischen Vorgänge, wie man sie vom Dichter zu erhalten gewohnt ist, mir gestattet, bei Anwendung einiger weniger psychologischer Formeln doch eine Art von Einsicht in den Hergang einer Hysterie zu gewinnen."[44]

Freud will alle aus seiner ‚Novellistik' ableitbaren Mißverständnisse vermeiden. Inwieweit er ihnen durch die Art seiner Darstellung selbst Nahrung gegeben hat, dieser Frage ist Walter Muschg in seinem Essay „Freud als Schriftsteller" nachgegangen. Dabei ist es Muschg gelungen, die Lebendigkeit der literarisierten Figuren in Freuds Arbeiten aufzuspüren. So erlangt „das merkwürdig anonyme Personal..., das seine Schriften bevölkert"[45], oft eine ungewöhnliche Berühmtheit, wie etwa der ‚kleine Hans'. Freud geht aber noch darüber hinaus, indem er sich Figuren erfindet; „aus lauter Überschuß an Darstellungskraft" erschafft er sich „eine Demonstrationspuppe, die im Handumdrehen lebendig wird, munter aufsteht und wandelt".[46] Das geht so weit, daß Freud „sogar einen wissenschaftlichen Antipoden in die imaginäre Szene" hineinzieht.[47] Die Anwendung dieser Darstellungsmittel führt zuweilen dazu, daß sich „eine fast romanhafte Spannung (einstellt), denn wenn ihr Verfasser auch kein Detektiv ist, so ist er doch ein Detektor, der mit eindrucksvoll behutsamer Gebärde die Decke über dem Seelendunkel lüftet".[48] Es verwundert nicht, daß Freud sich mit Dingen beschäftigt, „die vor ihm fast ausschließlich Dichter gefesselt haben".[49] Und dem Dichter gleich bedient Freud sich literarischer Mittel, um durchaus literarische Wirkungen zu erzielen, so, wenn er den Leser in seinen Text einbezieht, um dessen Lektüre lebendiger und kritischer zu gestalten: „Ich stelle mir also einen Gegner vor, der meine Ausführungen mit Mißtrauen verfolgt, und lasse ihn von Stelle zu Stelle zu Wort kommen."[50]

2. Zur therapeutischen Bedeutung gesprochener Texte

„Es ist nicht schwer", bemerkt Muschg zu Recht, „als die Heimat auch dieses Elements die Situation der Sprechstunde zu erkennen".[51] Freuds Absicht, bei seinem Dialogpartner bestimmte Wirkungen hervorzurufen, betrifft sowohl den Analysanden in der Therapiestunde als auch den Leser seiner Schriften. Sein diesbezüglicher Anspruch deckt sich mit einer Erwartung, die er der Dichtung gegenüber hegt: „Vielleicht trägt es sogar zu diesem Erfolge nicht wenig bei, daß uns der Dichter in den Stand setzt, unsere eigenen Phantasien nunmehr ohne jeden Vorwurf und ohne Schämen zu genießen. Hier stünden wir nun am Eingange neuer, interessanter und verwickelter Untersuchungen."[52] Je raffinierter der gewünschte Genuß, desto subtiler müsse der Dichter an sein Werk gehen:

> „Es ist aber eine feine ökonomische Kunst des Dichters, daß er seinen Helden nicht alle Geheimnisse seiner Motivierung laut und restlos aussprechen läßt. Dadurch nötigt er uns, sie zu ergänzen, beschäftigt unsere geistige Tätigkeit, lenkt sie vom kritischen Denken ab und hält uns in der Identifizierung mit dem Helden fest. Ein Stümper an seiner Stelle würde alles, was er uns mitteilen will, in bewußten Ausdruck fassen und fände sich dann unserer kühlen, frei beweglichen Intelligenz gegenüber, die eine Vertiefung der Illusion unmöglich macht."[53]

In einem gänzlich anderen, praktischen Problemen der Therapie gewidmeten Zusammenhang verlangt Freud eine gleichermaßen ökonomische und restriktive Mittelvergabe vom Therapeuten. Um die Motivation des Patienten an der analytischen Erarbeitung und Neukonstruktion seiner Biographie aufrechtzuerhalten, dürfe der Therapeut seine Kenntnisse über dem Patienten verborgene Triebe und Regelungsmechanismen nur sehr gedrosselt einbringen. Andernfalls werde der Leidensdruck und mit ihm der therapeutische Antrieb unter ein für einen erfolgreichen Fortgang der Therapie notwendiges Ausmaß gebracht.

„Wir müssen, so grausam es klingt, dafür sorgen, daß das Leiden des Kranken in irgendeinem wirksamen Maße kein vorzeitiges Ende finde. Wenn es durch die Zersetzung und Entwertung der Symptome ermäßigt worden ist, müssen wir es irgendwo anders als eine empfindliche Entbehrung wieder aufrichten, sonst laufen wir Gefahr, niemals mehr als bescheidene und nicht haltbare Besserungen zu erreichen."[54]

Und um dieser Manipulation zu entgehen, wählt Freud in der Praxis der Therapie eine andere Manipulationsweise, eine, die den Leidensdruck aufrechterhält. Das verlangt eine begrenzte Verschwiegenheit des Arztes, und der alles Wissen ausplaudernde Analytiker wäre dem dichterischen Stümper vergleichbar, von dem Freud spricht und nichts hält.

Literarischer Text und therapeutische Äußerung sollen demnach immer ein gewisses Sich-Verweigern enthalten, ein Unausgesprochenes, an dem der Leser und der Patient sich abarbeiten müssen. Hierin stimmen therapeutische Äußerung und literarischer Text miteinander überein: sie provozieren ihr Gegenüber, sie zwingen ihr Gegenüber, sich selber zu erfahren und, sich erfahrend, die Vorlage, sei es der literarische Text, sei es die therapeutische Äußerung, zu ergänzen und zu vervollständigen.

Die Praxis der therapeutischen Sitzung und die praktische Wirkung des literarischen Textes verfügen in dem ihnen gemeinsamen Aufforderungscharakter über eine strukturelle Gemeinsamkeit. In diesem Strukturmerkmal erkennen wir die Verbundenheit zwischen der psychoanalytischen Psychologie Freuds und der literarischen Psychologie, wie sie am Beispiel Hoffmanns dargestellt worden ist. Neben der inhaltlich-thematischen Beziehung zwischen beiden Psychologen, der die Literaturwissenschaft Aufmerksamkeit schenkt, gibt es mit der strukturellen Ebene eine dritte, auf der die Beziehung zwischen Psychoanalyse und romantischer Literatur sich manifestiert.

Die Induktion des Arztes in der Therapie ist identifizierbar und erklärbar mit der Induktion eines Textes im Akt des Lesens. Es ist von der Erinnerung auszugehen, dem Prozeß, aus dem das vom Analysanden hervorgebrachte und vom Analytiker gedeutete Material wesentlich entsteht. Für Freud bedeutet die Erinnerung ein erneutes Erleben einer traumatischen Situation, wobei die Erinnerung sowohl die affektive Basis der Situation möglichst adäquat treffen als auch auf der sprachlichen Ebene rekapituliert werden muß, soll sie therapeutisch effektiv sein.[55] Die Erinnerung ist subjektiv, arbeitet mit den Verfälschungen und Korrekturen, über die ein Subjekt verfügt, sie produziert also nicht das Wissen darum, wie es wirklich gewesen ist, sondern was sie hervorbringt, ist Unwissen, das in seiner Spezifität dem Analytiker als Material dient, das durch sein Wissen ergänzt wird, und zwar zur Wirklichkeit des Analysanden. „Unser Wissen soll sein Unwissen gutmachen, soll seinem Ich die Herrschaft über verlorene Bezirke des Seelenlebens wiedergeben. In diesem Vertrag besteht die analytische Situation."[56]

Der Vertrag geht von „der Unzuverlässigkeit und Verworrenheit der subjektiven Erinnerung"[57] aus und bestimmt die Aufgabe des Analytikers als „Kritik, die den verstümmelten Text der Überlieferung reinigt".[58] Freud selbst spielt auf diese Analogie zwischen Analyse und Textbearbeitung an, etwa in der Titelgebung der *Traumdeutung*. Wie Ricoeur bemerkt, wird der Begriff des Textes häufig benutzt, „besonders wenn er die Arbeit der Analyse mit der Übersetzung einer Sprache in eine andere Sprache vergleicht; die Traumerzählung ist ein unverständlicher Text, den die Analyse durch einen verständlicheren Text ersetzt. Verstehen heißt, diese Substitution vornehmen."[59] Insofern bedeutet Psychoanalyse zunächst nichts anderes als eine besondere Form der Interpretation. „Sie liefert theoretische Gesichtspunkte und technische Regeln für eine Deutung von symbolischen Zusammenhängen."[60]

Hierin besteht eine Übereinstimmung zwischen dem geschriebenen Text in der Literatur und dem gesprochenen Text in der Therapie, aber auch eine Übereinstimmung zwischen der philologischen Deutung und der analytischen Interpretation. Diese verlangt freilich gegenüber jener eine Erweiterung, die sich aus der Spezifität des Objektbereichs ergibt.

Die Auslassungen und Entstellungen, denen ein literarischer Text unterworfen ist, sind auf den Text selbst nicht zurückzuführen, wohl aber auf seine Übermittlung, seine Tradierung, auf die Medien seiner Überlieferung. Wie Habermas darstellt, sind es „externe Einwirkungen"[61], die ihn modifizieren, Mängel, die durch die philologische Kritik aufgespürt und notfalls beseitigt werden. In der psychoanalytischen Deutung geht es nicht um die Beseitigung derartiger Mängel, nicht um die Entfernung von Verzerrungen, sondern im Gegenteil um ihre Ermittlung und ihren Erwerb. „Die Auslassungen und Entstellungen, die sie behebt, haben einen systematischen Stellenwert, denn die symbolischen Zusammenhänge, die die Psychoanalyse zu begreifen sucht, sind durch *interne Einwirkungen* verderbt. Die Verstümmelungen haben *als solche* einen Sinn."[62] Die sich symbolisch in einen Text wandelnden Störungen haben einen Sinn, den es zu entdecken gilt. Die der Entdeckung sich anschließende Textänderung zeigt eine Behebung der Störungen, die Heilung, an. Im Mittelpunkt der Textbearbeitung stehen die Entstellungen, die „*Selbsttäuschungen des Autors* ... Außer dem manifesten Gehalt dokumentiert sich in solchen Texten der latente Gehalt eines dem Autor selbst unzugänglichen, entfremdeten, ihm gleichwohl zugehörigen Stücks seiner Orientierungen."[63]

Im Zusammenfall von Zugehörigkeit und Unzugänglichkeit des Textes wird der Einstieg in die analytische und die therapeutische Arbeit gesehen. Wieder dient der Traum als Muster. Der Traumtext wird vom Träumenden hervorgebracht, mit einer Intention, die nach dem Erwachen und beim Erzählen des Traumtextes in der Therapie nicht mehr verständlich ist. Das Subjekt versteht sein eigenes Produkt nicht mehr, in dem es doch enthalten ist und mit dem es sich doch identifiziert.

In seiner praktischen Bedeutung ist der Traum, so Freud, von der hysterischen Phobie, den Zwangs- und Wahnvorstellungen deutlich unterschieden: „um so größer ist aber sein theoretischer Wert als Paradigma, und wer sich die Entstehung der Traumbilder nicht zu erklären weiß, wird sich auch um das Verständnis der Phobien, Zwangs- und Wahnideen, eventuell um deren therapeutische Beeinflussung, vergeblich bemühen."[64] „So hat Freud den Traum als das ‚Normalvorbild' krankhafter Affektionen aufgefaßt; die Traumdeutung ist stets das Modell für die Aufklärung pathologisch entstellter Sinnzusammenhänge geblieben."[65]

Der Autor tritt seinem Text als einem ihm unverständlichen Text gegenüber, er spricht einen Text, dessen Sinn ihm nicht voll vertraut ist, er spricht einen unvollständigen Text. Die Therapie bewirkt, daß der Autor seinem Text gegenübertreten und ihn verstehen kann, sich des Sinns seines Textes sicher ist, seinen Text vollständig spricht. Die Ergänzung des Textes und die zunehmende Aneignung der Rolle des Autors des eigenen Textes durch den Patienten werden durch die therapeutischen Interventionen des Arztes bewirkt.

> „Neurotiker wäre derjenige, dem es nicht gelingt, die Regeln der Kultur, die er bewohnt, zu den seinen zu machen, derjenige, der sich als unfähig erweist, sein singuläres ‚Sprechen', durch welchen Kunstgriff auch immer, mit der allgemeinen ‚Rede' in Einklang zu bringen (Bedingung einer erfolgreichen Verdrängung), derjenige, der nicht vermag, sich an diese generalisierten Kompromisse anzupassen, die gemeinhin das *Normale*, wenn nicht gar die *Realität* genannt werden. Wer dem Kranken dazu verhelfen kann, in einer akzeptierbaren und schon verbürgten Sprache ein Leiden, eine Phantasmagorie oder ein unverstandenes und erlittenes Schicksal zu formulieren, hieße dann Psychoanalytiker."[66]

Dessen Interventionen gelten nicht nur den ‚pathologischen' Texten, sondern den ‚normalen' ebenso, die entsprechend den aus dem Vorbild der Traumdeutung gewonnenen Deutungtechniken bearbeitet werden. Anders als bei der philologischen Übersetzung geht es in der therapeutischen Interpretation nicht um die Vermittlung zwischen Partnern verschiedener Sprachen, sondern darum, „ein und dasselbe Subjekt die eigene Sprache begreifen" zu lehren.[67] Dabei leitet der Analytiker den Patienten an. In der von ihnen gebildeten Zweierbeziehung vollzieht sich die heilende Reflexion. Die reflexive Arbeit wird zwischen Analysand und Therapeut so aufgeteilt, „daß der eine das Vergessene aus den fehlerhaften Texten des anderen, aus dessen Träumen, Einfällen und Wiederholungen *rekonstruiert*, während der andere, durch die hypothetisch vorgeschlagenen Konstruktionen des Arztes angeregt, sich *erinnert*".[68] In der Beziehung zwischen Arzt und Patient treffen zwei Wissen aufeinander, zwei Texte, die einer Sache gelten. Das Wissen des Arztes mündet in den zu konstruierenden Text, und „je genauer sich die Konstruktion mit den Einzelheiten des Vergessenen deckt"[69], desto übereinstimmungsreicher wird der erinnernde Text des Patienten dem Text des Arztes entsprechen. Idealerweise werden beide Texte am Ende einer effektiven Therapie deckungsgleich sein, der Patient den Text des Arztes zu seinem Text gemacht haben, der Patient Autor seines eigenen Textes sein, während zuvor der Arzt noch der Autor des Textes des Patienten gewesen war. „Unser Wissen", schreibt Freud, „ist dann auch sein Wissen geworden".[70]

Der Arzt induziert einen Erkenntnisvorgang, der auf der Seite des Patienten zur Selbstreflexion führt. Die fehlenden Passagen im biographischen Text werden durch den analytischen Akt der Selbstreflexion wiedergewonnen, ihre Ausgliederung zurückgenommen und der Lebensgeschichte ‚wieder' eingefügt. Für das Gelingen dieser Leistung ist die Stimmigkeit der Übertragungssituation selbst von großer Wichtigkeit. „Sinnanerkennung ist nur dann effektiv, wenn die Konflikte in der Aktualität einer Beziehung neu durchlebt werden: die *Übertragung* wird so Gegenstand der Analyse."[71] In ihr wird der Patient davon überzeugt, „daß es für seine ‚Zuckungen' nur einen Ausweg gibt: sich mit ihm, dem Analytiker, zu identifizieren".[72] Habermas schreibt hierzu:

„In der Übertragungssituation verhält sich der Arzt nicht kontemplativ, er gewinnt vielmehr seine Interpretation in dem Maße, als er methodisch *die Rolle des Mitspielers* übernimmt: den neurotischen Wiederholungszwang in eine Übertragungsidentifikation umsetzt, die ambivalenten Übertragungen aufrechterhält und zugleich virtualisiert und im rechten Augenblick die Bindung des Patienten an sich löst. Bei alledem macht der Arzt sich selbst zum Instrument der Erkenntnis, aber nicht durch Ausschaltung, sondern gerade durch den kontrollierten *Einsatz seiner Subjektivität*."[73]

Die wichtigen Bewegungen innerhalb der Analyse sind das Hören und das Sprechen, die Kommunikation, die Aufklärung, die Selbstreflexion und die autonome Textaneignung.

Eine zentrale Voraussetzung auf der Seite des Analytikers ist die gelungene Selbstsubjektivierung und auf der Seite des Patienten der Erwerb der Fähigkeit, gewonnene Erkenntnisse auf sich selbst anzuwenden. Wissenschaftlich betrachtet umfaßt die analytische Bewegung die Beteiligung des Forschungsobjektes am Erkenntnisvorgang und die Objektivierung des Forschungssubjektes, zu der es gelangt, indem es sich seiner Subjektivität voll und kontrolliert bewußt wird.

Die diskursive Einheit, die die Psychoanalyse auszeichnet und von anderen Humanwissenschaften sondert, ist die Einheit von Behandeln und Forschen. Mit ihr knüpft sie an die klinische Erfahrung um 1800 an, die diese Einheit für den Wahnsinn angestrebt und verfehlt hat. Die Psychoanalyse führt aber diese Einheit über die Grenzen von Forschung und Heilung hinaus und birgt aufgrund dieser Grenzüberschreitung in sich die Möglichkeit, Erkenntnis und Leben zu einer Einheit zu fügen. Ob der Vollzug dieser Möglichkeit im Rahmen der Psychoanalyse zu verwirklichen sei, oder ob er seinerseits nicht vielmehr die Grenzen der Psychoanalyse überschreiten müsse, soll und kann hier nicht entschieden werden. Immerhin hat Freuds Wissenschaft

„als Ausgangspunkt, wenn nicht gar als Grenzen, eine einzigartige und auf keine andere reduzierbare Erfahrung – eine Erfahrung, die progredient ist und niemals zu ihrem Ende kommt, und welche die Psychoanalyse an die Initiation bindet... Der Analytiker fände sich so zwiefach eingeschlossen: in eine Sprache und in eine Erfahrung."[74]

Die Psychoanalyse stellt sich als die Theorie einer Praxis und die Praxis einer Theorie dar, wobei die Praxis mehr als die eingegrenzte therapeutische Auseinandersetzung ist und die Theorie mehr als ein Nachdenken. Die

Beziehung, die sich praktisch herstellt zwischen Analytiker und Analysand und die einer Theorie zur Wirksamkeit verhilft, wird zum gegenwärtigen Modell für jene vergangene Beziehung, in der der Text verstümmelt und vergessen wurde, und sie wird zum Modell für jene zukünftige Beziehung, in der der vollständige Text gesprochen werden und als Zeichen eines vollständigen Lebens gelten wird.

Zur therapeutischen Bedeutung geschriebener Texte

Betrachtet man die Vorformulierungen und Ausformulierungen der Psychologie um 1800 in einem Rückblick, der sich als Grundlage die Psychoanalyse Freuds und ihr folgende Innovationen in den Humanwissenschaften wählt, so stellen sich (insbesondere) zwischen der Psychoanalyse und den psychologischen Formulierungen um 1800 vielfältige Beziehungen her.
In der Freudschen Psychoanalyse finden wir die Einheit von Behandeln und Forschen, von Heilen und Sprechen vor, die in der Psychopathologie des ausgehenden 18. Jahrhunderts und in der Psychiatrie an der Wende zum 19. Jahrhundert angestrebt, aufgrund der Unzugänglichkeit des Wahnsinns aber verfehlt worden war. Sie wurde verfehlt, weil die Pathologie des Psychischen der psychischen Normalität diametral gegenübergestellt wurde.
Die Gegenüberstellung hebt Freud auf; er erkennt die Grenze zwischen Pathologie und Normalität im Bereich des Psychischen nicht an, sondern unterlegt beiden eine einheitliche, ihnen gemeinsame Struktur, die des Unbewußten. Damit bezieht er in seine Psychologie das Pathologische ein, das um 1800 als unpsychologisch ausgegliedert worden war. Freud öffnet Grenzen, die um 1800 gezogen und in der Folge befestigt, gesichert und verteidigt worden sind.

Als Merkmale der psychoanalytischen Situation wurden die Induktion des Analytikers, die Übertragung, in der der Analytiker zum Projektionsträger des Patienten wird, die Annäherung des verstümmelten Textes des Patienten an den vollständigen Text des Arztes und die Wiedereinführung des Autors (des Patienten) in seinen Text genannt. Bedingung für die Effizienz dieser Prozesse ist, daß der Patient seine Wirklichkeit zu Teilen in der des Arztes wiederfindet, daß Bestandteile aus seiner ihm verborgenen Wirklichkeit sich entschlüsselt im Text des Arztes ablesen lassen.
Diesen Vorgang, der die Therapie auf der Grundlage der Psychoanalyse kennzeichnet, haben wir im Verhältnis des Lesers zu den Artikeln des Magazins zur Erfahrungsseelenkunde aufgespürt, nicht im Sinne einer einmaligen Gegenüberstellung, sondern als ein fortlaufendes Geschehen, in dem die Texte bestimmte Strategien entfalten. Das Verhältnis zwischen dem Magazin-Leser und den Magazin-Texten ist eine Subjekt-Objekt-Beziehung, in der das Objekt die Texte sind, die ein lebloses Abbild von der Wirklichkeit zu sein scheinen. Wenn aber die Texte tatsächlich leblos wären und keinerlei Dynamik enthielten, wäre dann nicht auch die Wirklichkeit leblos – ein starres Bild? Wenn umgekehrt die Wirklichkeit lebendig ist, wie kann der Text ihr angemessen sein, wie sich beleben?

Er muß strategisch verfahren, er muß verhindern, daß der Leser in ihm seine Wirklichkeit nur wiederfindet. Der Text muß den Leser bewegen, seine Wirklichkeit nicht nur abzulesen, sondern sie neu zu erfahren, sie ständig neu zu bilden. Der Text, der solche Erfahrungen ermöglichen will, bildet nicht ab, sondern „ist in seiner materiellen Gegebenheit bloße Virtualität, die nur im Subjekt ihre Aktualität finden kann".[1] Der Text läßt sich nicht einfach konsumieren, er will durch die Lektüre konstituiert werden. Im Akt des Lesens erhält er seine Bedeutung, gewinnt er seinen Sinn. Es ist dies keine objektive Bedeutung, die unbeeinflußbar durch die lesenden Subjekte wäre. Die Bedeutung entsteht in der Lektüre, die den Leser mit dem Text zusammenführt, und die Bedeutung speist sich aus der Spezifität des Textes wie aus der Eigenart des Lesers.

Der Leser reagiert auf den Text, er wendet seine subjektive Eigenart auf den Text an, gibt diesem gewissermaßen eine Antwort. Zwischen Leser und Text ist ein Dialog entstanden, eine literarische Kommunikation, die durch ihre Asymmetrie gekennzeichnet ist: Der Leser kann dem Text antworten, nicht aber umgekehrt der Text dem Leser.

Indem der Leser antwortet, indem er liest, erfährt er sich selbst. Und wenn jede Erfahrung auf einer Zerstörung des Gewohnten beruht, so verdankt sich die Leseerfahrung einer Irritation des Lesers durch den Text, einer Verneinung bisheriger Erfahrungen. Für diesen Vorgang wurde die Kategorie der Negativität eingeführt.[2] Text und Leser, wie sie das Modell zeichnet, erweisen sich als machtvoll und widerstandsfähig. In der Asymmetrie des Dialogs bestehen die Grenzen der modellierten literarischen Kommunikation.

Zwischen dem Leser und dem Text des Magazins zur Erfahrungsseelenkunde entspinnt sich ein Dialog, der die Grenzen der literarischen Kommunikation radikal hinausschiebt und so einen Raum gewinnt, in dem der Leser den Text selbst schreibt und der fortgeschriebene Text dem Leser antwortet. Die literarische Wirkung des Textes führt zur Aktualisierung der sozialen Wirklichkeit des Lesers, in der wiederum Literatur entsteht. Weder ist der Leser des Magazins das Subjekt, das sich vom Text seinen Sinn sagen ließe. Noch ist er der Alleinunterhalter, der exploriert, ohne den Dialogpartner zu ändern. Zunehmend gewinnt der Leser Einfluß auf den Text und schreibt ihn schließlich selbst.

Die Entwicklung des Lesers aus dem Zustand der durch den Text bestätigten Betroffenheit in den Zustand, der ihn auf den Text antworten läßt, bis schließlich in die Situation, in der er den Text schreibt, gleicht der Entwicklung des Patienten im Verlauf der therapeutischen Situation. Die Leser-Text-Beziehung ist der Klient-Therapeut-Beziehung vergleichbar: Zunächst erscheinen Leser und Klient ihrem jeweiligen Gegenüber ausgeliefert. Unfähig, ihren Sinn selbst zu konstituieren, bieten sich ihnen Vorgaben an, der niedergeschriebene Text und der gesprochene Text. Doch der Versuch, fremden Sinn als eigenen anzunehmen, scheitert, die Vorgaben erweisen sich als trügerisch. Text und Therapeut zerstören Gewohnheiten, irritieren und labilisieren. Sie bereiten dem Leser-Klienten Situati-

onen, in denen er sich zunehmend autonomer erfahren und verwirklichen kann. Am Ende haben sie Bedingungen erschaffen, die es dem Leser-Klienten ermöglichen, seinen Text selbst zu formulieren, er selbst zu sein. Am Ende sind der fremde Text und das Nicht-Ich des Therapeuten machtlos und überflüssig geworden.
Es zeigt sich, daß die Beziehung zwischen Leser und Autor von Texten des Moritzschen Magazins der Beziehung zwischen Patient und Therapeut in der Psychoanalyse vergleichbar ist. Der Erwerb des eigenen Textes stellt sich für den Magazin-Leser als ein fortlaufender Prozeß dar, in dem er eine Entwicklung durchmacht, die mit der therapeutischen Entwicklung Übereinstimmungen aufweist. Wir sind Zeuge dieser Entwicklung gewesen, wir haben den Leser des Magazins in ihr beobachtet.

Die Ähnlichkeit der Verarbeitung des gesprochenen und des geschriebenen Textes schärft die Aufmerksamkeit für einige Kategorien der Erfahrungsseelenkunde, die, wie rückblickend festgestellt werden kann, ihre Entsprechungen in der Psychoanalyse gefunden haben.[3] Moritz hatte mit dem unpersönlichen ‚es' ein unbekanntes Etwas bezeichnet, das unserer Wahrnehmung verschlossen ist. Es scheint nun, als ob diese Entdeckung der Erfahrungsseelenkunde durch die Psychoanalyse radikalisiert worden sei, indem das kleine ‚es' in das ‚Es' des psychoanalytischen Schichtenmodells verwandelt und eine sprachliche Wendung zum energetischen Prinzip ausgebaut wird.
Auch Moritz' Äußerungen zur Widerspenstigkeit bestimmter Vorstellungen[4] werden durch psychoanalytische Kenntnisse vertrauter. Die Äußerungen enthalten alle Bestandteile, die das psychoanalytische Modell der Neurose tragen: das Ich, den Konflikt, in dem die unverträgliche Vorstellung abgewehrt und verdrängt werden muß, die verdrängte Vorstellung, die zum pathogenen Effekt führt und etwas Organisches produziert, über das das Ich nichts weiß und das ihm ‚irgendwie' schadet.
Moritz' Konfliktvorstellung liegt ein Modell zugrunde, wie es die moderne Psychotherapie kennt. Ein eigentlich unerwünschtes Verhalten läßt sich nicht vermeiden, da es eine unmittelbar notwendige psychische Funktion erfüllt, steht aber in einem Gegensatz zu übergeordneten mittelbaren Funktionsnotwendigkeiten und -wünschen, die erst noch verwirklicht werden sollen.
Wenn Moritz die Bedeutung der Erinnerung herausstellt und die Notwendigkeit einer Auffüllung von Erinnerungslücken durch die Erzählungen anderer, so fühlt sich sein Leser an den praktischen therapeutischen Verlauf, wie ihn die Psychoanalyse konzipiert, erinnert. Und daß auch Moritz sich zur Beschreibung einer psychischen Struktur einer mythologischen Erzählung bedient, der von Theseus im Labyrinth, vervollständigt den Eindruck der Ähnlichkeit zwischen einigen Kategorien der Erfahrungsseelenkunde und psychoanalytischen Kategorien.

Auch in der Erzählung „Der Sandmann" werden wir Zeuge einer Ent-

wicklung, wir verfolgen die psychische Entwicklung Nathanaels. Zugleich bleiben wir aber der Rolle des Zeugen nicht verhaftet, sondern werden am therapeutischen Geschehen beteiligt, da wir uns der evozierenden Wirkung des Textes nicht entziehen können oder wollen.
Der Rückblick auf den „Sandmann" zeigt, daß nicht nur der psychoanalytischen Therapaie eine Textstruktur unterliegt, sondern daß umgekehrt der Lektüre der Erzählung vom Sandmann eine therapeutische Struktur zugrunde liegt.
Die Unterschiede zur Lesestruktur der Magazintexte sind deutlich. Handelt es sich hierbei um einen fortlaufenden Vorgang, insofern der Eingabe eines Lesers durch einen Magazinbeitrag geantwortet wird, der seinerseits eine Reaktion des Lesers hervorruft, die wiederum in einen Artikel des Magazins mündet, und so weiter und so weiter, fehlt dieses dialogische Moment in der Lektüre eines abgeschlossenen Textes. Freud trifft den gemeinten Unterschied präzis in seiner Abgrenzung des Traums vom Witz:

„Der wichtigste Unterschied liegt in ihrem sozialen Verhalten. Der Traum ist ein vollkommen asoziales seelisches Produkt; er hat einem anderen nichts mitzuteilen; innerhalb einer Person als Kompromiß der in ihr ringenden seelischen Kräfte entstanden, bleibt er dieser Person selbst unverständlich und ist darum für eine andere völlig uninteressant. Nicht nur daß er keinen Wert auf Verständlichkeit zu legen braucht, er muß sich sogar hüten verstanden zu werden, da er sonst zerstört würde; er kann nur in der Vermummung bestehen. Er darf sich darum ungehindert des Mechanismus, der die unbewußten Denkvorgänge beherrscht, bis zu einer nicht mehr redressierbaren Entstellung bedienen."[5]

Wenn wir nun den Versuch unternehmen, die Kenntnisse, die sich aus einer Freudlektüre ergeben, auf die Erzählung vom Sandmann anzuwenden, so finden wir drei Anwendungsbereiche, drei Personen, die mit neuen Kenntnissen betrachtet werden sollen: Nathanael, der Autor und der Leser. Nathanael befindet sich gewissermaßen in der Vermummung, die einen immanenten Sinn hat. Ihn zu entschlüsseln werden Versuche unternommen, von Clara und vom Leser, die aber stets von außen, vom Stande äußerer Vernünftigkeit her erfolgen und scheitern müssen, weil sie lediglich den Sinn der Vermummung zerstören. Nathanaels Zerstörung durch die Eingriffe der Vernunft ist vergleichbar mit dem zum Scheitern verurteilten Versuch, die Regungen des Unbewußten in Kategorien des Bewußtseins zu pressen.
Die Explikation des Unbewußten durch Freud finden wir gewissermaßen intuitiv vorformuliert bei Hoffmann.[6] Nathanaels Visionen lassen sich als Ergebnisse der Tätigkeit des Unbewußten verstehen. Immer wieder tauchen aus dem unbewußten Bereich Regungen auf; und auch die Auffassung der Psychoanalyse vom Verdrängten als dem Kern des Unbewußten finden wir in der Hoffmannschen Erzählung illustriert. Die Rettungen Nathanaels vor dem Untergang, die Clara und den Leser immer wieder hoffen lassen, er habe zur Vernunft zurückgefunden, erweisen sich rückblickend als ‚Rettungen' im psychoanalytischen Sinne: Nathanael ist nur vorübergehend der Wirksamkeit seines Unbewußten entronnen, d.h. die Verdrängung ist vorübergehend wieder vollzogen und gelungen, während sie in den Phasen

zwischen den Pseudorettungen nicht aufrechtzuerhalten ist und in ihnen das Unbewußte sich als stärkere Macht erweist.
Die zweite Person, der die neuen Kenntnisse zu applizieren wären, ist der Autor, ist Hoffmann. Hierbei stoßen wir aber auf eine Schwierigkeit, nämlich das Problem zu entscheiden, inwieweit bestimmte Wirkungen des Textes sich auf bewußte Absichten seines Autors zurückführen lassen. Es scheint mir dies ein generelles Problem einer Wirkungsästhetik zu sein, die immer dann, wenn sie von empirisch gesicherten Wirkungen Rückschlüsse auf die den Wirkungen möglicherweise zugrundeliegenden Intentionen des Autors schließen will, spekulativ arbeiten muß. „Ist es nicht gerade dieser Anspruch, welcher der schlechten Psychoanalyse Nahrung gibt, derjenigen an Toten, an Schriftstellern und Künstlern?“[7]
Nun, der Kern der These von der Beziehung zwischen der psychoanalytischen Psychologie Freuds und der literarischen Psychologie bei Hoffmann besteht in der Auffassung von der strukturellen Text-Therapie-Identität. Wem entspricht in der Aneignung des Hoffmannschen Textes der Patient und wem der Analytiker der Therapie?
Wir müssen diese Entsprechungen auf mehreren Ebenen festmachen. Zunächst finden wir den Helden Nathanael, in die Wirkungen seines Unbewußten verstrickt und ihnen ausgeliefert. Auf der anderen Seite wird der Autor als jemand erkennbar, der mehr über Nathanael weiß als dieser selbst. Unschwer läßt sich Nathanael als der Patient, der Autor als der wissende Arzt identifizieren. Über lange Passagen berichtet Nathanael in der Ich-Form, rückblickend gewinnen wir den Eindruck, den Äußerungen eines Patienten in der Therapie beizuwohnen.
Von einer bestimmten Stelle an berichtet Nathanael nicht mehr in der Ich-Form von sich, es ist von ihm nun nur noch in der dritten Person die Rede. Der Wechsel des Subjekts zieht einen Wechsel der quasi-therapeutischen Beziehung nach sich. Während die Beziehung zwischen Autor und Nathanael an Bedeutung verliert, erhält die Beziehung zwischen Autor/Text und dem Leser zunehmende Bedeutung, bis sie selber quasi-therapeutischen Charakter angenommen hat.
Im Gegensatz zur Beziehung in der Analyse scheint die Beziehung zwischen Text und Leser eine asoziale Beziehung zu sein in dem von Freud am Unterschied zwischen Traum und Witz erhellten Sinne. In der Lektüre fallen die kontrollierenden Bedingungen der Therapie fort, und dennoch ruft die Lektüre eines Textes wie des „Sandmanns“ eine Lebendigkeit hervor, die den Vergleich zur Therapie nachdrücklich nicht scheut und ihn legitimiert. Denn die Lektüre führt zur Selbstreflexion des Lesers, die als ein die analytische Therapie kennzeichnendes Resultat beschrieben worden ist. Der Leser wird zum quasi-Patienten, indem er sich durch den Text verunsichern und in Frage stellen läßt, indem vor allem seine Unsicherheit und Verwirrtheit ihn zwingen, sich dem Fortgang der Lektüre, dem Fortgang der Erzählung und den Absichten des Erzählers anzuvertrauen, und zwar in einer Intensität, die den Vergleich mit der analytischen ‚Selbstaufgabe‘ des Patienten ebenfalls nicht zu scheuen braucht. Die Verwirrung,

die die Erzählung erzielt, und die Realitätsuntüchtigkeit zwingen den Leser, sich der Erzählung anzuvertrauen, sein Sicherheitsbedürfnis an die Erzählung zu übertragen. Die Lektüre wird im Kern zu einer Übertragungssituation, und hierin besteht die Identität der Strukturen des Textes der literarischen und der Therapie der psychoanalytischen Psychologie. Die Erzählung wird dem Leser zum Projektionsträger. Er projiziert seine in der Lektüre erfahrenen Identitätsunsicherheiten, die wachzurufen der Lektüre aber nur gelingen kann, wenn sie auch außerhalb der Beschäftigung mit dem Text vorhanden sind und erlebt werden. Der Fortgang der Lektüre bedeutet dann entweder einen Gewinn von zunächst verlorengegangener Sicherheit oder weiteren Verlust. Beide dürfen aber nur als Annäherungen an die Wirklichkeit verstanden werden. Der weitere Verlust an Sicherheit würde dem psychoanalytischen Verzicht auf die funktionierende, Sicherheit gewährende und Angst reduzierende neurotische Störung entsprechen.
In jedem Fall nähert sich der Leser seiner Wirklichkeit an, seine Geschichte wird komplettiert; die Lektüre wird ihm zum Anlaß, sich seines unvollständigen Geschichtstextes bewußt zu werden und über einen Reflexionsakt zu seiner Vervollständigung zu gelangen. Insofern stellt die Erzählung eine hypothetische Vorwegnahme einer reflexiven Erfahrung des Lesers dar, wie der Text des Analytikers eine hypothetische Antizipation einer selbstreflexiven Erfahrung des Patienten darstellt. Der Induktionskraft des Arztes in der psychoanalytischen Psychologie entspricht die Induktionskraft der Erzählung in der literarischen Psychologie. Auf der anderen Seite sind die Reflexivität von Patient und Leser aufeinander beziehbar.

Schluß

Ein poetischer Text hat einige Erfahrungen ermöglicht, die wissenschaftlichen Arbeiten als ihr Ergebnis verwehrt sind. Die Verschiedenheit ist zu einem Teil mit einer vergleichsweise höheren Rezeptivität der Literatur und einer entsprechend größeren Resistenz der Wissenschaft gegenüber einem Wirklichkeitsbereich erklärt worden.
Das Resistenz-Rezeptivitäts-Modell geht dabei von einer festen Struktur der literarischen oder wissenschaftlichen Werke aus. Demgegenüber ist es mir sinnvoll erschienen, den Gedanken an eine objektive Struktur der zu behandelnden Texte nicht weiter zu verfolgen und statt dessen die Rezeptionsbeziehung zwischen Leser und Text zu betrachten. Für diese Beziehung habe ich die Bezeichnung ‚Lesart' gewählt.
Wenn eine Werkstruktur oder eine Textstruktur jenseits der Lesarten für nicht umfassend genug befunden wurde und die Analyse sich einem literarischen Text über verschiedene Lesarten näherte, so ist zu fragen, ob diese Möglichkeit auch für den Umgang mit wissenschaftlichen Texten gegeben ist.
Ein literarischer Text hat sich als offen erwiesen für unterschiedliche Lesarten, für unterschiedliche Erfahrungen. „Wenn ein Kunstwerk viele Bedeutungen, viele Gesichter und Weisen, verstanden und geschätzt zu werden, aufweist, ist es am interessantesten."[1] Können wissenschaftliche Texte ein derartiges Interesse hervorrufen, gibt es entsprechend dem offenen Kunstwerk offene Wissenschaften[2], entsprechen den offenen Formen in der Kunst offene Formen in der Wissenschaft? Für Kategorien, die verschiedenen wissenschaftlichen Disziplinen gleichermaßen zugehörig und nützlich sind, wurde die Bezeichnung „durchlaufende Kategorie"[3] gefunden. Damit sind Kategorien gemeint, „die Problemfelder in unterschiedlichsten Fächern in vergleichbarer Form strukturieren".[4] Die Anwendbarkeit der „durchlaufenden Kategorie" soll hier über die Grenzen wissenschaftlicher Disziplinen hinausgehend auch für poetische Texte behauptet werden. Die Kategorie soll weniger im Sinne einer inhaltlichen Beschreibung[5] als vielmehr strukturelle Merkmale von Texten einfassend verstanden werden.

Als durchlaufende Kategorie wurde die Offenheit von ‚Fächern' gegenüber dem psychopathologischen Problemfeld dargestellt. Von 1800 an verlieren wissenschaftliche Texte die Offenheit[6], die Literatur der Romantik verfügt über sie. Als eine offene Form in den Wissenschaften wurde die Psychoanalyse beschrieben, die den ‚Leser' in ihren Text einzubeziehen vermag. Nimmt die Psychoanalyse damit eine Modellfunktion ein für eine offene Wissenschaft?

In Analogie zur therapeutischen Funktion des in der Psychoanalyse gesprochenen Textes wurde die therapeutische Funktion geschriebener Texte bestimmt. Dabei sind wir von der Übertragungssituation ausgegangen, die sich in der Textaneignung herstellt. Der Leser überträgt an den Text Erwartungen, Wünsche und Ängste, die innerhalb der Lektüre aufgrund bestimmter Textstrategien bearbeitet werden. Das Untersuchungsinteresse gilt daher nicht nur dem Text als dem Untersuchungsobjekt, es gilt gleichermaßen dem untersuchenden Subjekt. Der Leser, der im therapeutischen Sinn Klient ist, wird im wissenschaftlichen Sinn zum Forscher. Und in dem Maße, in dem das Untersuchungssubjekt seine eigenen Verzerrungen, seine subjektiven Interessen, seine Lesarten einbringt, in dem es Erwartungen gegenüber seinem Objekt hegt, ist die Beziehung zum Text durch eine Gegenübertragung gekennzeichnet.

Sie ist für Georges Devereux das entscheidende Merkmal des Verhaltenswissenschaftlers und daher wichtiger Gegenstand der verhaltenswissenschaftlichen Forschung. Die Erfahrung, die uns ein literarischer Text ermöglicht hat, die Erfahrung, nicht davon absehen zu können, uns selbst in den Verstehensakt zu integrieren und in den Objektbereich der Untersuchung einzubeziehen, finden wir bei Devereux als wissenschaftliche Erfahrung formuliert und als Gegenstand systematischer Analyse gefordert. Seine Forderung an die empirischen Verhaltenswissenschaften ist, „die Quellen der Verzerrung bei der Beobachtung, Sammlung und Interpretation von Daten in bezug auf die Persönlichkeitsstruktur des Wissenschaftlers“[7] zu diskutieren. Eben diese Verzerrung deutet Devereux nach dem Modell der psychoanalytischen Gegenübertragung.

Durch die Einbeziehung der Persönlichkeitsstruktur des Wissenschaftlers in seine wissenschaftlichen Überlegungen wird eine Wissenschaftsform im bisherigen, den Humanwissenschaften vertrauten Sinn aufgegeben. Elemente werden einbezogen, die zunächst nicht wissenschaftlicher, sondern alltäglicher Herkunft zu sein scheinen. Der Alltag des Wissenschaftlers wird nicht länger als Störvariable ausgegliedert, sondern in den Objektbereich der Forschung einbezogen. Die Position des Wissenschaftlers ändert sich. Mit dem Verzicht auf methodologischen Objektivismus wird sie der Position des Lesers literarischer Texte angeglichen. Die Offenheit der Leser und der Wissenschaftler schafft sich offene Objektbereiche; sie schreiben offene Texte.

Solche Änderungen vollziehen sich auf dem Boden der Humanwissenschaften. Es scheint, als ob in ihnen die Problematik einer objektivierenden Betrachtung des Forschungsgegenstands als am dringlichsten einer Revision bedürftig empfunden werde. Wissenschaft in diesem Bereich kann nun nicht länger darauf beschränkt bleiben, ein menschliches Individuum oder die Eigenschaften oder Lebensbedingungen menschlicher Individuen objektiv zu erforschen. Die Forschung enthält immer auch ein Stück Selbsterforschung, stets wird vom Wissenschaftler zu verlangen sein, sich ein Stück in die zu untersuchende Lebenspraxis hineinzubegeben.

„Die Frage bleibt natürlich, wie sehr der Interpret Teilhaber der fremden Lebenspraxis sein muß ..., um die Szene verstehen zu können, in der sich der andere in der Wirklichkeit seiner Objektbeziehungen mitteilt. In jedem Fall gilt es, immer aufs neue das Verhältnis von Selbst-, Fremd-, Sinn- und Textverstehen und den darauf aufbauenden Deutungsprozeß analytisch zu bestimmen."[8]

Die fremde Lebenspraxis kann sowohl eine Praxis fremder wie auch eine Praxis naher Kulturen sein. Der Forschungszugang kann sich als Reise nach Außen wie als Reise ins Innere vollziehen; disziplinäre Gattungen wären die Ethnologie und die Psychologie. In Anbetracht der Beteiligung und des Beteiligtseins des Forschers am Forschungsprozeß werden die Grenzen zwischen Psychologie und Ethnologie undeutlich. Die Haltung des Forschers gegenüber der Fremdheit anderer Kulturen ist vergleichbar mit der Einstellung gegenüber der fremden eigenen Kultur.

Den Zusammenhang der Erforschung des Fremden und der Erforschung des Selbst machen zwei Autoren ganz unterschiedlicher intellektueller Herkunft und disziplinärer Zugehörigkeit deutlich.

Michel Leiris ist Schriftsteller und Ethnologe. Er hat ethnologische Schriften veröffentlicht und Texte, die von seiner Selbsterforschung berichten, der bekannteste unter ihnen die Autobiographie *Mannesalter*. Das Verständnis für fremde Kulturen wie für die eigene, die Dimension des Subjektiven wie die des Objektiven, das Alltägliche und das Nicht-Alltägliche möchte Leiris vereinigen. Als Ethnologe schreibt er:

„Wenn die reine Wissenschaft für die Ethnographie mehr noch als für andere Disziplinen offensichtlich ein Mythos ist, so muß man darüber hinaus doch zugeben, daß auch der Wille, nur Wissenschaftler zu sein, gegen die folgende Tatsache nichts vermag: Wir können uns als Ethnologen, die in Kolonialgebieten arbeiten und die nicht allein aus der europäisch-westlichen Welt stammen, sondern auch selbst Sachwalter und Abgesandte dieser Staaten sind, noch weniger als irgendwer sonst die Hände in Unschuld waschen, wo es um die Politik geht, die von diesen Staaten und ihren Vertretern den Gesellschaften gegenüber verfolgt werden, die wir uns zum Arbeitsfeld erwählt haben."[9]

Die Notwendigkeit, auf einen vermeintlichen Objektivismus zu verzichten, hat sich für Leiris bereits durch Kindheitserfahrungen ergeben: „In meiner ersten Kindheit interessierte ich mich kaum für die äußere Welt, soweit sie nicht mit meinen unmittelbaren Bedürfnissen oder Ängsten verknüpft war."[10] Und die Übereinstimmungen in der Erforschung der eigenen Kindheit und der fremden Kulturen macht Leiris sinnfällig, wenn er in der Selbstforschung Begriffe verwendet, die aus dem ethnologischen Sprachgebrauch vertraut sind: „Wenn ich mich im Geiste in meine Kindheit zurückversetze, finde ich zunächst einige Idole, verschiedene Tempel und, allgemeiner gesehen, ein paar heilige Orte."[11] Alltägliche Gegenstände, wie der Hut des Vaters, werden als Heiligtümer empfunden und beschrieben, und derartige Gegenstände sind es, die in ihrer Gesamtheit „das Heilige" bilden. Die Einbeziehung des eigenen Selbst und die Fähigkeit, eine fremde Kultur nach- und miterleben zu können, werden als wesentliche Merkmale dieser Wissenschaft verstanden.

Hubert Fichte hat diese Untersuchungsmethode in der Beschäftigung mit den afro-amerikanischen Religionen angewendet.[12] Er hat die Lebenspraxis

afro-amerikanischer Kultur in einer Weise übernommen, die die Trennung zwischen externem Beobachter und dem Gegenstand der Beobachtung aufhebt, in der die wissenschaftliche Handlung und alltägliche Lebenspraxis sich miteinander verbinden.
Fichte hat als Schriftsteller begonnen, aber schon seine dichterischen Arbeiten tragen diese Kennzeichen einer kritischen Verhaltenswissenschaft. Fichtes frühe Arbeiten gelten der Erforschung von Subkulturen, wie sie neben und von der offiziellen Kultur hervorgebracht werden. Die Lebensgeschichte eines Heranwachsenden wurde zu dem Roman *Die Palette* verarbeitet, andere Lebensgeschichten, die einer Prostituierten, eines Strichjungen etc., wurden dokumentarisch aufgegriffen und als *Interviews aus dem Palais d'amour* veröffentlicht. Er hat sich selbst untersucht und erfahren, die Ergebnisse seiner Selbsterforschung als Roman publiziert, ihnen gleichwohl einen quasi-wissenschaftlichen Titel vorangestellt: *Versuch über die Pubertät*. In einer neueren Arbeit sind die Grenzen zwischen der Erfahrung des anderen und der Selbsterfahrung nicht mehr erkennbar. Über einen Zeitraum von sechs Jahren verteilt werden Interviews geführt, in denen der Interviewer, Fichte, genausoviel von sich zeigt wie sein Gegenüber, in der der Untersucher und der Untersuchte durch eine gewisse Solidarität miteinander verbunden sind.
Der Versuch über die Pubertät und die unter dem Titel *Hans Eppendorfer. Der Ledermann spricht mit Hubert Fichte* herausgekommenen Interviews sind Beispiele für eine ‚Ethnologie', die als ihren Gegenstand nicht mehr die fremden Kulturen wählt, sondern das eigene Innere nach außen zu bringen sucht.

Derartige Versuche zeichnen sich durch eine Radikalität und Kompromißlosigkeit aus und verfügen über einen Willen zur Selbstentblößung und eine Bereitschaft zur Präsentation des Freigelegten, wie wir sie bei Verhaltenswissenschaftlern nur selten finden. Denn es zeigt sich in diesen Versuchen auch die Absicht, gerade jenes Moment, das nach Devereux die Verhaltenswissenschaftler in ihrer methodologischen Beschränkung beläßt, in irgendeiner Form zu bewältigen. Als Motiv des Verhaltenswissenschaftlers, auf die Einbeziehung der eigenen Person in die Forschung zu verzichten und statt dessen an einer quasi-objektiven Methodologie festzuhalten, nennt Devereux die Angst. Und in der Kompromißlosigkeit jener geschilderten Versuche kann zwar keine vollkommene Angstfreiheit erkannt werden, wohl aber die Anstrengung, sich der eigenen Angst zu stellen, sie zu erkennen und zu bearbeiten.
Deutlicher als bei Fichte zeigt sich dies bei einem Autor, der sich Fritz Zorn nannte. In einer kurz vor seinem Tode verfaßten Autobiographie[13] schildert Zorn seinen zu erwartenden Krebstod als eine nahezu logische Konsequenz seiner dreißig Jahre lang ertragenen Neurose. In dieser Autobiographie wird deutlich, welche Funktion die Kompromißlosigkeit und die Radikalität der Selbsterforschung und Selbstentblößung annehmen können. Sie haben die Bedeutung, die Angst zu bannen. Die Angst wird

beschworen, und die Erforschung der eigenen Ängste erweist sich als eine Methode, mit der Angst umzugehen. Sie wird erkannt und akzeptiert und nicht verneint. Und indem sie angenommen wird, entstehen Möglichkeiten, ihr entgegenzutreten, sie in den Prozeß des Erforschens einzubeziehen.

Das Buch von Devereux heißt im Original *From Anxiety to Method in the Behavioral Sciences.* Er fordert diese Bewegung, er fordert die Integration der Angst des Forschers in seine Arbeit.
Wir haben Beispiele aus dem literarischen Bereich herangeführt, die zeigen, wie dieser Forderung nachgekommen worden ist. In den angeführten Texten wird sowohl die Trennung zwischen innerer und äußerer Kultur als Forschungsgegenstand überwunden als auch die Grenze zwischen literarischem und wissenschaftlichem Diskurs überschritten. Eine dritte Barriere wird ebenfalls nicht länger hingenommen: die diskursive Praxis und die Praxis des alltäglichen Lebens bilden eine Einheit.
Die von Devereux geforderte Integration der Angst des Forschers in die Methode seiner Arbeit verletzt insofern ein wissenschaftliches Tabu, als sie ein Moment des Irrationalen dem sich rational verstehenden wissenschaftlichen Diskurs einfügen will und Zweifel an der Rationalität wissenschaftlichen Handelns nährt. Das Fehlen eines Zusammenhangs von Rationalität und wissenschaftlichen Entwicklungen thematisiert Paul Feyerabend.[14] Rationalität ist nach Feyerabend in der Geschichte der Wissenschaften auf so unterschiedliche Weisen interpretiert worden und weiterhin interpretierbar, daß sie als prägender Faktor wissenschaftlicher Vorgänge nicht angenommen und vor allem für die Prognose künftiger Entwicklungen nicht beansprucht werden kann. Hegel paraphrasierend, spricht Feyerabend den Wissenschaften die Möglichkeit ab, aus der Geschichte zu lernen; sie können nur in ihr und aus ihr handeln.
Mit dem Verzicht auf eine Rationalitätsvorstellung nimmt Feyerabend den Kriterien, mit denen zwischen verschiedenen wissenschaftlichen Theorien differenziert werden könnte, jeglichen Sinn. Ihr Wert verfällt. Aber nicht nur sie verlieren ihre Gültigkeit. Feyerabend geht einen entscheidenden Schritt weiter, durch den die Unterscheidungsmerkmale zwischen wissenschaftlichen und übrigen Praxisformen entwertet werden. Im Zentrum seines Interesses stehen die spezifischen Beziehungen zwischen dem wissenschaftlichen System und anderen Lebensformen. Ihr Vergleich zeigt Wissensanordnungen in anderen Kulturen als der wissenschaftlichen auf, die der Wissenschaft gegenüber als Alternative fungieren und ihr als notwendige Bereicherung dienlich sein können. Wissenschaft verfügt daher über keine größere Autorität als jede andere Lebensform. Es hebt sie auch kein spezifisches Ziel aus den verschiedenen Tätigkeitsbereichen hervor. Aus ihrer Übereinstimmung mit anderen Wissensformulierungen und anderen Praxisformen ergibt sich für Feyerabend die Notwendigkeit, auf eine spezielle Wissenschaftstheorie zu verzichten. Mit diesen Konzept hat Feyerabend eine frühere Position aufgegeben, die von der Vorstellung eines theoretischen Pluralismus, in dessen Zusammenhang alternative Theorien

miteinander verglichen werden konnten, geprägt war. Seit seiner Skizzierung einer „anarchistischen Erkenntnistheorie“, die unter dem Titel *Wider den Methodenzwang* (*Against Method*) erschienen ist[15], propagiert Feyerabend einen theoretischen Anarchismus, dessen einziger Grundsatz „Anything goes“ („Mach was du willst“) lautet. In der Beachtung und Verwirklichung dieses Grundsatzes sieht Feyerabend die einzige Möglichkeit eines hindernisfreien Fortschritts gegeben. Niemand habe „bewiesen, daß Wissenschaft besser als Hexerei sei und daß die Wissenschaft rational vorgehe. Nach Vorlieben und nicht nach Argumenten richtet sich unsere Wahl der Wissenschaft; Vorlieben und nicht Argumente veranlassen uns, bestimmte Schritte innerhalb der Wissenschaft zu tun.“[16] Daraus ergibt sich die Notwendigkeit, die Grenzen wissenschaftlicher Beschränkung zu sprengen und den Wissenschaftler zum erkenntnistheoretischen Anarchisten zu nobilitieren. „Es gibt keine Auffassung – wie ‚absurd‘ oder ‚unmoralisch‘ sie auch sein mag –, die er nicht in Erwägung zieht und die er in seinem Handeln nicht berücksichtigt, und keine Methode, die er als unentbehrlich ansieht.“[17] Die anarchistische Auflösung wird als Bereicherung der Wissenschaft gesehen. Der theoretische Anarchismus ist zur Bedingung wissenschaftlichen Fortschritts geworden, dessen Ziel Feyerabend freilich nicht als eine Annäherung an Wahrheit bestimmt: „Es scheint mir, daß das Glück und die volle Entwicklung eines Individuums heute wie stets der höchste mögliche Wert ist.“[18]

Mit der Öffnung der Grenzen von Wissenschaft, der Auflösung der darin spezifizierten Konzepte und der Eingliederung ihrer Restbestände in ein Programm, das die Modellierung humanen Lebens zum Ziel hat, geht Feyerabend einen in der Wissenschaftsgeschichte ungewöhnlichen Weg: Er stellt sich in eine Tradition, die – fern aller Wissenschaftlichkeit – in der Kunst ihren Anfang genommen hat: Feyerabend sieht sich in einer mit der Dada-Bewegung begonnenen Entwicklung stehend. Er beruft sich denn auch auf einen Dadaisten, auf Hans Richter, und zitiert: „Die Erkenntnis, daß Verstand und Anti-Verstand, Sinn und Unsinn, Bestimmung und Zufall, Bewußtsein und Unbewußtsein (und – so würde ich [Feyerabend] hinzufügen – Humanität und Inhumanität) zusammengehören als ein notwendiger Bestandteil des Ganzen – das war die wichtigste Botschaft Dadas.“[19] Und um seine Position ganz korrekt zu bestimmen, fügt Feyerabend hinzu: „Der erkenntnistheoretische Anarchist könnte dem zustimmen, obwohl er selbst nie eine so komplexe Aussage machen würde.“[20] Ans Ende einer Tradition von Wissenschaftstheorien, das für Feyerabend mit der Erschöpfung des Explorationspotentials dieser Theorien zusammenfällt, stellt er eine Kunsttheorie, deren Programm nun wiederum die Auflösung spezieller Theorien und damit auch die der eigenen enthält.[21]

Norman O. Brown faßt die Überwindung der Trennung zwischen innerer und äußerer Kultur in der Formel zusammen: „Die Grenzlinie zwischen Selbst und Außenwelt hat keinen Bezug zur Wirklichkeit.“[22] Seine Herkunft ist die Psychoanalyse, die „die Pathologie jenes Prozesses, durch den sich die normale Vorstellung, ein von der Außenwelt getrenntes Selbst

zu sein, konstituierte"[23], enthüllt. Seine Absicht ist es, den Nachweis für die Wirklichkeitsverfehlung des psychoanalytischen Konstrukts des Realitätsprinzips zu liefern.
Nicht zufällig vereinigt Brown in *Love's Body* eine Kritik an der Erfindung des Realitätsprinzips mit einer Kritik an der Erfindung der Demokratie und einer ihrer typischen Institutionen:

„Demokratisches Ressentiment leugnet, daß es irgend etwas geben könnte, was nicht von allen gesehen wird; in der demokratischen Akademie ist die Wahrheit der öffentlichen Bestätigung unterworfen; Wahrheit ist, was jedem Dummkopf einleuchtet. Das ist mit der sogenannten wissenschaftlichen Methode gemeint: die sogenannte Wissenschaft ist der Versuch, Einsicht durch Methode zu ersetzen, Genie durch Mittelmäßigkeit, dadurch, daß man ein normiertes praktisches Verfahren herstellt. Die großen Gleichmacher, die die wissenschaftliche Methode austeilt, sind die Hilfsmittel, jene analytischen Hilfsmittel."[24]

Durch die Lektüre zweier psychologischer Texte, eines wissenschaftlichen und eines literarischen Textes, ist die vorliegende Arbeit angeregt worden. Die Beschäftigung mit der Psychologie um 1800 hat das Vertrauen in den Sinn herkömmlicher Grenzen erschüttert. Es wurden Grenzen angesprochen zwischen Wissenschaft und Literatur, zwischen dem Selbst und dem Außen, zwischen dem Forscher und dem Forschungsobjekt, zwischen dem Diskurs und dem Leben, zwischen dem Text und der Erfahrung mit dem Text.
Zum Abschluß wurden einige Beispiele angeführt, die zeigen, wie heutigen Tages mit den Grenzen umgegangen wird. Sie sollen einige Richtungen andeuten, in die sich Versuche, die die Zerstörung der Grenzen nicht nur als Verlust von Ordnungsschemata beklagen, sondern als Möglichkeiten neuer, angemessener Orientierungen akzeptieren wollen, bewegen könnten. Darüber hinaus sollte mit den abschließenden Textbeispielen der Kontext skizziert werden, dem einige in der vorliegenden Arbeit vorgetragene Überlegungen wichtige Impulse entnommen haben.
Außerhalb der Grenzen der Psychologie sind Konzeptionen entstanden, die das Problem, das sich der Psychologie seit 1800, seit der Entfaltung eines wissenschaftlichen und eines literarischen Diskurses, stellt, in seinen allgemeinen Aspekten behandeln.
Das Problem, das für die Psychologie in der allmählichen Entferung ihres wissenschaftlichen Teils von der Lebenswirklichkeit der von ihr Betroffenen besteht, könnte vielleicht durch die Integration von Konzeptionen, wie sie etwa im Bereich der Anthropologie entstanden sind, einer Lösung näher gebracht werden. Die Integration wäre gleichbedeutend mit einer Öffnung der Grenzen der Psychologie, die anthropologische Induktionen erst ermöglichte.[25] Unter einer Lösung des Problems wäre die Annäherung einer wissenschaftlichen Psychologie an die Lebenswirklichkeit der von ihr Betroffenen zu verstehen. Eine solche Annäherung war der literarischen Psychologie um 1800 gelungen. Daß sie in der Psychologie, wenn auch nicht als Wissenschaft, gelingen konnte, können wir aus ihr lernen.

Die vorliegende Arbeit stellt eine überarbeitete Fassung meiner 1977 abgeschlossenen Dissertation „Psychologie um 1800“ dar. Wesentliche theoretische Überlegungen sind in der Projektgruppe „Fallstudien zur Wissenschaftsentwicklung“, die am Institut für Soziologie der Freien Universität Berlin 1973 mit ihrer Arbeit begonnen hat, entwickelt worden. Zahlreiche Diskussionen mit Heinrich Dilly, Rodrigo Jokisch, Wolf-Hagen Krauth, Christel Krauth-Görg, Gerhard Podstawski, dem verstorbenen James Ryding und mit dem Leiter des Projekts, Wolf Lepenies, haben in meinen Ausführungen ihren Niederschlag gefunden.
Dankbar für vieles bin ich Bettina, Knut, Max und Olga Boeser, Catherine Coignerai-Weber, Wolfgang Max Faust, Kurt Hübner, Barbara Neumann und Gerlind Reinshagen.

Berlin-Charlottenburg, 7. Dezember 1979

Anmerkungen

Erster Teil

Einführung

1 Die ausgiebige Verwendung des Diskursbegriffs hat seine Benutzung problematisch werden lassen. Im folgenden wird unter Diskurs ein Verständigungsprozeß verstanden, innerhalb dessen diskursive Regeln entworfen, aufgestellt und eingehalten werden.

Probleme einer Geschichtsschreibung in der Psychologie

1 Zwei Beispiele zeigen eine Wende in dieser den Gegenstandsbereich auslagernden Entwicklung an. Klaus Holzkamps *Sinnliche Erkenntnis* behandelt den „historischen Ursprung und gesellschaftliche Funktion der Wahrnehmung" (Holzkamp 1973). Volker Schurig nennt seine Untersuchung zur Psychologie und zur Physiologie des Bewußtseins *Die Entstehung des Bewußtseins* (Schurig 1976). Die Frage bleibt bestehen, ob mit einer systematischen Einführung des historischen Denkens in die Psychologie diese der Wirklichkeit in höherem Maße gerecht wird. Die Historisierung der Psychologie, ihre Stilisierung zur Geschichtswissenschaft zieht eine Kritik Lévi-Strauss' auf die Psychologie: „In Wahrheit ist die Geschichtswissenschaft nicht an den Menschen oder an irgendein besonderes Objekt gebunden. Sie besteht ganz und gar in ihrer Methode" (Koselleck 1971:4).

2 Im Selbstverständnis akademischer Psychologien ist mit Psychologie stets die wissenschaftliche Psychologie gemeint. Unter psychologischer Praxis wird daher immer die von Psychologen gestaltete Praxis verstanden.

3 Wolf 1976:203

4 Holzkamp 1973:35ff.

5 a.a.O.:47

6 a.a.O.:48

7 a.a.O.:47

8 Holzkamp-Osterkamp 1975 und Holzkamp-Osterkamp 1976

9 Holzkamp-Osterkamp 1975:12

10 a.a.O.; die Problematik einer zwingend angenommenen gesellschaftlich-wissenschaftlichen Kausalität soll hier nicht behandelt werden. Es gibt Beispiele für wissenschaftliche Innovationen, denen gesellschaftliche Problematisierungen oder auch nur ein Auffälligwerden nicht vorausgegangen sind; technische Erfindungen wie die des Fernrohrs, die vorhanden waren, bevor ihre gesellschaftliche Nützlichkeit und Notwendigkeit erkannt wurde.
Die Fragen wissenschaftimmanenter Selbstgenerierung von Aufgaben und wissenschaftlicher Eigendynamik scheinen mir in einer solchen Kausalitätsannahme allzu rasch umgangen zu sein.

11 Holzkamp sieht einen Zusammenhang zwischen der Entwicklung zu einer ‚reinen' Psychologie und der Isolierung der Psychologie von den übrigen Sozialwissenschaften. „Hier besteht ... nicht etwa eine wissenschaftliche ‚Arbeitsteilung' in dem Sinne, daß verschiedene wissenschaftliche Disziplinen ein transparentes Ganzes unter verschiedenen Aspekten erforschen und ihre Ergebnisse vom Ganzen her aufein-

ander beziehen: Der Zusammenhang zwischen den verschiedenen Sozialwissenschaften, der Soziologie, Ökonomie, Psychologie etc. ist nicht nur real verlorengegangen, er erscheint nicht einmal mehr als Perspektive wissenschaftlichen Denkens" (Holzkamp 1973:42).
Friedrich O. Wolf bezieht die Arbeitsteilung auf die gesellschaftliche Wirklichkeit: „Die disziplinäre Arbeitsteilung zwischen den gesellschaftswissenschaftlichen Einzelwissenschaften läßt sich nicht einfach als Ausdruck der gegenständlichen Gliederung der von ihnen untersuchten gesellschaftlichen Wirklichkeit begreifen, sondern allenfalls von ‚Problemfeldern' aus, in deren Konstitution offensichtlich subjektive Momente, wie Erkenntnisinteressen, Wertentscheidungen u.ä. eingehen" (Wolf 1976:207).

12 Zur Problematik einer Gegenüberstellung von Gegenstand und Theorie, wissenschaftsinternen und wissenschaftsexternen Faktoren, von Psychologie und kritischer Psychologie vgl. Wolf 1976.

13 In der wissenschaftlichen Psychologie vor Wundt gab es eine Alternative zwischen einer philosophischen und einer naturwissenschaftlich-experimentellen Psychologie. Durchsetzen konnte sich die Psychologie, die die ihr günstigen sozialen Bedingungen im Wissenschaftssystem vorfand. Die naturwissenschaftliche Psychologie wurde als akademische Disziplin etabliert. Zur Theorie der Alternativen in der Wissenschaft vgl. Böhme, van den Daele, Krohn 1972.

14 Foucault 1973a:271

15 Hiermit wird auch die Frage angesprochen, inwieweit eine Wissenschaft vom Subjekt, die sich aus einer Gesellschaftswissenschaft herleitet, die Wirklichkeit des Subjekts zu erfassen vermag. Zur kontroversen Diskussion dieser Problematik vgl. etwa Treppenhauer 1976 und Holzkamp 1977.

16 Während der Wissenschaftsdogmatismus der konventionellen Psychologie gewissermaßen im Verborgenen blüht und ihr selbst nicht bewußt und schon gar nicht problematisch ist, sucht die ‚kritische' Psychologie ganz dezidiert ihre Einordnung in ein wissenschaftliches System, den Wissenschaftlichen Sozialismus.

17 Lecourt 1975:11

18 Verschiedene Typen wissenschaftsgeschichtlicher Vorgehensweisen präsentiert Werner Diederich als „Theorien zur Wissenschaftsgeschichte" (Diederich 1974).

19 Den Begriff „Reflexionsmedium" übernehme ich von Walter Benjamin 1973:57).

20 Kuhn 1973

21 Die Arbeiten von Zimmerli (1975), Diederich (1974) und der Abschnitt aus Spiegel-Rösing (1973) „Kuhns Theorie der Wissenschaftsentwicklung. Eine Alternative zur funktionalistischen Position" geben einen guten Überblick über die Entwicklung der Wissenschaftsgeschichte.

Überlegungen zum Verhältnis von Wissenschaft und Literatur

1 Lepenies 1976d

2 Lepenies 1976b:135

3 Mayer 1971

4 a.a.O.:5

5 Heißenbüttel 1966:208f.

6 Mayer 1971:7f.

7 Heller 1966:131

8 Fiedler 1914:35

9 Lepenies 1976d

10 Heißenbüttel 1966

11 Die ‚Fiedler-Renaissance' läßt sich ablesen etwa an einer neuen Herausgabe seiner Schriften zur Kunst sowie an der zentralen Stellung, die ihm und seinem Werk eine neuere kunsttheoretische Untersuchung zur visuellen Identität (Jochims 1975) einräumt.

12 Fiedler 1914:36f.
13 a.a.O.:37f.
14 a.a.O.:39
15 a.a.O.:47
16 Heißenbüttel 1966
17 a.a.O.:206
18 a.a.O.;206f.
19 Hauser 1973:131
20 Benjamin 1973:57
21 Adorno 1969:138
22 Adorno 1967:34f.
23 Resistenz und Rezeptivität werden in der Wissenschaftsforschung als wichtige ‚Eigenschaften' von Wissenschaften begriffen, die entscheidend sind für die Entstehung neuer Disziplinen und die Steuerung vorfindlicher Wissenschaften; vgl. van den Daele u. Weingart 1974.
24 Brückner u. Ricke 1974:50
25 Die Problematik des Paradigmabegriffs behandelt Margaret Masterman (Masterman 1970) ausgehend von der Bedeutungsvielfalt, die er bereits in Kuhns Konzeption einnimmt. Im Zusammenhang der vorliegenden Arbeit wird der Begriff des Paradigmas im Sinne des Vorbildhaften, des Angemessenen und Adäquaten benutzt werden. Nicht nur Theorien innerhalb einer Disziplin lassen sich danach als Paradigmen beschreiben, sondern verschiedene Disziplinen oder ästhetische Gattungen, die sich in einem Wirklichkeitsbereich entfalten, können als paradigmatisch angesehen werden.
26 Valéry 1975: 146ff.
27 a.a.O.:142
28 a.a.O.:140f.
29 Bohrer 1976:16
30 Politzer 1974
31 a.a.O.:26ff.
32 a.a.O.:29
33 a.a.O.:30
34 a.a.O.:32
35 a.a.O.:32f.
36 a.a.O.:31
37 Adorno 1967:38

Zweiter Teil

Kontroverse um den Wahnsinn

1 Der Name des Krankenhauses ist unter verschiedenen Schreibweisen bekannt: Bethlehem, Bethleem, Bethlem oder Bedlam. Zur Geschichte des Hospitals vgl. O'Donoghue 1914.
2 Battie 1758
3 William Battie lebte von 1703 bis 1776. Er ist bis heute der einzige Psychiater geblieben, der zum Präsidenten des Royal College of Physicians gewählt wurde; vgl. Hunter u. Macalpine 1962.
4 Der Begriff Psychopathologie wird zu Beginn des 19. Jahrhunderts von Jeremy Bentham zum ersten Mal als Bezeichnung einer Wissenschaft benutzt; vgl. Dörner 1975:90f.

5 Gemeint ist der ältere Willis, der von 1718 bis 1807 lebte.

6 Battie 1758:32; Zitate aus den Quellen dieser Untersuchung werden in ihrer Orthographie heutigen Gewohnheiten angepaßt.

7 a.a.O.:68

8 a.a.O.:71f.

9 a.a.O.:68; um 1800 wird mit „Management" eine Behandlungsweise ausgedrückt, die mit nicht-medizinischen Mitteln arbeitet. Der Begriff entspricht daher in etwa dem heutigen der Psychotherapie. Um 1800 vollzieht sich der Übergang in den Bezeichnungen. „Management" oder „moralisches Management" werden durch „Psychologie" abgelöst: Es „kommen, bald psychologische (oder wie sie andere nennen, moralische) bald physische Ursachen vor..." (Wagner, in Pinel 1801: 429).

10 Der Alkoholmißbrauch in England um die Mitte des 18. Jahrhunderts hatte für viele zeitgenössische Gesellschaftskritiker Modellcharakter angenommen. Die Kupferstichserien von Hogarth sind ein Beispiel. Hogarth war einer von jährlich etwa 96.000 (s. Reed 1952) Touristen, die das Bedlam und seine Insassen aufgesucht haben.

11 vgl. hierzu Lepenies 1976a

12 Battie 1758:7

13 Hunter u. Macalpine 1962:13

14 vgl. Dörner 1975:52

15 Die Kontroverse zwischen Battie und Monro wird im Zusammenhang einer umfassenden Auseinandersetzung um die Aufgaben und Funktionen der Klinik geführt, die die Wende zum 19. Jahrhundert im Bereich der Medizin kennzeichnet; vgl. Dörner 1975 und Foucault 1973b.

16 Andere publikumswirksame Ereignisse wie die Erkrankung und Behandlung George III. im Jahre 1788 steigern das Interesse der Öffentlichkeit an Fragen der Psychopathologie und Psychiatrie. Am Ende des Jahrhunderts werden beide Disziplinen allgemein anerkannt.

17 Die Bedeutung der Krankheit des Königs für die Popularisierung des Wahnsinns sieht Dörner in dem Umstand begründet, daß sie zeigte, daß jedermann von ihr befallen werden konnte und sie daher einer öffentlichen Regelung bedurfte (s. Dörner 1975:86). Die Krankheit des Königs wurde auch außerhalb Englands aufmerksam registriert. In Frankreich berichtete der *Mercure de France* darüber, und dieser Artikel wurde in Moritz' Magazin zur Erfahrungsseelenkunde wiedergegeben.

18 Monro 1758: Vorbemerkung

19 Auf Monro bezogen hat das Argument, der Beginn der Psychiatrie sei verbunden mit dem Beginn der ökonomischen Ausbeutung der Irren, eine gewisse Richtigkeit. Der Vorwurf läßt sich aber nicht auf die gesamte Psychiatrie an ihrem Beginn ausdehnen, wie es Dörner (Dörner 1975) tut.

20 Dörner 1975:92f.

21 vgl. Lepenies 1976a

Eine erlesene Erfahrung

1. Englische Texte

1 vgl. Hunter u. Macalpine 1962

2 Aikin 1771:19

3 a.a.O.:69

4 Harper 1789:28

5 Haslam 1817:5

6 Pargeter 1793:35

7 a.a.O.:2
8 a.a.O.:IX
9 Boldt 1936:50
10 Unter Literarisierung wird hier ein Zurückgehen hinter einen bereits erreichten Zustand empirischer Tätigkeit verstanden.
11 William Cullen gilt aufgrund seiner großen systematischen Verdienste als der Linné der Psychopathologie. Die ausgiebige Beschäftigung mit dem Blutkreislauf sieht er nicht in der Sache selbst begründet, sondern in der Tatsache, daß der Blutkreislauf zu seiner Zeit die physiologisch am weitesten erkannte und erklärte Körperfunktion war. Esquirol findet später für diese Mode die ironische Bemerkung: „Durch die Entdeckung der Zirkulation des Blutes wurde man mit Aderlassen verschwenderisch" (Esquirol 1968:115).
12 Willis 1823:9
13 Die Darstellung von Wahnsinnigen setzt in der belletristischen Literatur bedeutend früher ein als in der wissenschaftlichen Literatur. Berghäuser (Berghäuser 1914) fixiert den Beginn etwa auf 1580. So war die Literatur im Elisabethanischen Zeitalter die einzige wissenschaftliche Quelle, aus der Zustandsberichte über die Tollhäuser entnommen werden konnten. So sind auch Auskünfte über die Exzentritäten und Symptome, die die Besucher der Irrenhäuser interessierten, vorwiegend aus den zeitgnössischen Komödien zu erhalten. Die Komödienschreiber ihrerseits besuchten vor allem das Bedlam, um den Wahnsinn ganzer Gruppen zu studieren. Der heutige Historiker, der sich für die Zustände in einem Irrenhaus des Elisabethanischen Zeitalters interessiert, ist weitgehend auf die Berichte der Komödianten angewiesen.

Was den Wahnsinn eines einzelnen Individuums betrifft, so bieten die Tragödien der Jakobinischen Bühne „sorgfältig analysierte psychopathische Studien" (Reed 1952:65). Die in ihnen vorgeführten Gestalten reflektieren die Jakobinische Weltsicht in einem wichtigen Aspekt; vgl. Reed 1952.
14 Es ist sicher kein Zufall, neben Pinel Daubenton durch Willis verwertet zu finden. Daubenton hatte sich an der Seite seines ungleich reputierteren Gefährten Buffon den Ruf eines nützliche Arbeiten vorlegenden Naturforschers erworben, was, wie Lepenies zeigt, gegen die Brillanz Buffons vorgebracht werden konnte (Lepenies 1976b:156).
15 Am Ende des 18. Jahrhunderts sind die Verzögerungen, die bei der Übersetzung von fremdsprachigen Texten innerhalb Europas oftmals mehrere Jahrzehnte betrugen, auf ein Minimum reduziert; vgl. Wundt 1945.
16 Mayo 1817:2, Anm.
17 Wagner 1801:365-375
18 Herz 1791
19 Pinel 1801:207
20 a.a.O.:51f.
21 a.a.O.:52
22 a.a.O.:53
23 a.a.O.

2. Reils Rhapsodien

1 Zur gleichen Zeit beginnt die Psychiatrie in den Vereinigten Staaten von Amerika sich zu einer wissenschaftlichen Disziplin zu entwickeln. Wichtigster amerikanischer Psychiater ist Benjamin Rush.
2 vgl. Dörner 1975:245
3 Boldt 1936:41
4 vgl. Dörner 1975:229
5 Es ist die These aufgestellt worden, daß mit dem Ende der theoretischen Ausdifferenzierung einer wissenschaftlichen Disziplin und der damit verbundenen Stag-

nation ihrer Entwicklung ein Stadium der „Finalisierung“ erreicht wird. Dieses Stadium soll dadurch gekennzeichnet sein, daß die betreffende Wissenschaft externen Einflüssen und externer Steuerung in hohem Maße zugänglich wird; s. Böhme, van den Daele, Krohn 1974.

6 vgl. Boldt 1936:28
7 Esquirol 1968:122
8 Reil 1818:28
9 a.a.O.:31
10 a.a.O.
11 a.a.O.:229
12 a.a.O.:400
13 a.a.O.:319
14 a.a.O.:191
15 Boldt 1936:115

Zwei Möglichkeiten der Klinik

1. Die Klinik als Verwahranstalt

1 zit. n. Promies 1966b:326
2 Cox 1811:243
3 s. a.a.O.:8ff.
4 Reil 1811:22
5 Reil 1811
6 a.a.O.:69
7 a.a.O.:2f.
8 a.a.O.:19
9 vgl. hierzu Foucault 1972:44ff.
10 Reil 1811:9
11 Dörner 1975:61
12 Reil 1818:152
13 Reil 1811:6
14 In diesem Sinn wird das Verhalten der Öffentlichkeit gegenüber ihren Irren vergleichbar mit dem Verhalten der Anthropologie gegenüber der fremden Kultur. In beiden Fällen dient die Distanzierung des Fremden der Bewältigung der eigenen Angst, in beiden Fällen wird ein Stück verdrängtes Material beobachtet und unter Kontrolle gebracht; vgl. hierzu Devereux 1974 und Devereux 1973.
15 Diesem Anspruch entspricht die Einrichtung des panoptischen Irrenhauses, das nicht nur den Vorteil bietet, die Irren optimal überwachen zu können, sondern zugleich den Besuchern die Gelegenheit gibt, mehrere Säle gleichzeitig zu betrachten. Die Phantasie der Erfinder derartiger Häuser setzte sich keine Grenzen. Viele sind konzipiert worden, die ausdrücklich nicht verwirklicht werden sollten; vgl. Jetter 1962.
Die Irrenhäuser zogen Besucher an, und die Besuche die Literaten. So gehörte ein Besuch im Irrenhaus zum Bildungsprogramm des aufgeklärten Bürgers. Der romantische Dichter kritisiert diese Form der Betrachtungsweise, indem er die Ähnlichkeit zwischen Irren und Normalen herausstellt. So etwa Ludwig Tieck, der in seiner Novelle „Die Reisenden“ (Tieck 1973) einen Irrenhausdirektor vorführt, der am Vorabend seiner Pensionierung die Patienten als geheilt entläßt. Daraufhin ergeht staatlicherseits die Order, alle frei herumlaufenden Personen, die irgendwie irr aussehen, festzunehmen und dem Irrenhaus wieder zuzuführen. Die Gesellschaft, die sich daraufhin im Irrenhaus einfindet, besteht aus Ärzten, Pfarrern, Bürgermeistern, Lehrern undsoweiter, aus bürgerlichen Honoratioren, die zugleich

die Träger der Vernunft sind. Die bürgerliche Gesellschaft wird als verrückt empfunden.

Den romantischen Topos der reisenden Begutachtung und Kritisierung der Irrenhäuser nimmt Edgar Allan Poe auf. Poe ist vermutlich einer der ersten, die nachhaltig angezweifelt haben, ob in der sogenannten Irrenbefreiung, im Ersatz offen terroristischer Behandlungen der Irren durch verfeinerte Methoden, tatsächlich ein Fortschritt zu sehen sei. In seiner Erzählung „Die Methode Dr. Thaer & Prof. Fedders“ (Poe 1976) wird dieser vermeintliche Fortschritt ironisiert, indem im geschilderten Irrenhaus umgekehrt die ‚Humane Method‘ abgeschafft wird. Sie enthielt so merkwürdige Eigenschaften wie die, daß das Personal auf die Patienten einging, daß keiner Grille widersprochen wurde, daß den Kranken Zerstreuungen jeglicher Art geboten und irgendwelche Strafen erspart wurden. Einem Aufstand der Irren wird dadurch begegnet, daß sie geteert, gefedert und schließlich wieder eingesperrt werden. Diese Irren freilich sind die ehemaligen, von den wirklichen Irren entmachteten Aufseher, die nun das, was sie anderen zugefügt hatten, am eigenen Leib erleben dürfen.

16 Reil 1818:241

17 Reil 1811:35

2. *Die Klinik als Annäherung*

1 Foucault 1973b:78

2 Reil 1818:51

3 Pinel 1801:IV

4 a.a.O.:XVIff.

5 a.a.O.:243

6 a.a.O.:244

7 a.a.O.:261

8 vgl. hierzu den Abschnitt „Überlegungen zum Verhältnis von Wissenschaft und Literatur“

9 Pinel 1801:261f.

10 a.a.O.:262

11 a.a.O.:48

12 a.a.O.:50

13 a.a.O.:XLVIII

14 a.a.O.:113

15 a.a.O.:XXXIXf.

16 Esquirol 1968:152

17 a.a.O.:115

18 Bourdieu 1970:161, Anm. 3

19 Dörner 1975:159

20 Pinel 1801:XLI

21 a.a.O.:XLIf.

22 a.a.O.:XLI

23 Esquirol 1968:114

24 Esquirol 1968:116

25 a.a.O.:136

26 a.a.O.:116

27 a.a.O.:127f.

28 a.a.O.:129

29 vgl. Lepenies 1976a:16ff.

30 Pinel 1801:265

31 a.a.O.:188f.

32 Esquirol 1968:32

33 Pinel 1801:337

34 Reil 1799:5
35 Pinel 1801:3
36 a.a.O.:11
37 Esquirol 1968:33
38 Pinel 1801:22
39 a.a.O.:145f.
40 Reil 1818:38f.; von „ein Inbegriff" bis „gesetzt sind." ist diese Passage bei Reil gesperrt gedruckt.
41 Esquirol 1968:53
42 Pinel 1801:XVIf.
43 a.a.O.:XLIII
44 a.a.O.
45 a.a.O.:17
46 a.a.O.:77
47 a.a.O.:236
48 Zum Problemkomplex Normalität/Anormalität vgl. Devereux 1974, Canguilhem 1974 und Lepenies 1976c.
49 vgl. Foucault 1972:44ff.
50 Esquirol 1968:122
51 a.a.O.:12
52 Pinel 1801:172

Dritter Teil

Selbsterfahrung und Selbstvermittlung

1 Habermas 1971:38
2 zit. n. Habermas 1971:33
3 Habermas 1971:35
4 Leibbrand 1941:3
5 Balet u. Gerhard 1972:181
6 a.a.O.:183
7 a.a.O.
8 a.a.O.:187; vgl. auch die Untersuchung von Hans J. Haferkorn zur Entstehung der bürgerlich-literarischen Intelligenz (Haferkorn 1974).
9 In Wilhelm Hehlmanns Psychologiegeschichte wird Moritz als Schriftsteller geführt, s. Hehlmann 1967:97f.; 1912 ist eine Dissertation erschienen, in der Moritz als Psychologe dargestellt wird (Hinsche 1912).
10 Der Identifizierung Moritz' mit Anton Reiser schließen sich die meisten Moritz-Leser an. Engelsing spricht von „Anton Reiser alias Karl Philipp Moritz" (Engelsing 1974:131), und in einer biographischen Schilderung heißt es: „Auf diese Weise bildet sich Karl Philipp Moritz trotz der höheren Schule in Hannover, wo man mehrere Jahre hindurch in der selben Klasse unermüdlich denselben Stoff wiederholt" (Brunschwig 1975:42). Als Quelle für diese Bemerkung wird *Anton Reiser* herangezogen worden.
11 Schmidt 1971a:149
12 Damit finden wir bereits in der Person Moritz' jenen Zusammenhang von Selbstentblößung und Selbstfindung vor, der für eine „Literatur der Selbstentblößer" seit dem Ende des 19. Jahrhunderts reklamiert wird. Als Prototyp dieser Literatur gilt die Autobiographie von Michel Leiris, *Mannesalter*, auf die am Schluß der vorliegenden Arbeit eingegangen wird.
13 Balet u. Gerhard 1972:181

14 Magazin 4,3,1; unter Magazin wird das von Moritz herausgegebene *Magazin zur Erfahrungsseelenkunde* (Moritz 1783-1792) verstanden. In den folgenden bibliographischen Hinweisen geben die erste Zahl den Band, die zweite Zahl das Heft und die dritte Zahl die Seite an.
15 Magazin 5,1,69
16 s. Magazin 5,1
17 Magazin 1,2,18
18 Magazin 1,2,78
19 Magazin 3,3,1
20 Krüger 1785:X
21 Promies 1966a:258
22 Dörner 1975
23 Magazin 1,3,45
24 Magazin 1,3,40
25 Magazin 3,1,115
26 Magazin 8,1,10
27 Magazin 8,2,101
28 Magazin 1,2,1
29 Magazin 3,3,116

Formulierungen zu einer wissenschaftlichen Psychologie

1 Magazin 1,1,31f.
2 Magazin 1,1,32; Lepenies weist darauf hin, daß am Ende des 18. Jahrhunderts die wissenschaftliche Nomenklatur offengehalten werden sollte für zukünftige Entwicklungen und vorläufige Kategorien nicht einer Not entsprangen, sondern bewußt gewählt wurden (Lepenies 1976a:98f.).
3 Christian Heinrich Spieß (1755-1799) ist durch seine *Biographien der Wahnsinnigen* (Spieß 1966) berühmt geworden. Spieß geht davon aus, daß der Wahnsinn selbst verschuldet und daher heilbar sei. Dazu müßten nur einige Verhaltensmaßregeln beachtet werden. Seine *Biographien* sollen menschliche Zustände schildern, die dadurch hervorgerufen worden sind, daß die Regeln nicht beachtet wurden. Spieß will abschrecken. Wie wenig ihm dies gelang, zeigt sein eigenes Leben, das im Wahnsinn endete.
Sein Interesse galt neben den Wahnsinnigen anderen Subkulturen. Er trug auch Biographien der Selbstmörder und Biographien der Verbrecher zusammen. Beachtenswert ist, daß auch im Bereich der popularisierenden Beschäftigung mit Randgruppen wie den Wahnsinnigen eine Historisierung der Fälle vorgenommen wurde.
4 Magazin 4,1,3f.
5 Magazin 4,1,9
6 Magazin 7,2,117
7 Magazin 7,3,5
8 Magazin 7,3,9
9 Magazin 7,3,6
10 Magazin 7,3,5
11 Magazin 8,1,2
12 Magazin 9,1,13
13 Maimon 1935:IX
14 Magazin 1,1,37
15 Magazin 7,1,11
16 Magazin 4,2,13
17 Magazin 5,2,3
18 Magazin 6,3,79
19 Magazin 1,1,92

20 Magazin 1,1,94
21 Magazin 1,1,96
22 Magazin 1,1,97
23 Magazin 1,1,99
24 Magazin 1,1,105
25 Magazin 1,3,75
26 Magazin 3,2,86
27 Magazin 4,3,2
28 Magazin 4,3,12
29 Magazin 4,3,2
30 Magazin 4,3,4
31 Magazin 1,2,82f.
32 Magazin 7,2,26
33 Lepenies 1976e:213
34 a.a.O.
35 a.a.O.
36 Während Karl Philipp Moritz in seiner Person die Bestrebungen vieler bündelt und ihnen in einer Humanwissenschaft, der Psychologie, eine Heimat geben will, wird andernorts eine Institution begründet, die alle anthropologischen Disziplinen beherbergen soll. 1799, sechs Jahre nach Moritz' Tod, wählt eine Gesellschaft das Motto, das zehn Jahre lang dem Magazin für Erfahrungsseelenkunde vorgestellt war, zu dem ihren: Gnothi sauton, Erkenne dich selbst. Die Gesellschaft wird in Paris gegründet und nennt sich Société des Observateurs de l'homme. In einem interdisziplinären Zugriff wird der Versuch unternommen, eine umfassende Wissenschaft vom Menschen zu bilden. Sergio Moravia schildert die Aufgaben der Société: „Die Erforschung des ‚physischen Menschen', von der vergleichenden Anatomie bis zur Physiognomik und von der Kraniologie bis zur Untersuchung der Rassenmerkmale; die Erforschung der menschlichen Wechselbeziehungen mit dem natürlichen ‚Milieu' – handle es sich um die Auswirkung des Klimas oder um andere Einflüsse dieses ‚Milieus' auf den Menschen – und die Untersuchung der verschiedenen Ernährungsweisen, Kleidungs- und Wohnungsformen und die verschiedenen Formen des geselligen Lebens; schließlich auch die Erforschung des ‚moralischen Menschen', wobei man zuerst seine Beziehung zum ‚Physischen' betrachten müsse, dann seine sprachlichen Ausdrucksmittel, seine intellektuellen und moralischen Äußerungen und zuletzt die verschiedenen Modelle von ‚Zivilisationen', die im Laufe der Zeit und in verschiedenen Gebieten der Erde entstanden waren" (Moravia 1973:68).

Entwicklungspsychologie und Entwicklungsroman

1 Foucault 1976:248f.
2 Magazin 7,2,21
3 Magazin 3,2,97
4 Tiedemann 1784-1787:502
5 a.a.O.:321
6 a.a.O.:333
7 a.a.O.:488
8 a.a.O.:314
9 a.a.O.:323
10 a.a.O.:322
11 a.a.O.:327f.
12 a.a.O.:486
13 a.a.O.
14 Itard 1976
15 Mannoni 1976:229

16 Moravia 1973:96
17 a.a.O.:98
18 Mannoni 1976:229
19 a.a.O.:244
20 Itard 1976:130
21 Mannoni 1976:238
22 Moritz 1973:15
23 a.a.O.:16
24 a.a.O.
25 a.a.O.
26 a.a.O.:17
27 a.a.O.
28 a.a.O.
29 a.a.O.:221
30 vgl. Lepenies 1976a
31 a.a.O:16
32 Magazin 1,3,122f.
33 Lepenies 1976a:18
34 Magazin 1,1,33
35 Magazin 4,3,12
36 Lepenies 1976a:34ff.
37 a.a.O.:103

Vierter Teil

Herbarts Lehrbuch

1 Suter 1972:45
2 vgl. Ziehen 1900:7
3 Hehlmann 1967:132
4 Foucault 1972:113
5 Herbart 1886:100; Es wird stets aus der dritten Auflage des „Lehrbuchs" zitiert, die gegenüber der ersten Auflage von 1816 für unseren Zusammenhang unwesentliche kleinere Veränderungen aufweist.
6 a.a.O.:101
7 a.a.O.
8 a.a.O.
9 a.a.O.:100
10 a.a.O.:14
11 a.a.O.:103
12 s. a.a.O.:178
13 a.a.O.:81
14 a.a.O.
15 a.a.O.:40
16 a.a.O.:104
17 Kant 1977:349f.
18 a.a.O.: 324
19 Jülicher 1961:32f.
20 Kant 1977:333
21 Herbart 1886:116
22 a.a.O.:18
23 a.a.O.:7
24 a.a.O.:8

25 Herbart 1886
26 a.a.O.:11
27 a.a.O.:13
28 a.a.O.:14
29 Jaeger, Staeuble 1978:183f.
30 Herbart 1886:39
31 a.a.O.
32 a.a.O.:43
33 Kant 1977:194
34 Herbart 1886:44
35 a.a.O.:47
36 a.a.O.:67, Anm.2
37 a.a.O.:90
38 a.a.O.:106
39 a.a.O.:107
40 a.a.O.:51
41 a.a.O.:12
42 a.a.O.:16
43 a.a.O.:17
44 a.a.O.:110
45 a.a.O.:29
46 a.a.O.:21
47 a.a.O.:49
48 a.a.O.:115
49 a.a.O.:136
50 a.a.O.:142
51 a.a.O.:143
52 a.a.O.:142
53 a.a.O.:43
54 a.a.O.:170
55 a.a.O.:7
56 a.a.O.:7, Anm.1
57 a.a.O.:10, Anm.1
58 a.a.O.:9
59 a.a.O.:20
60 a.a.O.:77
61 a.a.O.:116
62 Herbart 1886
63 a.a.O.:112f.
64 a.a.O.:112
65 a.a.O.:117
66 a.a.O.:117, Anm.2
67 a.a.O.:168
68 a.a.O.
69 vgl. Lepenies 1976c
70 vgl. Jaeger, Staeuble 1978:180
71 Herbart 1886:169

Hoffmanns Erzählung

1 Minder 1974:260; ein Versuch, Moritz ausführlich als Vorläufer der Romantik zu deuten, findet sich in Hubert 1971.
2 Minder 1974:27
3 Wittkopp-Ménardeau 1968:157

4 Baudelaire o.J.:272
5 Insofern verfehlt Aichinger den Ansatz Freuds. Freud verfaßt keine Deutung einer Novelle, er benutzt sie als Material für eine theoretische Konzeption; vgl. Aichinger 1976:123ff.
6 Freud 1972b:243
7 Zentner 1975:4
8 Kracauer 1962:336f.
9 Wawrzyn 1976:23
10 a.a.O.:14
11 Zeller 1977
12 Iser 1976:61
13 Gregor Dellin 1973:8
14 Assunto 1975:59
15 Wolfgang Uber hat einen solchen Versuch vorgelegt (Uber 1974).
16 Hoffmann 1976:343
17 a.a.O.:345
18 vgl. Starobinski 1976:158
19 a.a.O.
20 a.a.O.:145f.
21 vgl. Schmidt 1971b:21
22 Hoffmann 1976:363
23 Starobinski 1976:158
24 a.a.O.:151
25 a.a.O.:158
26 Wittkopp-Ménardeau 1968:382
27 Aichinger 1977:116f.
28 Peter Gorsen behauptet, in Robert Louis Stevensons „Dr. Jekyll and Mr. Hyde" aus dem Jahre 1886 sei zum ersten Mal „in bewußter Anlehnung an das aus der zeitgenössischen Psychiatrie bekannte Depersonalisationssyndrom der Schizophrenie eine pathologische Persönlichkeitsspaltung romanhaft entfaltet" worden (Gorsen 1973:416f.). Die romanhafte Auswertung eines der zeitgenössischen Psychiatrie geläufigen Depersonalisationssyndroms läßt sich bereits für Hoffmann nachweisen.
29 Hoffmann 1976:335
30 a.a.O.:336
31 a.a.O.
32 a.a.O.:338
33 a.a.O.:341f.
34 a.a.O.:343
35 a.a.O.:349; Nathanaels Wahnsinn gleicht absichtsvoll der romantischen Phantasie. „Romantisch ist diese Phantasie, weil sie entgegen den Geboten der klassischen Ästhetik ihre uferlosen Halluzinationen vorbehaltlos aufzeichnet und ihre geträumten Erfahrungen zur einzig maßgebenden Wirklichkeit erhebt" (Hofmann 1960: 235).
36 Hoffmann 1976:356f.
37 a.a.O.:359
38 vgl. Hayes 1972
39 a.a.O.:172
40 a.a.O.:174f.
41 Hoffmann 1976:345
42 a.a.O.
43 a.a.O.
44 Nathanael bezeichnet die lebendige Clara als Automaten, und Olimpia wirkt auf ihn wie lebendig. Hieraus ist die These von der Ähnlichkeit beider Geschöpfe, resp. ihrer Austauschbarkeit, entwickelt worden. vgl. Aichinger 1976:119, Anm.22
45 Hoffmann 1976:343; zur Integration des Lesers in fiktive Texte vgl. Iser 1972 und Elling 1973.

46 zit. n. Benjamin 1973:62
47 Hoffmann 1976:343
48 a.a.O.:344
49 a.a.O.
50 Foucault 1966:235
51 vgl. Cooper 1976:95

Fünfter Teil

Eine Kritik der Psychologie

1 Foucault 1971:438
2 Foucault 1973a:272f. u. 297
3 Marquard 1973:104
4 Lepenies 1974:496; diese Arbeit stellt eine Kurzfassung des gleichnamigen, 1976 erschienenen Aufsatzes (Lepenies 1976c) dar.
5 Jaeger, Staeuble 1978:180
6 vgl. Todorov 1975:65
7 Es ist daher meines Erachtens einigermaßen müßig, unterscheiden zu wollen, ob die Bedrohung durch den Wahnsinn der Gegenstand einer Erzählung oder das Motiv des Erzählens ist. Peter Gorsen trennt in der Kunst der Geisteskranken die Psychose als Gegenstand von der Psychose als Antrieb; vgl. Gorsen 1973.
8 Cooper 1976:85f.
9 a.a.O.:86
10 a.a.O.:95
11 Laing 1969:11
12 Foucault 1969:545
13 vgl. Foucault 1973b:75

Freuds literarische Bindungen

1 Der Begriff ‚Entliterarisierung' wird hier im Sinne einer neuerlichen Empirisierung benutzt.
2 Als Repräsentant einer solchen Zwischenstufe wäre etwa Nietzsche anzusehen.
3 Der Diskurs findet außerwissenschaftliche Formulierungen, etwa in der Philosophie Nietzsches oder in der Literatur Poes.
4 Freud 1972c:125
5 Freud 1969c:292
6 Wyatt 1976
7 a.a.O.:335
8 a.a.O.:337
9 a.a.O.:335
10 Assunto 1975:55f.
11 Ricoeur 1974
12 a.a.O.:171
13 a.a.O.:171f.
14 a.a.O.:184
15 a.a.O.:185
16 Starobinski 1973:84f.
17 a.a.O.:83
18 a.a.O.:91
19 a.a.O.:86

20 a.a.O.:92
21 a.a.O.:93
22 a.a.O.:91
23 a.a.O.:99
24 a.a.O.:94
25 a.a.O.:96
26 Freud 1969f:173
27 Habermas 1973:208
28 a.a.O.
29 a.a.O.:309
30 Pontalis 1974:107
31 Mitscherlich 1972:169
32 Freud 1969e:13
33 Freud 1972c:80
34 a.a.O.:127
35 Freud 1969b:177
36 Freud 1950:273f.
37 a.a.O.:275
38 Freud 1969a
39 a.a.O.:83
40 Freud 1969d:373
41 a.a.O.:386
42 a.a.O.:389
43 Freud 1969a:82
44 zit. n. Muschg 1975:10f.
45 a.a.O.:132
46 a.a.O.:33
47 a.a.O.
48 a.a.O.:35
49 a.a.O.:49
50 zit. n. Muschg 1975:58
51 a.a.O.
52 Freud 1969b:179
53 a.a.O.:235
54 zit. n. Habermas 1973:287
55 Freud 1972a:85
56 Freud 1972c:98
57 Habermas 1973:265
58 a.a.O.
59 Ricoeur 1974:38
60 Habermas 1973:263
61 a.a.O.:265
62 a.a.O.:266
63 a.a.O.:267f.
64 Freud 1973a:VII
65 Habermas 1973:269f.
66 Pontalis 1974:31f.
67 Habermas 1973:279f.
68 a.a.O.:282
69 Freud 1972c:104
70 a.a.O.
71 Pontalis 1974:34f.
72 a.a.O.:45
73 Habermas 1973:290
74 Pontalis 1974:12

Zur therapeutischen Bedeutung geschriebener Texte

1 Iser 1976:10

2 a.a.O.: insbesondere 348ff.; Hans Dieter Zimmermann gelangt in der Erörterung dieses Zusammenhangs zu einer Deutung von Literatur als kommunikativem Handeln. Er unterscheidet dabei Texte, die einen direkten Realitätsbezug haben, von solchen, die eines direkten Realitätsbezugs entbehren. Dazu gehört der fiktionale Text. Er hat keine „erste Referenz". Aber „der Autor behauptet einen Realitätsbezug, er schlägt ihn vor und lädt den Leser ein, ihn für die Dauer der Lektüre zu akzeptieren. Diese fehlende, weil vorgebliche Referenz verweist auf den Text als Ganzes und auf den Prozeß der literarischen Kommunikation, also auf die Ebene der sekundären Kommunikation. Auf dieser zweiten Ebene hat der Text eine Referenz, wir nennen sie die zweite Referenz" (Zimmermann 1977:101).

3 Eine solche Sicht will nicht etwa den psychologischen Konzepten der Erfahrungsseelenkunde eine Tendenz unterstellen, die sie schließlich habe einmünden lassen in psychoanalytische Konzeptionen. Die kulturelle Umgebung, in der die Erfahrungsseelenkunde formuliert wurde, ist vom kulturellen Umfeld etwa der Psychoanalyse in einer Weise unterschieden, die es nicht erlaubt, die Erfahrungsseelenkunde als Antizipation der Psychoanalyse aufzufassen.

4 s.oben: 75f.

5 Freud 1973b:204

6 Wolfgang Uber hat einen umfangreichen Vergleich „E.T.A. Hoffmann und Sigmund Freud" durchgeführt. Er unternimmt in ihm den Versuch, das Werk Hoffmanns als Vorformulierung der Psychoanalyse zu begreifen. Hoffmanns Darstellungen werden dabei als Theorien bezeichnet. So ist von einer Traumtheorie des Autors die Rede, und die Arbeit Ubers zielt auf den Nachweis, „daß diese Theorie der Traumtheorie S. Freuds in den wesentlichen Aussagen analog ist" (Uber 1974: Einleitung). Dem Sachverhalt angemessener erscheint es mir, nach der Entwicklung des Unbewußten zu fragen, bevor es durch die Psychoanalyse Freuds systematisiert worden ist; vgl. hierzu Ellenberger 1973 und Whyte 1960.

7 Ricoeur 1974:180

Schluß

1 Eco 1973:36

2 Egbert Faas untersucht „Offene Formen in der modernen Kunst und Literatur" (Faas 1975). Dabei werden einzelne Künste, die Malerei, die Musik und die Literatur ebenso berücksichtigt wie verschiedene Autoren, unter ihnen eindeutig als Dichter ausgewiesene Schriftsteller wie D.H. Lawrence, Mallarmé und Benn, aber auch Grenzgänger wie Artaud und Wissenschaftler wie C.G. Jung. Ein Versuch, die Frage nach den offenen Formen an einzelne wissenschaftliche Disziplinen zu stellen und sie am Beispiel wissenschaftlicher Autoren zu untersuchen, steht aus. In einer Untersuchung zum Verhältnis von bildender Kunst und Literatur im 20. Jahrhundert hat Wolfgang Max Faust die Öffnung der Gattungen als Bedingung und Chance für Grenzüberschreitungen und Vermischungen ausgemacht (Faust 1977). Auch dieser Aspekt bleibt auf wissenschaftliche Disziplinen zu übertragen.

3 Lepenies 1977:142

4 a.a.O.

5 Lepenies untersucht die ‚Normalität' als eine solche durchlaufende Kategorie eher im Sinne eines Konzeptes, das zum inhaltlichen Bestand verschiedener Disziplinen gehört (Lepenies 1976c).

6 Eco 1973:29

7 Devereux 1973:65

8 Hans-Jürgen Heinrichs in der Einleitung zu Leiris 1977:35

9 Leiris 1977:55
10 Leiris 1975:36
11 Leiris 1975:228
12 Fichte 1976
13 Zorn 1977
14 Feyerabends wichtigste Thesen sind in *Wider den Methodenzwang* (Feyerabend 1976) dargelegt.
15 Feyerabend 1976
16 Feyerabend 1975:132
17 a.a.O.:128ff.
18 Feyerabend 1972:210
19 Feyerabend 1975:130
20 a.a.O.
21 Damit knüpft Feyerabend an eine fast schon Tradition gewordene Entwicklung an. Auch Thomas Kuhn beruft sich – freilich im Hinblick auf die akademische Etablierung der Wissenschaftsgeschichte – auf Vorbilder aus der Kunstgeschichte wie Erwin Panofsky; vgl. Kuhn 1971 und Dilly 1979
22 Brown 1977:129
23 a.a.O.:128
24 a.a.O.:11
25 Es gibt heutigentags entsprechende Versuche. Vorwiegend werden sie von bildenden Künstlern unternommen, die in ihren Bemühungen, die Erfahrung der eigenen Wirklichkeit in die Produktion und in die Rezeption des Kunstwerks einzubeziehen, merkwürdigerweise zu einer fiktiven Wissenschaftlichkeit, zu einer wissenschaftlichen Mimikry finden. Sie soll uns nicht weiter interessieren. Auffällig an diesen Versuchen, wie sie die Kunstrichtung der ‚Spurensicherung' (vgl. Metken 1977) kennzeichnet, sind zwei Phänomene: zum einen zeigt es sich, daß eine Anthropologisierung nur über eine Öffnung der Grenzen einer Gattung möglich ist, zum anderen wird – wenn auch erst schemenhaft – die Gefahr erkennbar, die ein radikales Hinausschieben gattungs- oder disziplinenspezifischer Grenzen nach sich zieht: die Entäußerung einer spezifischen Identität. Ob sie vermeidbar ist und ob die Auflösung einer gattungs- oder disziplinenspezifischen Identität als Verlust oder als Gewinn zu bewerten ist, – beide Fragen bleiben offen.

Literaturverzeichnis

Adorno, Theodor W. 1967. Die Kunst und die Künste, Berlin, = Vortrag vor der Akademie der Künste
1969. Voraussetzungen, in: Noten zur Literatur, Bd. 3, Frankfurt/M.

Aichinger, Ingrid 1976. E.T.A. Hoffmanns Novelle ‚Der Sandmann' und die Interpretation Sigmund Freuds, in: Zeitschrift für Deutsche Philologie, Bd. 95, Sonderheft, 113-132

Aikin, John 1771. Thoughts on hospitals, London

Arnold, Thomas 1782. Observations on the nature, kinds, causes and prevention of insanity, lunacy or madness, Leicester

Assunto, Rosario 1975. Theorie der Literatur bei Schriftstellern des 20. Jahrhunderts, Reinbek bei Hamburg

Balet, Leo u. *E. Gerhard* 1972. Die Verbürgerlichung der deutschen Kunst, Literatur und Musik im 18. Jahrhundert, Frankfurt/M./Berlin/Wien

Battie, William 1758. A treatise on madness, London

Baudelaire, Charles o.J. Über das Wesen des Lachens und besonders über das Komische in der darstellenden Kunst, in: Ausgewählte Werke. Kritische und nachgelassene Schriften, hg. v. Franz Blei, München

Benjamin, Walter 1973. Der Begriff der Kunstkritik in der deutschen Romantik, Frankfurt/M.

Berghäuser, Wilhelm 1914. Die Darstellung des Wahnsinns im englischen Drama bis zum Ende des 18. Jahrhunderts, Mainz

Böhme, Gernot, Wolfgang van den Daele u. *Wolfgang Krohn* 1972. Alternativen in der Wissenschaft, in: Zeitschrift für Soziologie, 1, 4, 302-316
1974. Die Finalisierung der Wissenschaft, in: Zeitschrift für Soziologie, 2, 2, 128-144

Bohrer, Karl Heinz 1976. Ausfälle gegen die kulturelle Norm. Erkenntnis und Subjektivität – Formen des Essays, in: Literaturmagazin, 6: Die Literatur und die Wissenschaften, hg. v. Nicolas Born u. Heinz Schlaffer, 15-29, Reinbek bei Hamburg

Boldt, Arnold 1936. Über die Stellung und Bedeutung der ‚Rhapsodien über die Anwendung der psychischen Curmethode auf Geisteszerrüttungen' von Johann Christian Reil (1759-1813) in der Geschichte der Psychiatrie, = Abhandlungen zur Geschichte der Medizin und der Naturwissenschaften, H. 12, Berlin

Bourdieu, Pierre 1970. Zur Soziologie der symbolischen Formen, Frankfurt/M.

Brown, Norman O. 1977. Love's Body, München

Brückner, Peter u. *Gabriele Ricke* 1974. Über die ästhetische Erziehung des Menschen in der Arbeiterbewegung, in: Das Unvermögen der Realität, Beiträge zu einem anderen materialistischen Ästhetikum, hg. v. Chris Bezzel, Peter Brückner, Gisela Dischner, Michael Eckelt, Peter Gorsen, Alfred Krovoza, Gabriele Ricke u. Alfred Sohn-Rethel, 37-68, Berlin

Brunschwig, Henri 1975. Gesellschaft und Romantik in Preußen im 18. Jahrhundert. Die Krise des preußischen Staates am Ende des 18. Jahrhunderts und die Entstehung der romantischen Mentalität, Frankfurt/M./Berlin/Wien

Canguilhem, Georges 1974. Das Normale und das Pathologische, München

Cooper, David 1976. Von der Notwendigkeit der Freiheit, Frankfurt/M.

Cox, Joseph Mason 1804. Practical observations on insanity, London
1811. Praktische Bemerkungen über Geisteszerrüttungen. Mit Beilagen über die Ausstellung von Zeugnissen und Gutachten in Fällen von Wahnsinn, Halle

Crichton, Alexander 1810. Untersuchung über Natur und Ursprung der Geisteszerrüttung; mit Anmerkungen von J.E. Hoffbauer, Leipzig, 2. Auflage

Daele, Wolfgang van den u. *Peter Weingart* 1974. Resistenz und Rezeptivität der Wissenschaft. Zu den Entstehungsbedingungen neuer Disziplinen durch wissenschaftspolitische Steuerung, Bielefeld, = Manuskript

Devereux, Georges 1973. Angst und Methode in den Verhaltenswissenschaften, München

1974. Normal und anormal. Aufsätze zur allgemeinen Ethnopsychiatrie, Frankfurt/M.

Diederich, Werner (Hg.) 1974. Theorien der Wissenschaftsgeschichte. Beiträge zur diachronen Wissenschaftstheorie, Frankfurt/M.

Dilly, Heinrich 1979. Kunstgeschichte als Institution, Frankfurt/M.

Dörner, Klaus 1975. Bürger und Irre. Zur Sozialgeschichte und Wissenschaftssoziologie der Psychiatrie, Frankfurt/M.

Eco, Umberto 1973. Das offene Kunstwerk, Frankfurt/M.

Ellenberger, Henry F. 1973. Die Entdeckung des Unbewußten, 2 Bde, Bern/Stuttgart/Wien

Elling, Barbara 1973. Leserintegration im Werk E.T.A. Hoffmanns, Bern/Stuttgart

Engelsing, Rolf 1974. Der Bürger als Leser. Lesergeschichte in Deutschland 1500 bis 1800, Stuttgart

Esquirol, Jean Etienne Dominique 1968. Von den Geisteskrankheiten, = Hubers Klassiker der Medizin und der Naturwissenschaften, hg. v. Erwin H. Ackerknecht u. Heinrich Buess, Bd. 11, Bern

Faas, Egbert 1975. Offene Formen in der modernen Kunst und Literatur. Zur Entstehung einer neuen Ästhetik, München

Faust, Wolfgang Max 1977. Bilder werden Worte. Zum Verhältnis von bildender Kunst und Literatur im 20. Jahrhundert oder Vom Anfang der Kunst im Ende der Künste, München/Wien

Ferriar, John 1813. An essay towards a theory of apparitions, London

Feyerabend, Paul K. 1972. Consolations for the specialist, in: Criticism and the growth of knowledge, hg. v. Imre Lakatos u. Alan Musgrave, 197-230, Cambridge

1975. Thesen zum Anarchismus, in: Unter dem Pflaster liegt der Strand, hg. v. Hans Peter Duerr, 127-133, Berlin

1976. Wider den Methodenzwang. Skizze einer anarchistischen Erkenntnistheorie, Frankfurt/M.

Fichte, Hubert 1968. Die Palette, Reinbek bei Hamburg

1972. Interviews aus dem Palais d'Amour etc., Reinbek bei Hamburg

1974. Versuch über die Pubertät, Hamburg

1976. Xango, Frankfurt/M.

1977. Hans Eppendorfer. Der Ledermann spricht mit Hubert Fichte, Frankfurt/M.

Fiedler, Konrad 1914. Schriften über Kunst, hg. v. Hermann Konnerth, Bd. 2, München

Foucault, Michel 1966. Nachwort zu Gustave Flaubert, Die Versuchung des heiligen Antonius, 215-251, Frankfurt/M.

1969. Wahnsinn und Gesellschaft. Eine Geschichte des Wahns im Zeitalter der Vernunft, Frankfurt/M.

1971. Die Ordnung der Dinge. Eine Archäologie der Humanwissenschaften, Frankfurt/M.

1972. Psychologie und Geisteskrankheit, Frankfurt/M., 4. Auflage

1973a. Archäologie des Wissens, Frankfurt/M.

1973b. Die Geburt der Klinik. Eine Archäologie des ärztlichen Blicks, München

1976. Überwachen und Strafen. Die Geburt des Gefängnisses, Frankfurt/M.

Freud, Sigmund 1950. Aus den Anfängen der Psychoanalyse. Briefe an Wilhelm Fliess, Abhandlungen und Notizen aus den Jahren 1887-1902, London

1969a. Der Wahn und die Träume in W. Jensens *Gradiva*, in: Studienausgabe, hg. v. Alexander Mitscherlich, Angela Richards, James Strachey, Bd. 10, 9-85
Mitscherlich, Angela Richards, James Strachey, Bd. 10, 9-85
1969b. Der Dichter und das Phantasieren, a.a.O., 169-179

1969c. Ansprache im Frankfurter Goethe-Haus, a.a.O., 292-296
1969d. Einige Charaktertypen aus der psychoanalytischen Arbeit, in: Gesammelte Werke, Bd. 10, 5. Auflage, 363-391
1969e. Vorlesungen zur Einführung in die Psychoanalyse, in: Gesammelte Werke, Bd. 11, 5. Auflage
1969f. Neue Folge der Vorlesungen zur Einführung in die Psychoanalyse, in: Gesammelte Werke, Bd. 15, 5. Auflage
1972a. Studien über Hysterie, in: Gesammelte Werke, Bd. 1, 4. Auflage, 79-312
1972b. Das Unheimliche, in: Gesammelte Werke, Bd. 12, 4. Auflage, 227-268
1972c. Abriss der Psychoanalyse, in: Gesammelte Werke, Bd. 17, 5. Auflage, 63-138
1973a. Die Traumdeutung, in: Gesammelte Werke, Bd. 2/3
1973b. Der Witz und seine Beziehung zum Unbewußten, in: Gesammelte Werke, Bd. 6, 5. Auflage

Gorsen, Peter 1973. Kunst, Literatur und Psychopathologie heute. Zur Genealogie der grenzüberschreitenden bürgerlichen Ästhetik, in: Kulturanthropologie, = Neue Anthropologie, hg. v. Hans-Georg Gadamer und Paul Vogler, Bd. 4, 359-445, Stuttgart/München

Gregor-Dellin, Martin 1973. Richard Wagner – die Revolution als Oper, München

Habermas, Jürgen 1971. Strukturwandel der Öffentlichkeit. Untersuchungen zu einer Kategorie der bürgerlichen Gesellschaft, Neuwied/Berlin, 5. Auflage
1973. Erkenntnis und Interesse, Frankfurt/M.

Haferkorn, Hans J. 1974. Zur Entstehung der bürgerlich-literarischen Intelligenz und des Schriftstellers in Deutschland zwischen 1750 und 1800, in: Literaturwissenschaft und Sozialwissenschaften, Bd. 3: Deutsches Bürgertum und literarische Intelligenz 1750-1800, 113-275, Stuttgart

Harper, Andrew 1789. A treatise on the real cause of insanity; in which the nature and distinctions of this disease are fully explained, and the treatment established on new principles, London

Haslam, John 1817. Considerations on the moral management of insane persons, London

Hauser, Arnold 1973. Kunst und Gesellschaft, München

Hayes, Charles N. 1972. Phantasie und Wirklichkeit im Werke E.T.A. Hoffmanns, mit einer Interpretation der Erzählung ‚Der Sandmann', in: Klaus Peter u.a., Ideologiekritische Studien zur Literatur, Frankfurt/M.

Hehlmann, Wilhelm 1967. Geschichte der Psychologie, Stuttgart, 2. Auflage

Heißenbüttel, Helmut 1966. 13 Hypothesen über Literatur und Wissenschaft als vergleichbare Tätigkeiten, in: ders., Über Literatur, 206-215, Olten/Freiburg i.Br.

Heller, Erich 1966. Die Reise der Kunst ins Innere, Frankfurt/M.

Herbart, Johann Friedrich 1886. Lehrbuch zur Psychologie, 3. Auflage, in: ders., Schriften zur Psychologie, hg. v. G. Hartenstein, Hamburg/Leipzig

Herz, Marcus 1791. Versuch über den Schwindel, Berlin, 2. Auflage

Hinsche, Georg 1912. Karl Philipp Moritz als Psychologe. Ein Beitrag zur Geschichte des psychologischen Denkens, Halle, = Phil. Diss.

Hoffmann, E.T.A. 1976. Der Sandmann, in: ders., Fantasie- und Nachtstücke, 331 bis 363, München

Hofmann, Werner 1960. Das irdische Paradies. Kunst im 19. Jahrhundert, München

Holzkamp, Klaus 1973. Sinnliche Erkenntnis. Historischer Ursprung und gesellschaftliche Funktion der Wahrnehmung, Frankfurt/M.
1977. Kann es im Rahmen der marxistischen Theorie eine Kritische Psychologie geben? in: Das Argument, Jg. 19, H. 103, 316-336

Holzkamp-Osterkamp, Ute 1975. Grundlagen der Motivationsforschung, Bd. 1, Frankfurt/M./New York
1976. Grundlagen der Motivationsforschung, Bd. 2, Frankfurt/M./New York

Hubert, Ulrich 1971. Karl Philipp Moritz und die Anfänge der Romantik, Frankfurt/M., = Diss. München 1968

Hunter, Richard u. *Ida Macalpine* (Hg.) 1962. A treatise on madness by William Battie and Remarks on Dr. Battie's treatise on madness by John Monro. A psychiatric controversy of the eighteenth Century, London

Iser, Wolfgang 1972. Der implizite Leser. Kommunikationsformen des Romans von Bunyan bis Beckett, München

1976. Der Akt des Lesens. Theorie ästhetischer Wirkung, München

Itard, Jean 1976. Gutachten und Bericht über Victor von Aveyron, in: Lucien Malson, Jean Itard u. Octave Mannoni, Die wilden Kinder, 105-220, Frankfurt/M., 3. Auflage

Jaeger, Siegfried u. *Irmingard Staeuble* 1978. Die gesellschaftliche Genese der Psychologie, Frankfurt/M./New York

Jetter, Dieter 1962. Das ideale Irrenhaus im Spiegel historischer Baupläne, in: Confinia Psychiatrica, Bd. 5, 1-30

Jochims, Reimer 1975. Visuelle Identität. Konzeptionelle Malerei von Piero della Francesca bis zur Gegenwart, Frankfurt/M.

Jülicher, Lothar 1961. Die Psychologie Johann Friedrich Herbarts und ihre Bedeutung für die Psychiatrie des 19. Jahrhunderts, Bonn, = Med. Diss.

Kant, Immanuel 1977. Kritik der Urteilskraft, hg. v. Wilhelm Weischedel, Frankfurt/M., 2. Auflage

Koselleck, Reinhart 1971. Wozu noch Historie? in: Historische Zeitschrift, Bd. 212, 1-18

Kracauer, Siegfried 1962. Jacques Offenbach und das Paris seiner Zeit, Zürich

Krüger, Johann Gottlob 1785. Träume, Halle

Kuhn, Thomas S. 1971. The relations between history and history of science, in: Daedalus, Bd. 100, H. 2

1973. Die Struktur wissenschaftlicher Revolutionen, Frankfurt/M.

Laing, Ronald D. 1969. Phänomenologie der Erfahrung, Frankfurt/M.

Lecourt, Dominique 1975. Kritik der Wissenschaftstheorie. Marxismus und Epistemologie (Bachelard, Canguilhem, Foucault), Berlin

Leibbrand, Werner 1941. Der ‚Sturm und Drang' in der deutschen Psychologie, in: Der Nervenarzt, Jg. 14, H. 1, 1ff.

Leiris, Michel 1975. Mannesalter, Frankfurt/M.

1977. Die eigene und die fremde Kultur. Ethnologische Schriften, hg. v. Hans-Jürgen Heinrichs, Frankfurt/M.

Lepenies, Wolf 1974. Normalität und Anormalität. Wechselwirkungen zwischen den Wissenschaften vom Leben und den Sozialwissenschaften im 19. Jahrhundert, in: Kölner Zeitschrift für Soziologie und Sozialpsychologie, Jg. 26, H. 3, 492-506

1976a. Das Ende der Naturgeschichte, Verzeitlichung und Enthistorisierung in der Wissenschaftsgeschichte des 18. und 19. Jahrhunderts, in: ders., Das Ende der Naturgeschichte, 7-130, München

1976b. Der Wissenschaftler als Autor. Buffons prekärer Nachruhm, in: ders., Das Ende der Naturgeschichte, 131-168, München

1976c. Normalität und Anormalität. Wechselwirkungen zwischen den Wissenschaften vom Leben und den Sozialwissenschaften im 19. Jahrhundert, in: ders., Das Ende der Naturgeschichte, 169-196, München

1976d. Über eine mögliche Wiederannäherung der Literatur an die Wissenschaften, Frankfurter Allgemeine Zeitung, Nr. 276 vom 7. Dezember

1976e. Wandel der Mentalitäten und Wissenschaftsgeschichte, in: ders., Das Ende der Naturgeschichte, 197-214, München

1977. Probleme einer historischen Anthropologie, in: Historische Sozialwissenschaft. Beiträge zur Einführung in die Forschungspraxis, hg. v. Reinhard Rürup, Göttingen

Maimon, Salomon 1935. Geschichte des eigenen Lebens (1754-1800), Berlin

Mannoni, Octave 1976. Itard und sein ‚Wilder', in: Lucien Malson, Jean Itard u. Octave Mannoni, Die wilden Kinder, 221-245, Frankfurt/M., 3. Auflage

Marquard, Odo 1973. Schwierigkeiten mit der Geschichtsphilosophie, Frankfurt/M.
Masterman, Margaret 1972. The nature of a paradigm, in: Criticism and the growth of knowledge, hg. v. Imre Lakatos u. Alan Musgrave, 59-89, Cambridge
Mayer, Hans 1971. Zwei Bäume der Erkenntnis. Über die Wechselbeziehung von Kunst und Wissenschaft, Berlin, = Vortrag vor der Akademie der Künste
Mayo, Thomas 1817. Remarks on insanity, founded on the practice of John Mayo, fellow of the College of Physicians, and tending to illustrate the physical symptoms and treatment of disease, London
Metken, Günter 1977. Spurensicherung. Kunst als Anthropologie und Selbsterforschung. Fiktive Wissenschaften in der heutigen Kunst, Köln
Minder, Robert 1974. Glaube, Skepsis und Rationalismus. Dargestellt aufgrund der autobiographischen Schriften von Karl Philipp Moritz, Frankfurt/M.
Mitscherlich, Alexander 1972. Massenpsychologie ohne Ressentiment. Sozialpsychologische Betrachtungen, Frankfurt/M.
Monro, John 1758. Remarks on Dr. Battie's treatise on madness, London
Moravia, Sergio 1973. Beobachtende Vernunft. Philosophie und Anthropologie in der Aufklärung, München
Moritz, Karl Philipp (Hg.) 1783-1792. Magazin zur Erfahrungsseelenkunde als ein Lesebuch für Gelehrte und Ungelehrte, Bd. 1-9, Berlin
Moritz, Karl Philipp 1973. Anton Reiser. Ein psychologischer Roman, Berlin (DDR)/ Weimar
Muschg, Walter 1975. Freud als Schriftsteller, München
O'Donoghue, Edward Geoffrey 1914. The story of Bethlehem Hospital from its foundation in 1247, London
Pargeter, William 1792. Observations on maniacal disorders, o.O.
1793. Theoretisch-praktische Abhandlung über den Wahnsinn, Leipzig
Perfect, William 1787. Select cases in the different species of insanity, lunacy and madness, Rochester, 2. Auflage
1794. William Perfect's merkwürdiger Fall des Wahnsinns eines Knaben von 11 Jahren nebst pragmatischen Erörterungen der ganzen befolgten Heilart, Leipzig
Pinel, Philippe 1801. Philosophisch-medizinische Abhandlung über Geistesverirrungen oder Manie, Wien
Poe, Edgar Allan 1976. Die Methode Dr. Thaer & Prof. Fedders, in: ders., Das Gesamte Werk in 10 Bänden, Bd. 1, 483-512, Olten
Politzer, Georges 1974. Kritik der klassischen Psychologie, Köln
Pontalis, J.-B. 1974. Nach Freud, Frankfurt/M.
Promies, Wolfgang 1966a. Die Bürger und der Narr oder das Risiko der Phantasie. Sechs Kapitel über das Irrationale in der Literatur des Rationalismus, München
1966b. Nachwort zu Christian Heinrich Spieß, Biographien der Wahnsinnigen, hg. v. Wolfgang Promies, Neuwied/Berlin
Reed, Robert R. 1952, Bedlam on the Jacobean Stage, o.O.
Reil, Johann Christian 1799. Klinische Denkwürdigkeiten medizinisch-praktischen Inhalts, T. 1, Wien
1811. Beiträge zur Organisation der Versorgungsanstalten für unheilbar Irrende, = Anhang zu Joseph Mason Cox, Praktische Bemerkungen über Geisteszerrüttungen, Halle
1818. Rhapsodien über die Anwendung der psychischen Kurmethode auf Geisteszerrüttungen, Halle, 2. Auflage
Ricoeur, Paul 1974. Die Interpretation. Ein Versuch über Freud, Frankfurt/M.
Schmidt, Arno 1971a. Die Schreckensmänner. Karl Philipp Moritz zum 200. Geburtstag, in: ders., Nachrichten von Büchern und Menschen, Bd. 1: Zur Literatur des 18. Jahrhunderts, 147-167, Frankfurt/M./Hamburg
1971b. ‚Funfzehn'. Vom Wunderkind der Sinnlosigkeit (Ludwig Tieck), in: ders., Nachrichten von Büchern und Menschen, Bd. 2: Zur Literatur des 19. Jahrhunderts, 7-52, Frankfurt/M.

Schurig, Volker 1976. Die Entstehung des Bewußtseins, Frankfurt/New York

Spiegel-Rösing, I. 1973. Wissenschaftsentwicklung und Wissenschaftssteuerung. Einführung und Material zur Wissenschaftsforschung, Frankfurt/M.

Spieß, Christian Heinrich 1966. Biographien der Wahnsinnigen, hg. v. Wolfgang Promies, Neuwied/Berlin

Starobinski, Jean 1973. Psychoanalyse und Literatur, Frankfurt/M.

1976. Die Vision der Schläferin, in: ders., Besessenheit und Exorzismus. Drei Figuren der Umnachtung, 141-183, Percha-Kempfenhausen

Suter, Jules 1972. Zur geschichtlichen Entwicklung der Psychologie, in: David Katz, Rosa Katz (Hg.), Kleines Handbuch der Psychologie, 26-54, Basel/Stuttgart

Tieck, Ludwig 1973. Die Reisenden, in: ders., Novellen, 129-207, Darmstadt

Tiedemann, Dietrich 1784-1787. Beobachtungen über die Entwicklung der Seelenfähigkeiten bei Kindern, in: Hessische Beiträge zur Gelehrsamkeit und Kunst, Bd. 1, 313-333, Bd. 2, 486-502

Todorov, Tzvetan 1975. Einführung in die fantastische Literatur, Frankfurt/M./Berlin/Wien

Treppenhauer, Andreas 1976. Emanzipatorische Psychologie. Probleme einer Wissenschaft vom Subjekt, Frankfurt/M./New York

Tuke, William 1813. Description of the Retreat, an institution near York, for insane persons of the Society of Friends

Uber, Wolfgang 1974. E.T.A. Hoffmann und Sigmund Freud. Ein Vergleich, Berlin, = Phil. Diss.

Valēry, Paul 1975. Dichtkunst und abstraktes Denken, in: ders., Zur Theorie der Dichtkunst, Aufsätze und Vorträge, 136-168, Frankfurt/M.

Wagner, Michael 1801. Eine kurze Nachricht von der von Kaiser Joseph in Wien errichteten und mit dem allgemeinen Krankenhause verbundenen Irrenanstalt, in: Philippe Pinel, Philosophisch-medizinische Abhandlung über Geistesverirrungen oder Manie, Wien

Wawrzyn, Lienhard 1976. Der Automaten-Mensch. E.T.A. Hoffmanns Erzählung vom ‚Sandmann'. Mit Bildern aus Alltag & Wahnsinn, Berlin

Whyte, Lancelot Law 1960. The unconscious before Freud, London

Willis, Francis 1823. A treatise on mental derangement, London

Wittkopp-Mēnardeau, Gabrielle (Hg.) 1968. E.T.A. Hoffmanns Leben und Werk in Daten und Bildern, Frankfurt/M.

Wolf, Friedrich O. 1976. Psychologie oder kritische Psychologie? in: Gerald Eberlein u. Richard Pieper (Hg.), Psychologie – Wissenschaft ohne Gegenstand? 199 bis 222, Frankfurt/M./New York

Wundt, Max 1945. Die deutsche Schulphilosophie im Zeitalter der Aufklärung, Tübingen

Wyatt, Frederick 1976. Anwendung der Psychoanalyse auf die Literatur: Phantasie, Deutung, klinische Erfahrung, in: Mechthild Curtius (Hg.), Seminar: Theorien der künstlerischen Produktivität. Entwürfe mit Beiträgen aus Literaturwissenschaft, Psychoanalyse und Marxismus, 335-357, Frankfurt/M.

Zeller, Michael 1977. Als E.T.A. Hoffmann nur Brot aß, Frankfurter Allgemeine Zeitung, Nr. 94 vom 23. April

Zentner, Wilhelm 1975. Einleitung zu Jacques Offenbach, Hoffmanns Erzählungen, Stuttgart

Ziehen, Th. 1900. Das Verhältnis der Herbartschen Psychologie zur physiologisch experimentellen Psychologie, Berlin

Zimmerli, Walther Ch. 1975. Wissenschaftstheorie in der Diskussion. Auseinandersetzungen mit Thomas S. Kuhn, in: Neue Zürcher Zeitung, Nr. 165 vom 19./20. Juli, 39f.

Zimmermann, Hans Dieter 1977. Vom Nutzen der Literatur. Vorbereitende Bemerkungen zu einer Theorie der literarischen Kommunikation, Frankfurt/M.

Zorn, Fritz 1977. Mars, München, 2. Auflage

„Amtlich bestallte Fremdenführer haben auf den von Freud angewiesenen Richtungen einige kümmerliche Stichstraßen angelegt. Der Baulärm hat viele wilde Tiere verscheucht. Von der Betonpiste aus bietet sich eine gezähmte Natur dar: ein Zoo, dessen Tiere sich gerade noch in den drei Käfigen von Oral, Anal und Genital versammeln lassen ... Die Psychoanalytiker aber müssen *jenseits* der analytischen Ordnung wieder Grenzgänger zwischen Wildnis und Zivilisation werden."

Das vergessene und regressiv festgeschriebene Phantasiekonzept der Psychoanalyse wird hier aufgegriffen: gegen ein Verständnis der Psychoanalyse als einer bloßen Abwehrlehre und gegen einen Phantasiebegriff, der „bloßes Phantasieren" als Ausweichen vor Frustrationen in realitätsferne Ersatzbefriedigungen versteht. Vielmehr ist Phantasie widerständig und weist als nach Erfüllung drängender Wunsch über das Gegebene hinaus: Antizipation des Noch-nicht-Gewordenen. *Etwa 100 S. Kt.*

„Nicht allein literarische Phantasien stoßen die Türen auf in eine Welt ohne den Stubengeruch des isolierten Leidens. Die Realitätsprinzipien, die die kreative Leistungsfähigkeit des Revolutionärs immer wieder schmerzhaft durchschneiden, kann er auch in anderen Subversionen ausspielen: Die Revolution, die Karriere und der Wahnsinn eröffnen ebenso lockende Möglichkeiten." (M. Schneider)

Wenn es je einen „Neuen Sozialisationstyp" gab, dann sicher zu Beginn des 19. Jahrhunderts, als die Umwandlung der traditionellen Großfamilie in die bürgerliche Kleinfamilie ihre frühen Früchte trug und in die Welt entließ. In vier exemplarischen Studien zeichnet Schneider die Genese von utopisch-revolutionären Bildern und Diskursen aus dem Geist der bürgerlichen Familie nach: die literarischen Rebellen des Vormärz werden aus einer psychohistorischen Perspektive neu gedeutet. *Etwa 300 S. Ln.*

„Zu den Ängsten des Nörglers Karl Kraus gehört auch jene vor den Literaturwissenschaftlern. Betrachtet man die Rezeptionsgeschichte, die diese Gilde seinem Werk bereitet hat, so erweisen sich seine Besorgnisse als begründet, und aus heutiger Sicht erscheint es bedauerlich, daß die ‚Razzien auf Literaturhistoriker', zu denen Karl Kraus bisweilen geblasen hat, ebenso wenig gefruchtet haben wie seine Drohungen, die prominenten Fachvertreter zu ‚verstümmeln'." (M. Schneider)

Hier wird angeregt, das Werk von Karl Kraus gegen den Strich zu lesen, was aber nur dem gelingen wird, dessen Empörung über unser bürgerliches Statistenleben sich am Feuer der *Fackel* erneut entzündet.

„Durch die kompakte Dichte und die aus dem wahrhaft vollen schöpfende Scharfsicht und Inspiration ist ein Buch zustande gekommen, auf das die konformistische Germanistik und Analyse nur mit Neid blicken können." (DIE ZEIT) *208 S. Kt.*

Seit Freud die 1900 niedergeschriebenen und 1903 erschienenen *Denkwürdigkeiten* des Senatspräsidenten am Kgl. Oberlandesgericht Dresden zur Grundlage seiner großen Paranoia-Studie (1911) machte, sind sie ein von der Wissenschaft immer wieder herangezoge- Fall. Zugleich erweisen sie sich mehr und mehr als ein Schlüsseltext für das, was man als „bürgerliche Mythologie" bezeichnen könnte, und sagen damit auch etwas über unsere eigene Einstellung zur bürgerlichen Gesellschaft: wir entschlüsseln sie von ihren Rändern, von dort her, wohin sie ihre Abweichungen verbannt hat. „Ich glaube nicht, daß jemals sonst ein Paranoiker, der als solcher jahrelang in einer Anstalt interniert war, sein System so komplett und überzeugend dargestellt hat." (Elias Canetti über Daniel Paul Schreber) *385 S. Ln.*

Syndikat Autoren- und Verlagsgesellschaft GmbH Savignystr. 61 - 63, Postfach 174003
6000 Frankfurt am Main Tel. (0611) 751801 und 751781